电子商务人才培养系列教材·服务岗位群

外贸单证

主　编　田　辉
副主编　刘　斌　袁　晓

电子工业出版社
Publishing House of Electronics Industry
北京·BEIJING

内 容 简 介

本书共包含 12 个项目、33 个工作任务，主要介绍了进出口业务活动中所涉及的合同、信用证、商业发票、运输单据、保险单据、产地证书等各种单据和证书的阅读、缮制和审核。

通过对本书的学习，学生可以熟悉外贸工作中审证、制单、审单、交单、归档等业务流程，能根据外贸合同履行过程中各个业务环节的需要独立完成合同缮制、审证、制单、审单、交单、归档一系列的外贸单证工作，从而具备从事外贸单证行业的职业素质、职业能力和专业知识。

本书可作为职业院校商务英语、国际贸易、跨境电商等专业的教材，也可作为外贸企业培训材料及国际商务单证员考试参考用书。

未经许可，不得以任何方式复制或抄袭本书之部分或全部内容。
版权所有，侵权必究。

图书在版编目（CIP）数据

外贸单证 / 田辉主编 . —北京：电子工业出版社，2021.11
ISBN 978-7-121-35379-6

Ⅰ. ①外… Ⅱ. ①田… Ⅲ. ①进出口贸易—原始凭证—职业教育—教材 Ⅳ. ① F740.44

中国版本图书馆 CIP 数据核字（2018）第 252944 号

责任编辑：罗美娜　　　　　　　特约编辑：田学清
印　　刷：涿州市京南印刷厂
装　　订：涿州市京南印刷厂
出版发行：电子工业出版社
　　　　　北京市海淀区万寿路 173 信箱　　　　邮编：100036
开　　本：880×1230　1/16　　印张：14.5　　字数：316 千字
版　　次：2021 年 11 月第 1 版
印　　次：2021 年 11 月第 1 次印刷
定　　价：45.00 元

凡所购买电子工业出版社图书有缺损问题，请向购买书店调换。若书店售缺，请与本社发行部联系，联系及邮购电话：（010）88254888，88258888。
质量投诉请发邮件至 zlts@phei.com.cn，盗版侵权举报请发邮件至 dbqq@phei.com.cn。
本书咨询联系方式：（010）88254617，luomn@phei.com.cn。

前言

本书介绍了基本的单证知识，用以培养学生完成合同缮制、审证、制单、审单、交单、归档等一系列外贸单证工作的能力，以及培养学生从事外贸单证行业的职业素养。本书主要介绍了进出口业务活动中所涉及的合同、信用证、商业发票、汇票、运输单据、保险单据、产地证书等各种单据和证书的阅读、缮制和审核，并具体讲述了上述单证的填写方法。本书为广东省教育信息化产业技术创新联盟电子商务职教研究中心规划教材，由佛山市南海区信息技术学校牵头组织编写。本书为职业院校涉外商务专业（如商务英语、国际贸易、跨境电商等）的核心专业课的配套教材，共包含 12 个项目、33 个工作任务、24 项达标检测和 15 项任务实训。

本书在汲取国内同类教材经验的基础上，进行了全面的结构创新、体例创新和教法创新，充分体现了以下特色。

1. 突出以学生为中心的原则

学生始终是学习的主体。本书的教学目的是，在教师的引导下，使学生掌握基本的单证常识，并以此为基础，带领学生完成对外贸易各个环节单证的填制、阅读与审核工作。为此，本书在编写过程中，力图站在学生的角度，用平实的文字解释专业而复杂的术语或规则；在单据填写的过程中，力争将讲解具体化、细致化；在案例设置上，主要以职业院校涉外商务专业毕业生的实际业务为背景，增强学生的带入感。

2. 做到理论与实务相结合

根据各个参编院校的课程设置，本书主要在第一至第三学期使用，为学生进一步开展单证实训或单证考试强化基础。为此，本书力图做到单证理论与单证实务相结合，在理论知识集中的任务后安排了达标检测，检测学生对相关理论知识的掌握；在实操性强的任务后安排了任务实训，及时帮助学生巩固。期望通过这样的编排，让学生在理解各个单证的功能及其

在业务中的作用的基础上去认识各项单证的意义，进一步学习填制、审阅、修改各项单证。

3．体现"真实工作情境"的课程设计理念

在编写过程中，编者坚持案例的真实性原则，以企业提供的商业案例为基础，结合编者所接触的真实业务案例进行改编，让每个项目都处于真实的业务情境中，从而让学生有身临其境之感。

4．以项目为单元，以案例为主线，实现教与学的知识与能力闭环

本书根据对外贸易特别是出口业务的各个环节，以项目为独立的工作单元，大体遵循案例导入、案例分析、知识讲解、案例回应、实训巩固的流程，实现教学过程的闭环推进，做到教学步骤的前后衔接，实现理论与操作相结合。

5．实现教材、教学设计、教学课件与微课的统一

为了便于学生自主学习和方便教师开展翻转课堂等教学方法的改革，编者在每个项目内容的基础上，根据教学任务，提供了配套的教学设计、教学课件和微课，供学生和教师使用。

本书的适用对象为有志于从事外贸工作的初学者；职业院校涉外商务专业1～2年级的学生；准备参加单证类考试的备考者。

本书由南海信息技术学校的田辉、袁晓和广州市财经商贸职业学校的刘斌讨论并设计编写大纲、目录及编写原则。田辉为本书的主编，编写了项目四，主笔完成了本书的课程标准，审核了本书的内容，统筹了本书的编写工作；刘斌为副主编，编写了项目一和项目十一，协助完成了部分统稿工作；袁晓为副主编，编写了项目三和项目八，协助完成了部分统稿工作；广东省贸易职业技术学校的吴狄熙编写了项目二；广州市财经商贸职业学校的张钰洁编写了项目五；佛山市顺德区李伟强职业技术学校的蓝锦和编写了项目六和项目十二；南海信息技术学校的蔡丹莲编写了项目七；广州市财经商贸职业学校的吴晓霞编写了项目九；南海信息技术学校的黄磊编写了项目十；南海信息技术学校的王建完成了本书的文字审核及校对工作。

由于编写时间仓促，且编者的能力有限，书中难免存在不足之处，恳请各位专家和读者批评指正。

编　者

目 录

项目一　初识外贸单证 1

　　任务一　认识外贸单证的含义、作用及分类 1

　　任务二　了解外贸单证缮制、阅读与审核的要求 4

　　任务三　了解外贸单证的发展趋势 6

项目二　出口业务的流程与单证 9

　　任务一　了解 FOB 条件下出口业务的流程与单证 9

　　任务二　了解 CIF 条件下出口业务的流程与单证 16

　　任务三　了解 T/T 条件下出口业务的流程与单证 23

项目三　出口贸易磋商与出口合同的缮制 29

　　任务一　询盘、发盘、还盘与接受 29

　　任务二　了解出口合同的内容 37

　　任务三　出口合同的缮制 43

项目四　信用证的阅读、审核与修改 49

　　任务一　了解信用证的基础知识 49

　　任务二　阅读信用证 55

　　任务三　审核信用证 66

　　任务四　修改信用证 73

项目五　出口备货相关单证 79

任务一　缮制商业发票 79
　　任务二　缮制包装单据 87
　　任务三　缮制受益人证明 92

项目六　出口货物运输单据 96
　　任务一　缮制出口订舱委托书 96
　　任务二　审核与缮制海运提单 103
　　任务三　审核与缮制航空运单 110

项目七　海运货物保险单据 121
　　任务一　了解国际货物海运保险的基础知识 121
　　任务二　投保国际货物海运保险 129

项目八　商检证书 138
　　任务一　了解商品检验的基础知识 138
　　任务二　缮制出境货物报检单 144
　　任务三　缮制商检证书 148

项目九　原产地证书 154
　　任务一　了解原产地证书的基础知识 154
　　任务二　了解普惠制原产地证书 156
　　任务三　了解一般原产地证书 163

项目十　汇票 171
　　任务一　了解汇票的基础知识 171
　　任务二　汇票的阅读与缮制 175

项目十一　进口业务中的对外付款操作 182
　　任务一　了解 T/T 条件的对外付款操作 182
　　任务二　了解 L/C 条件的对外付款操作 187

项目十二　综合实训 193
　　任务一　T/T 方式下的出口业务单证的缮制 193
　　任务二　L/C 项下 CIF 贸易方式的出口业务单证的缮制 207

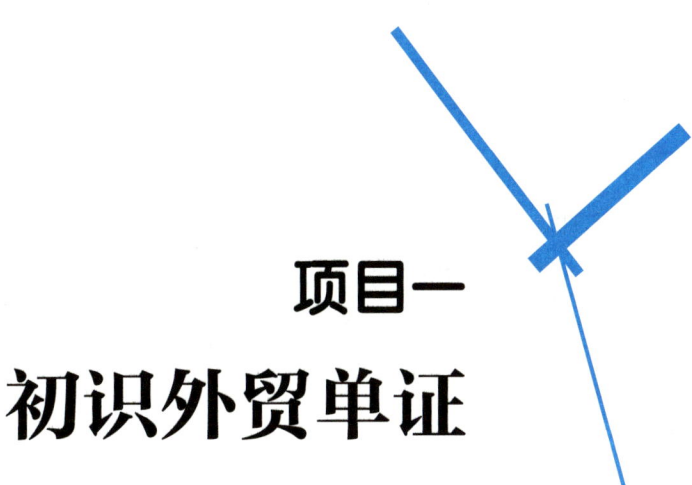

项目一 初识外贸单证

任务一 认识外贸单证的含义、作用及分类

 任务目标

1. 了解外贸单证的含义与作用；
2. 熟悉外贸单证的分类。

 知识点列表

序　号	知　识	重　要　性
1	外贸单证的含义	★☆☆☆☆
2	外贸单证的作用	★☆☆☆☆
3	外贸单证的分类	★★★★★

思维导图

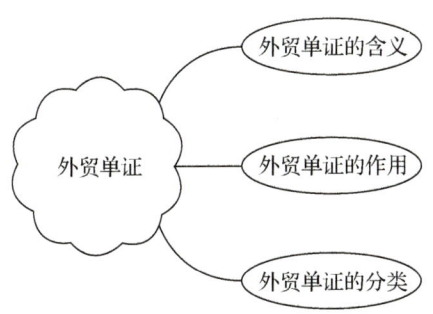

外贸单证

案例导入

小梅毕业于广州市某职业院校，商务英语专业，最近她找到了一份关于外贸单证的工作。来到公司单证部门后，她发现外贸单证种类繁多，对如何开展单证工作毫无头绪。

案例分析： 对于初入职场的新人，可以通过熟悉外贸单证了解外贸流程及公司的业务情况。从外贸合同签订到货物装运、检验检疫、报关、货款的收付，每个环节都需要相应的单证缮制、处理、交接和传递。小梅可以通过外贸单证了解公司的业务情况，熟悉外贸流程，为以后的工作打好基础。

一、外贸单证的含义及作用

广义的外贸单证是国际贸易中广泛使用的各种单据、文件与证书的统称。狭义的外贸单证通常是指结算单证，特别是信用证支付方式下的结算单证。

外贸单证的作用主要有以下几个方面。

（1）外贸单证是履行合同的必要手段。

（2）外贸单证是对外贸易经营管理的重要工具。

（3）外贸单证是进出口企业提高经济效益的重要保证。

（4）外贸单证是进出口企业形象的重要内涵。

二、外贸单证的分类

1. 《托收统一规则》（《URC522》）的分类

《URC522》第二条 b 款将单据分为金融单据和商业单据。金融单据具有货币属性，如汇票、本票、支票等；商业单据具有商品的属性，如商业发票、提单等。商业单据可分为基本单据和附属单据。基本单据是指在国际贸易中经常使用的单据，如商业发票、海运提单和保险单。附属单据又可以分为进口国官方要求的单据和买方要求说明货物及相关情况的单据。进口国官方要求的单据有海关发票、领事发票、原产地证书等；买方要求的相关单据有装箱单、重量单、品质证书、装运通知、船龄证明、寄单证明等。

2. 《跟单信用证统一惯例》（《UCP600》）的分类

《UCP600》将信用证项下的单据分为以下 4 类。

（1）运输单据，包括海运提单、非转让海运单、租船合约提单、多式联运单据、航空运单、公路单据、铁路和内陆水运单据、快递收据、邮政收据或邮寄证明等。

（2）保险单据，包括保险单、保险凭证、投保声明、预约保险单等。

（3）商业发票。

（4）其他单据，包括装箱单、重量单、原产地证书、普惠制单据、检验检疫证书、受益人声明或受益人证明等。

3. UN/EDIFACT 标准的分类

UN/EDIFACT 标准将国际贸易单证分为九大类，包括生产单证、订购单证、销售单证、银行单证、保险单证、货运代理服务单证、运输单证、出口单证、进口单证与转口单证。

4. 按照单证形式分类

外贸单证按形式可分为纸面单证和电子单证两种。纸面单证和电子单证具有同等效力。

案例回应

通过学习，小梅认识到单证工作在外贸公司中的重要地位，她开始根据自己掌握的外贸单证分类知识对单证进行整理，通过单证工作了解公司的业务情况、熟悉外贸流程，为以后的工作打好基础。

达标检测

一、单项选择题

1. 按照单证的形式，外贸单证可分为（　　）。
   A．金融单据和商业单据　　B．纸面单证和电子单证
   C．基本单据和附属单据　　D．保险单据和包装单据

2. 根据《URC522》的分类，不属于进口国官方要求的单据是（　　）。
   A．原产地证书　　B．船龄证明
   C．领事发票　　D．海关发票

3. 根据《UCP600》的分类，不属于信用证项下的单据是（　　）。
   A．包装单据　　B．保险单据
   C．运输单据　　D．商业发票

二、多项选择题

1. 下列单据属于运输单据的是（　　）。
   A．航空运单　　B．多式联运单据　　C．快递收据
   D．包装单据　　E．海运提单

2. 下列单证中具有货币属性的是（　　）。
   A．质量检验证书　　B．本票　　C．原产地证书
   D．汇票　　E．提单

3. 下列单证中具有商品属性的是（　　）。

　　A．发票　　　　　　　　B．提单　　　　　　　　C．支票

　　D．保险单　　　　　　　E．汇票

任务二　了解外贸单证缮制、阅读与审核的要求

任务目标

1. 熟悉外贸单证的工作环节；
2. 了解外贸单证缮制、阅读与审核的要求。

知识点列表

序　号	知　　识	重　要　性
1	外贸单证的工作环节	★★☆☆☆
2	外贸单证缮制、阅读与审核的要求	★★★★★

思维导图

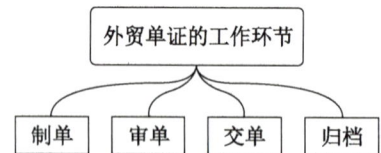

案例导入

通过前面的学习，小梅已经了解了外贸单证的种类，但是面对种类繁多的单证，小梅不知道应如何开展工作。作为一名外贸单证员，这个岗位的工作环节是怎样的呢？小梅虚心向公司的老业务员请教。

一、外贸单证的工作环节

外贸单证的工作环节包括制单、审单、交单和归档。在信用证支付方式下，在这些环节前还有审证环节。

二、外贸单证缮制、阅读与审核的要求

在各种外贸单证缮制、阅读与审核的过程中，原则上应该做到正确、完整、及时、简明、整洁。

1. 正确

在单证工作中，正确是最重要的。对进出口企业来说，要求做到"五相符"，即单证相符、单单相符、单同相符、单货相符、单据与惯例和法令相符；对银行来说，要求做到"三相符"，即单证相符、单单相符、单据与惯例和法令相符。

2. 完整

单证完整是指成套单证的完整性，即单证的种类必须完整；每一种单据的所填内容必须完备、齐全；各种单据的份数必须完整。

3. 及时

进出口单证工作的时间性很强，各种单证都要有一个适当的出单日期。及时出单是指各种单据的出单日期必须合理。

4. 简明

单证应简洁明了，要求单证在论述各项内容时，语句流畅、语法规范、用词简明扼要，避免烦琐冗长。

5. 整洁

单证整洁主要是指单证表面清洁、美观、大方；内容排列清楚、易认、行次整齐、字迹清晰。

> **案例回应**
>
> 通过学习，小梅在面对种类繁多的单证时，按照制单、审单、交单、归档的工作流程进行操作，并按照正确、完整、及时、简明、整洁的要求对单证进行缮制、阅读与审核。在进行了一段时间的单证实操后，小梅对单证工作已经很熟练了。

达标检测

一、单项选择题

1. 在信用证支付方式下，在单证工作的环节前还有（　　　）环节。

A．审单　　　　B．制单　　　　C．审证　　　　D．交单

2．在外贸单证缮制、阅读与审核的要求中，（　　）是最重要的。

A．正确　　　　B．完整　　　　C．及时　　　　D．简明

3．在信用证支付方式下，银行处理单据时不负责审核（　　）。

A．单据与有关国际惯例是否相符　　B．单据与信用证是否相符

C．单据与贸易合同是否相符　　　　D．单据与单据是否相符

二、多项选择题

1．制单的基本要求有（　　）。

A．正确　　　B．完整　　　C．及时　　　D．简明　　　E．整洁

2．进出口企业在开展单证工作时，应该负责审核（　　）。

A．单据与有关国际惯例是否相符　　B．单据与信用证是否相符

C．单据与贸易合同是否相符　　　　D．单据与单据是否相符

3．单据的完整性包括（　　）。

A．单证签署的完整性　　　　B．单证种类的完整性

C．单证份数的完整性　　　　D．单证内容的完整性

E．单证日期的完整性

任务三　了解外贸单证的发展趋势

任务目标

1．了解外贸单证的发展趋势和外贸单证标准化的主要内容。

2．掌握国际标准或代码的使用。

知识点列表

序　号	知　　识	重　要　性
1	单证设计的标准化	★☆☆☆☆
2	使用国际标准或代码	★★★★☆

思维导图

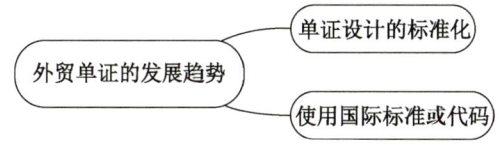

案例导入

公司外贸单证员小梅在学习过程中，发现外贸单证种类繁多，即使是同一种单证，它们的格式也有所不同，小梅如何才能迅速入门并提高制单业务技能呢？

案例分析：复杂非标准的外贸单证会导致交易成本增加，造成货物运输延误，因此标准化成为外贸单证的发展方向，作为公司外贸单证员的小梅应该掌握国际标准化的单证缮制要求。

随着国际贸易的发展和科技的进步，单证正逐步规范化、国际化和电子化。为了实现这一目标，联合国于1960年成立了简化贸易单证和单证标准化的ECE工作组。经过多年的努力，世界主要贸易国都在外贸单证标准化工作中采用了联合国推荐标准，并根据本国国情制定了相应的国家标准。外贸单证的标准化主要是从以下两个方面展开的。

1. 单证设计的标准化

虽然外贸单证种类繁多，但约有80%是相同的，按《联合国贸易单据设计样式》拟制"套合一致"的标准单证格式单证，既提高了外贸单证的制单速度，又提高了外贸单证的准确性，从而提高了国际贸易的经济效率。

2. 使用国际标准或代码

（1）标准运输标志，由收货人简称、参考号、目的地、件号4个部分组成，分为4行，每行限17个字母或数字；使用大写英文字母、数字，不允许使用几何图形或其他图案、彩色编码。

（2）国家和地区代码，由两个英文字母组成，如中国为CN、美国为US、德国为DE、法国为FR。

（3）货币代码，由3个英文字母组成，如人民币为CNY、美元为USD、欧元为EUR、英镑为GBP。

（4）地名代码，由5个英文字母组成，如上海为CNSHG、纽约为USNYC、巴黎为FRPAR、伦敦为GBLON。

（5）日期代码，用数字表示日期，如2018年5月10日可以表示为20180510。

 外贸单证

案例回应

小梅将公司的同一种单证标准化，用国际标准的货币代码等规范单证的缮制，提高了自己的制单能力。

 达标检测

单项选择题

1. 下列属于欧元货币代码的是（　　）。
   A．CNY　　　　B．RMB　　　　C．EUR　　　　D．GPB
2. 下列属于德国国家代码的是（　　）。
   A．CN　　　　B．DE　　　　C．FR　　　　D．GB
3. 关于标准运输标志的说法，错误的是（　　）。
   A．分为4行
   B．每行不超过17个字符或数字
   C．不允许采用几何图形，但允许采用彩色编码
   D．使用大写英文字母、数字

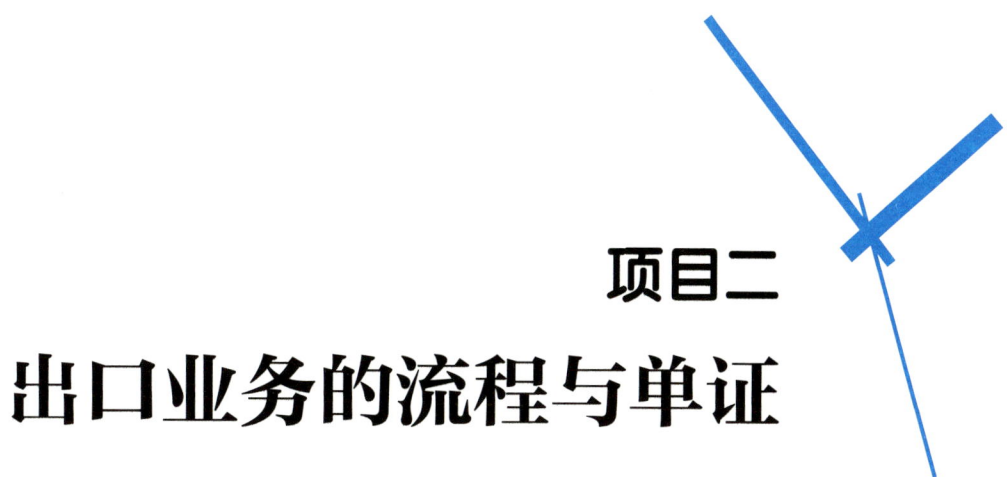

项目二
出口业务的流程与单证

任务一 了解 FOB 条件下出口业务的流程与单证

 任务目标

1. 了解 FOB 条件下出口业务的含义；
2. 熟悉 FOB 条件下出口业务的特征；
3. 掌握 FOB 条件下出口业务的相关单证。

 知识点列表

序　号	知　　识	重　要　性
1	FOB 条件下出口业务的含义	★★★★★
2	FOB 条件下出口业务的特征	★★★★☆
3	FOB 条件下出口业务的流程	★★★★★
4	FOB 条件下出口业务的单证	★★★★★

外贸单证

思维导图

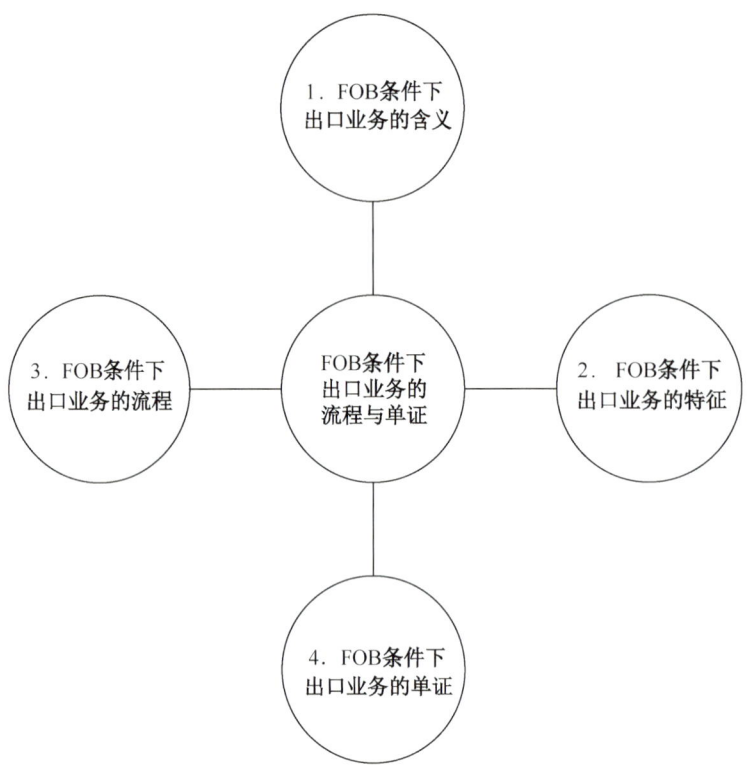

案例导入

陈振华毕业于佛山市某职业院校，商务英语专业，最近他到佛山市爱佳陶瓷有限公司做业务员。一天，领导把他叫到办公室，告诉他公司和一家外商公司签订了合同，要采取FOB交易，让他全权负责这项业务。

案例分析：陈振华只有尽快读懂整个FOB条件下出口业务的流程和单证的内容，才能顺利完成这笔交易。那么，整个FOB流程是怎样的呢？要回答这个问题，需要从FOB条件下出口业务流程与单证的含义讲起。

一、FOB条件下出口业务流程的含义

通常所讲的船上交货价（Free On Board，FOB）是国际贸易中常用的贸易术语之一，在实际业务中也被称为"离岸价"。按离岸价进行交易，进口方负责派船接运货物，出口方应在合同规定的装运港和规定的期限内将货物装上进口方指定的船只，并及时通知进口方。货物在装运港被装上指定船只时，风险即由出口方转移到进口方。

根据《国际贸易术语解释通则2020》（《Incoterms2020》）的解释，FOB术语只适用于海运和内河运输。FOB船上交货是指，当货物在指定的装运港越过船舷时，出口方即完成交货，

同时要求出口方办理货物出口清关手续。

二、FOB 条件下出口业务流程的特征

依据 FOB 的含义，可以推导出 FOB 条件下出口方和进口方的两大特征。

1. 进、出口双方义务的划分

（1）出口方义务。

① 出口方自费领取出口许可证，办理清关的相关手续并承担风险。

② 出口方和进口方在规定的日期内，在指定装运港将合同规定的货物装上进口方指定的船只，并通知进口方。

③ 出口方负责提供商业发票，以及证明货物已经交至船上的单据或具有同等效力的电子通信方式或电子数据交换信息。

（2）进口方义务。

① 进口方自费领取进口许可证或其他官方许可，办理报关手续及从他国过境所需的一切海关手续。

② 进口方负责订立指定装运港起运的货物运输合同，并通知出口方装船地点、船名及约定装运期内的装货日期。

③ 进口方收取出口方按合同规定交付的单据，支付货款，收取货物。

2. 进、出口双方费用和风险的划分

（1）出口方承担费用和风险。

① 出口方须支付货物在指定装运港装船前的所有费用。

② 出口方须支付出口报关费用和出口应缴纳的关税。

③ 出口方须承担货物在装运港装上船之前的所有风险。

（2）进口方承担费用和风险。

① 进口方须支付货物在指定装运港装船后的所有费用，包括货物从指定装运港起运的运费。

② 进口方须支付进口报关费用、进口关税。

③ 进口方须承担货物在装运港装船后的所有风险。

三、FOB 条件下出口业务的流程及相关单证

在国际贸易中，FOB 条件下出口业务的流程如下。

（1）经过进、出口双方谈判，签订合同，进口方下订单给出口方。

（2）出口方在收到订单和定金之后，安排生产计划。

（3）出口方进行业务审批，做出审核表，审批合同之后，制成销售订单，并下达生产通知。

（4）出口方在交货前进行验货，出具质检报告，准备报关资料。资料包括商业发票（见

图 2-1)、装箱单、出口收汇核销单、委托报关书、报关单、销售合同（见图 2-2）。

（5）出口方须提供出口商业发票、装箱单、装箱资料、销售合同等文件。

（6）出口方进行商检，在给工厂下订单时要说明商检要求，提供销售合同、发票等商检所需资料，并告知工厂产品的出口口岸，以便工厂办理商检。

COMMERCIAL INVOICE		
1. To Messrs.	2. INVOICE NO.	3. INVOICE DATE
	4. L/C NO.	5. L/C DATE
	6. S/C NO.	
7. EXPORTER		
8. TRANSPORT DETAILS	9. TERMS OF PAYMENT	
10. MARKS AND NUMBERS　　11. DES. OF GOODS　　12. QTY.　　13. UNIT PRICE 14. AMT NUMBER AND KINDS OF PACKAGES		
15. TOTAL AMOUNT 16. FREE DISPOSAL （SIGNATURE）		

图 2-1

销售合同 SALES CONTRACT			
卖方 SELLER		编号 NO.	
		日期 DATE	
买方 BUYER			
		地点 PLACE	
买卖双方同意以下条款达成交易：			
1. 品名及规格 Commodity & Specification	2. 数量 Quantity	3. 单价 Unit Price	4. 金额 Amount
CFR DAMMAM PORT, SAUDI ARABIA			
Total Amount			
5. 总值 Total Value			
6. 包装 Packing			
7. 唛头 Shipping Marks			

图 2-2

8. 装运期 Time of Shipment 运输方式 Means of Transportation	
9. 装运港 Port of Loading 目的地 Destination	
10. 保险 Insurance	
11. 支付方式 Terms of Payment	
12. 质量/数量异议 Quality/Quantity Discrepancy	
13. 备注 Remarks	
The Buyer (Signature)	The Seller (Signature)

图 2-2（续）

（7）出口方委托报关，将报关所需资料交给报关行，委托其进行出口报关及做商检通关换单。

（8）出口方给进口方出具装运声明，确认提单副本后付费并赎单，将单证资料寄给进口方。单证资料包括装箱单、商业发票（一式三份，两份正本，一份副本）和提单正本（背面加盖公司印章）。

（9）出口方确认进口方收到提单（见图 2-3）后，催促船公司寄回退税的相关资料。

1. SHIPPER（托运人）			B/L NO. COSCO 中国远洋运输（集团）总公司 CHINA OCEAN SHIPPING (GROUP) CO.
2. CONSIGNEE（收货人）			
3. NOTIFY PARTY（被通知人）			
4. PR-CARRIAGE BY （前程运输）	5. PLACE OF RECEIPT （收货地）		
6. OCEAN VESSEL VOY. NO.（船名及航次）	7. PORT OF LOADING （装货港）		ORIGINAL COMBINED TRANSPORT BILL OF LADING
8. PORT OF DISCHARGE （卸货港）	9. PLACE OF DELIVERY（交货地）		10. FINAL DESTINATION FOR THE MERCHANT'S REFERENCE（目的地）
11. MARKS AND NUMBERS （唛头及件号）	12. NUMBER & KINDS OF PKGS（包装种类及数量）	13. DESCRIPTION OF GOODS（货物名称）	14. G.W.(KG) （毛重）	15. MEAS(M^3) （体积）
16. TOTAL NUMBER OF CONTAINERS OR PACKAGES(IN WORDS)（总件数）				
17. FREIGHT & CHARGES（运费）	REVENUE TONS （运费吨）	RATE（运费率）	PER（计费单位）	PREPAID（运费预付）	COLLECT（运费到付）
PREPAID AT （预付地点）	PAYABLE AT （到付地点）	18. PLACE AND DATE OF ISSUE （出单地和出单日期）			

图 2-3

 外贸单证

TOTAL PREPAID（预付总金额）	19. NUMBER OF ORIGINAL B(S)L（正本提单的份数）	22. SIGNED FOR THE CARRIER（承运人签章）
20. DATE（装船日期）	21. LOADING ON BOARD THE VESSEL BY（船名）	中国远洋运输（集团）总公司 CHINA OCEAN SHIPPING (GROUP) CO. ×××

图 2-3（续）

在国际贸易中，FOB 条件出口流程如图 2-4 所示。

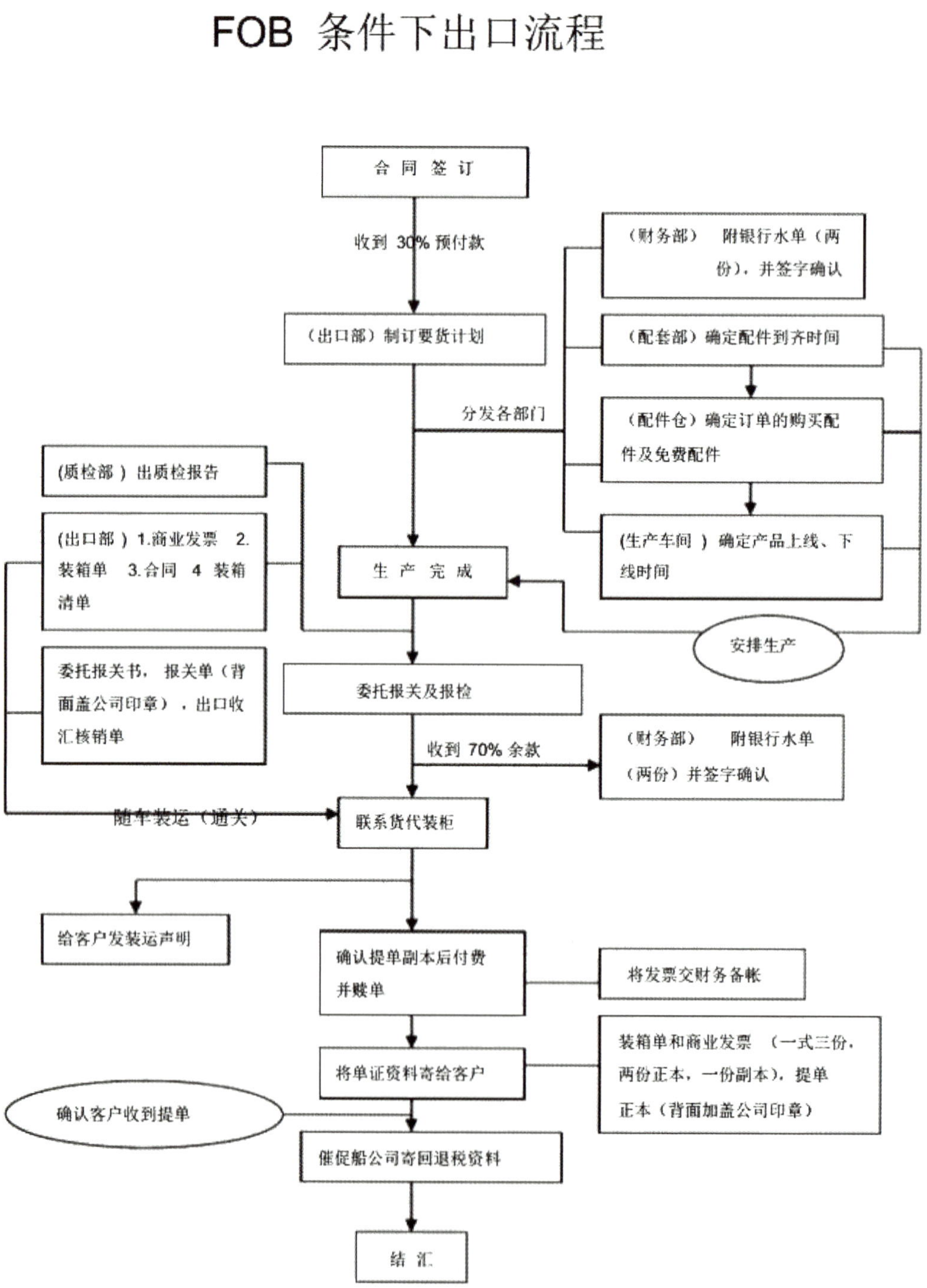

FOB 条件下出口流程

图 2-4

案例回应

陈振华通过学习 FOB 条件下的出口业务流程与单证的含义，基本了解了整个 FOB 交易环节，为下一步工作做好了铺垫。

达标检测

一、单项选择题

1. FOB 的全称为（　　）。

    A．Free On Board　　　B．Fly On Board

    C．Free On Black　　　D．Free On Block

2. 在 FOB 交易下，进、出口双方的责任以（　　）划分。

    A．船尾　　　　　　　B．港口

    C．船舷　　　　　　　D．目的港

3. 在 FOB 交易下，进口方需要支付给出口方（　　）的订金。

    A．10%　　　　　　　B．20%

    C．30%　　　　　　　D．40%

二、多项选择题

1. 进口清关使用的资料一般有（　　）。

    A．装箱单　　　　　　B．发票

    C．报关单　　　　　　D．销售合同

2. 出口报关使用的资料一般有（　　）。

    A．报关单　　　　　　B．装箱单

    C．发票　　　　　　　D．销售合同

3. 在 FOB 条件下，出口方的义务有（　　）。

    A．货物交到进口方的船上

    B．承担货物交至之前的一切费用和风险

    C．取得出口许可证

    D．提交商业发票

三、思考题

假设你是出口方，FOB 交易对你而言有哪些优点？

外贸单证

任务二　了解 CIF 条件下出口业务的流程与单证

 任务目标

1. 了解 CIF 条件下出口业务流程的含义;
2. 熟悉 CIF 条件下出口业务流程的特征;
3. 掌握 CIF 条件下出口业务流程及相关单证。

 知识点列表

序　号	知　　　识	重　要　性
1	CIF 条件下出口业务的含义	★★★★★
2	CIF 条件下出口业务的特征	★★★★☆
3	CIF 条件下出口业务的流程	★★★★★
4	CIF 条件下出口业务的单证	★★★★★

思维导图

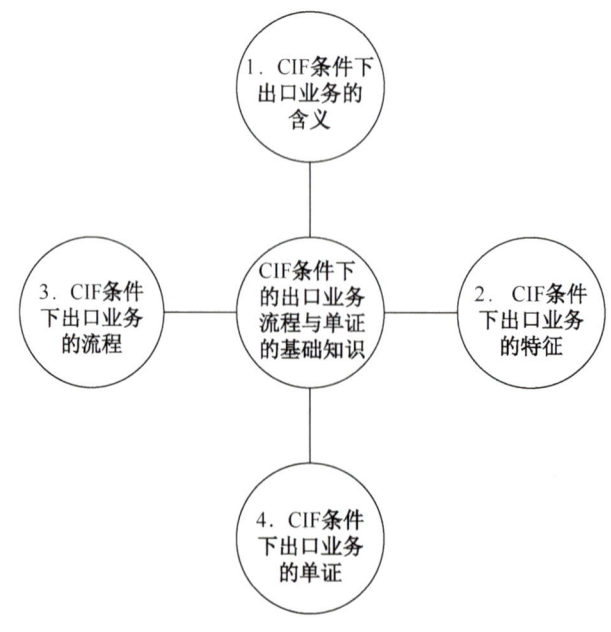

> **案例导入**
>
> 公司和一家外商公司签订了合同，要采取 CIF 交易，陈振华主动要求全权负责这项业务。
>
> **案例分析**：陈振华只有尽快读懂整个 CIF 条件下业务流程和单证的内容，才可以顺利完成这笔交易。那么，整个 CIF 流程是怎样的呢？要回答这个问题，需要从 CIF 条件下出口业务流程的含义讲起。

一、CIF 条件下出口业务流程的含义

通常所讲的成本、保险费加运费（Cost Insurance and Freight，CIF）是国际贸易中常用的贸易术语，在实际业务中也被称为"到岸价"。按到岸价进行的交易，由进口方办理货运保险、支付保险费，出口方投保的保险金额应按 CIF 价加成 10%。当货物越过船舷时出口方即完成交货。

根据《Incoterms 2020》的解释，CIF 术语只适用于海运和内河运输。在 CIF 条件下出口方必须支付将货物运至指定的目的港所需的运费和其他费用，当货物在装运港越过船舷时，出口方即完成交货。货物从出口方港口到进口方港口的运费、保险费等由进口方支付，货物装船后发生的损坏及灭失的风险由进口方承担。

二、CIF 条件下出口业务流程的特征

依据 CIF 的含义，可以推导出 CIF 流程下的出口方和进口方的两大特征。

1. 进、出口双方义务的划分

（1）出口方义务。

① 出口方必须提供符合销售合同规定的商业发票、保险单（见图 2-5）、货物及合同要求的证明货物已经装船的提单等其他凭证。

② 出口方须办理出口货物的出口手续，取得出口许可证或其他官方许可。

③ 出口方须提供运输合同和保险合同。

a）运输合同。

出口方承担费用，按照条件订立运输合同，通过惯常航线，将合同中规定的货物运输至指定的进口方港口。

b）保险合同。

出口方按照合同规定，独自承担费用，取得货物保险，并向进口方提供保险单或其他保

险证据，以使进口方或任何其他对货物具有保险利益的人有权直接向保险人索赔。出口方应该和信誉等级良好的保险人或保险公司订立保险合同，按进口方要求，并由进口方承担费用。出口方应采用合同指定的货币加投战争险、暴乱险、罢工险，最低保险金额应包括合同规定价款并另加 10%（110%）。

中国平安保险股份有限公司 PING AN INSURANCE COMPANY OF CHINA, LTD. NO. 1000005959　　　　　　　　　货 物 运 输 保 险 单 CARGO TRANPORTATION INSURANCE POLICY 被保险人：Insured	
中国平安保险股份有限公司根据被保险人的要求及其所交付约定的保险费，按照本保险单背面所载条款与下列条款，承保下述货物运输保险，特立本保险单。 This policy of Insurance witnesses that PING AN INSURANCE COMPANY OF CHINA, LTD., at the request of the Insured and in consideration of the agreed premium paid by the Insured，undertakes to insure the under mentioned goods in transportation subject to the conditions of policy as per the clauses printed overleaf and other special clauses attached hereon.	
保单号次 Policy No.	赔款偿付地点 Claim Payable at
发票或提单号 Invoice No. or B/L No.	
运输工具 Per conveyance S.S.	查勘代理人 Survey By
起运日期 Slg. on or abt.	自 From
	至 To
保险金额 Amount Insured	
保险货物项目、标记、包装及数量 Description, Marks, Packing & Quantity of Goods	承保条件 Conditions
签单日期 Date	For and on behalf of
PING AN INSURANCE COMPANY OF CHINA，LTD. authorized signature	

图 2-5

④ 出口方必须在合同规定的期限内，在出口方的港口将符合合同要求的货物装到进口方指定的船上，并给予进口方装船通知。

（2）进口方义务。

① 进口方须按销售合同规定支付货款。

② 进口方须在办理清关手续时办理进口货物手续，取得许可证或其他官方许可。

③ 进口方必须按照合同规定的交货时间，在指定的港口收领货物并接受与合同相符的单据。

2. 进、出口双方风险和费用的划分

（1）出口方风险和费用。

① 出口方必须承担货物在运输途中灭失或损坏的一切风险，直到货物在出口方港口越过船舷为止。

② 出口方必须支付与货物有关的一切费用，包括货物的装船费、保险费、卸货港的所有卸货费、海关手续费及出口时应缴纳的一切税款和其他费用。

③ 保险费计算公式：

$$CIF = \frac{FOB + 运费}{1 - 保险费率 \times (1 + 投保加成)}$$

$$CIF = \frac{CFR价}{1 - 保险费率 \times (1 + 投保加成)}$$

（2）进口方风险和费用。

① 进口方必须承担自货物越过船舷后在运输途中灭失或损坏的一切风险。

② 进口方必须支付自规定交货时起的一切费用，包括货物在运输途中直至到达进口方港口为止的一切费用，以及在目的港的驳运费、码头费用及办理海关清关手续所应交纳的一切税款和其他费用。

三、CIF 条件下出口业务流程及相关单证

在国际贸易中，CIF 条件下出口业务流程如下。

（1）出口方在运输前必须审核相关装运条款，如装运期、目的港、装运港能否转运或分批装运，以及是否指定了船公司、船名、船籍和船级等要求提供的各种证明。

（2）出口方根据出口成交合同及信用证中有关货物的数量、规格、包装、品种等规定准备好出口货物，并做好申请报验和领证工作。

（3）出口方在制定出口托运单（见图 2-6）后向货运代理办理委托订舱手续。货运代理根据货主的具体要求按航线分类整理后，及时向船公司或其代理订舱。货主也可直接向船公司或其代理订舱。

（4）在货物订妥舱位后，出口方负责办理货物运输险的投保手续。保险金额通常是以发票的 CIF 价加成投保（加成数根据进、出口双方约定，如未约定，则一般加 10% 投保）。

（5）当船到达出口方港口后，按照港区进货通知，并在规定的期限内，由托运人办理相关手续，将出口货物及时运至港区进行集中，等待装船。

外贸单证

委托编号 Entrusting Serial No.	提单号 B/L No.	合同号 S/C No.	委托日期 Date of Application	
发货人名称地址 Shipper's Name & Address		唛头标记 Marks		
收货人名称、地址 Consignee's Name & Address				
被通知人名称、地址 Notify Party's Name & Address				
装货港 Port of Loading	目的港 Port of Destination		船名 Vessel Name	
货物详细情况 Cargo Particulars				
唛头及件号 Marks and Numbers	包装及数量种类 Number and Kinds of Packages	货物名称 Description of Goods	总量 Weight in KG	体积 Measurement In CBM (m^3)
装船日期 Loading Date		可否转船 If Tran-shipment Allowed	可否分批 If Partial Shipment Allowed	
结汇期限 L/C Expiry Date		提单份数 Copies of B/L	正本 副本 Original Copy	
运费支付地点 Freight Payable at				
备注		委托人签名盖章 　　　　　　　2007 年 1 月 5 日		

图 2-6

（6）货物在港区集中后，出口方持编制好的出口货物的发票、装箱单（见图 2-7）、货单、外汇核销单、报关单（见图 2-8）等单证向海关申报。

（7）在装船前，理货员代表船方收集经海关放行货物的装货单和收货单，经过整理后，按照积载图和舱单分批接货装船。

（8）托运人向收货人发出装船通知后，就可以凭收货单向船公司换取已装船提单。

20

EXPORTER		PACKING LIST	
Company Name			
Address			
Phone Number			
IMPORTER		P/L DATE	
Company Name		INVOICE NO.	
Address		INVOICE DATE	
Phone Number		S/C NO.	
Letter of Credit No.		Date of Shipment	
Marks and Numbers	Description of Goods; Commodity No.	Quantity	Package	G.W	N.W
Total Amount					
Exporter Stamp an Signature					

图 2-7

出口口岸	备案号	出口日期	申报日期
经营单位	运输方式	运输工具名称	提运单号
收货单位	贸易方式	征免性质	结汇方式
许可证号	运抵国（地区）	指运港	境内货源地
批准文号	成交方式	运费	保费	杂费
合同协议号	件数	包装种类	毛重（千克）	净重
集装箱号	随附单据		生产厂家	
标记唛码及备注				
项号　商品编号　商品名称、规格型号　数量及单位最终目的国　单价　总价　币制　征免				
税费征收情况				
录入员　录入单位	兹声明以上申报无讹并承担法律责任	海关审单批注及放行日期（盖章）		
报关员		审单　　审价		
单位地址		征税　　统计		
邮编　电话	申报单位（盖章）	查验　　放行		

图 2-8

在国际贸易中，CIF 条件下出口业务流程图如图 2-9 所示。

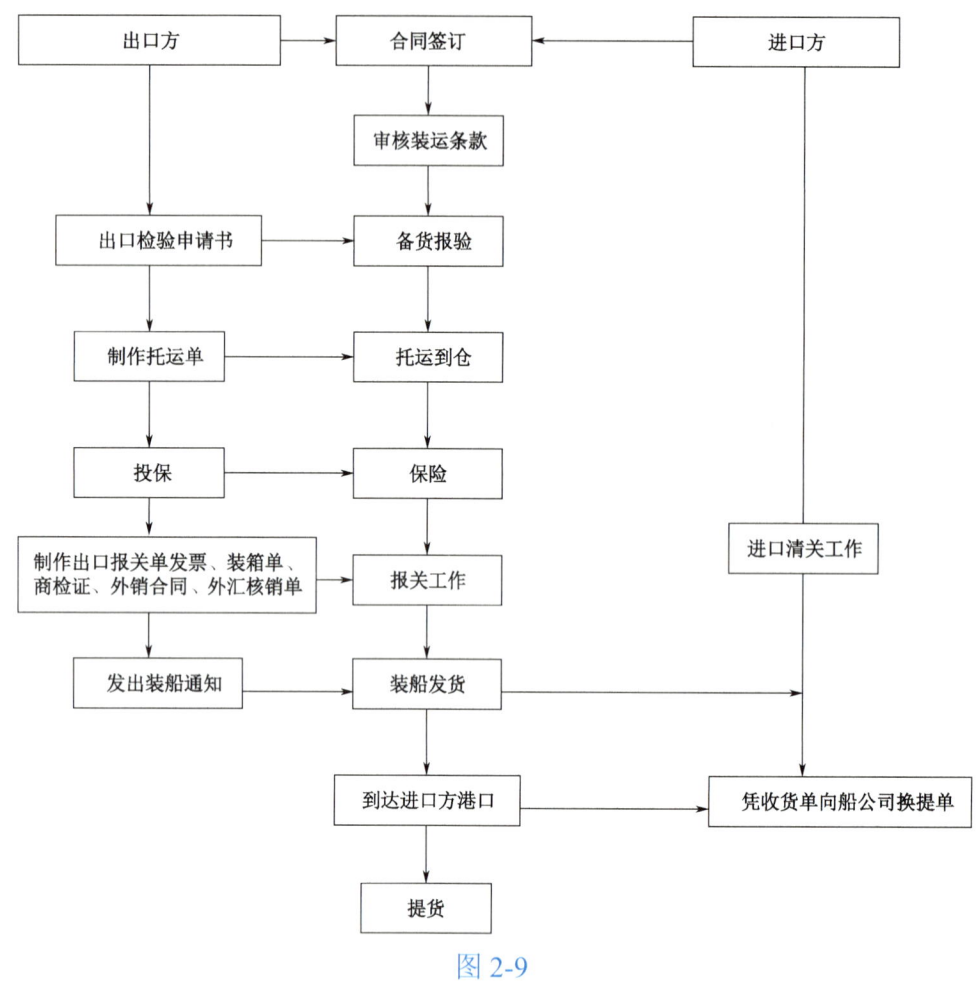

图 2-9

案例回应

陈振华通过学习 CIF 条件下出口业务流程及相关单证，基本了解了整个 CIF 环节，为下一步工作做好了铺垫。

达标检测

一、单项选择题

1．CIF 的全称为（　　）。

　　A．Cost In Free　　　　　　　　B．Cost Insurance Freight

　　C．Cost Insurance Free　　　　　D．Cost Insurance Facially

2．在 CIF 条件下交易时，（　　）。

　　A．出口方在船上交货　　　　　B．出口方在船边交货

　　C．出口方在目的地交货　　　　D．出口方在工厂交货

3. 在 CIF 条件下交易时，货物在海运途中的损坏风险由（　　）。

　　A．出口方承担　　　　　　B．进口方承担

　　C．进出口双方承担　　　　D．进出口双方不用承担

二、多项选择题

1. CIF 适用于（　　）。

　　A．陆地　　　　　　　　　B．航空

　　C．海上　　　　　　　　　D．内河

2. 在 CIF 条件下交易时，出口方的义务不包括（　　）。

　　A．承担货物越过船舷的风险和责任

　　B．办理出口报关的一切手续

　　C．订立运输合同并把货物运至目的港交货

　　D．交付货物和相关单证

3. 在 CIF 条件下交易时，进口方的义务有（　　）。

　　A．按照合同规定支付价款

　　B．自担风险和费用

　　C．承担货物到目的港交货的风险

　　D．没有义务

三、思考题

假设你是进口方，你在 CIF 条件下交易时的义务有哪些？

 任务三　了解 T/T 条件下出口业务的流程与单证

任务目标

1. 了解 T/T 条件下出口业务的含义；
2. 熟悉 T/T 条件下出口业务的特征；
3. 掌握 T/T 条件下出口业务的流程及相关单证。

 外贸单证

知识点列表

序 号	知 识	重 要 性
1	T/T 条件下出口业务的含义	★★★★★
2	T/T 条件下出口业务的特征	★★★★☆
3	T/T 条件下出口业务的流程	★★★★★
4	T/T 条件下出口业务的单证	★★★★★

思维导图

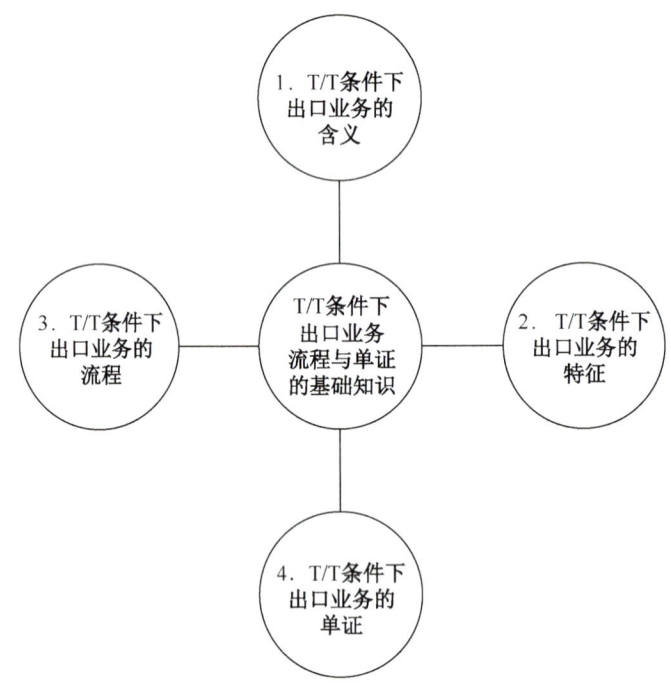

案例导入

陈振华受到公司的重视后，跟随公司参加了陶瓷相关的广交会，在会展上和一家外商公司签订了合同，对方协商采取 T/T 交易。他回到公司，领导把他叫到办公室，要求他全权负责这项业务。

案例分析：他只有尽快读懂整个 T/T 条件下业务流程和单证的内容，才能顺利地完成这笔交易。那么，整个 T/T 交易流程是怎样的呢？要回答这个问题，需要从 T/T 条件下出口业务流程与单证的含义讲起。

一、T/T 条件下出口业务流程的含义

通常所说的电汇（Telegraphic Transfer，T/T）是国际贸易中常用的贸易术语之一。电汇

是进口方将一定款项交存进口方的银行,进口方的银行通过电传(Telex)或电报(Cable)传给出口方的银行,并指示出口方的银行向出口方支付一定金额的一种交款方式。目前,广泛使用的是 SWIFT 方式,电传、电报已经被许多国家淘汰了。SWIFT 常用代号如表 2-1 所示。

表 2-1

代　号	英　　文	中　文　含　义
26E	NUMBER OF AMENDMENT	修改次数
27	SEQUENCE OF TOTAL	电文页次
30	DATE OF AMENDMENT	修改日期
31C	DATE OF ISSUE	开证日期
31D	DATE AND PLACE OF EXPIRY	信用证有效期
31E	NEW DATE OF EXPIRY	信用证新的有效期
32B	INCREASE OF DOCUMENTARY CREDIT AMOUNT	信用证金额的增加(MT707)
32B	CURRENCY CODE, AMOUNT	信用证结算的货币和金额(MT700)
33B	DECREASE OF DOCUMENTARY CREDIT AMOUNT	信用证金额的减少
34B	NEW AMOUNT	信用证修改后新的金额
39A	Pos./Net. Tol.(%)	金额增减的百分率
39B	MAXIMUM CREDIT AMOUNT	信用证最大限制金额
39C	ADDITIONAL AMOUNT COVERED	额外金额的修改
40A	FORM OF DOCUMENTARY CREDIT	跟单信用证的形式
41A	AVAILABLE WITH/BY	指定有关银行及信用证的兑付方式
42A	DRAWEE	汇票付款人
42C	DRAFTS AT…	汇票付款期限
42M	MIXED PAYMENT DETAILS	混合付款条款
42P	DEFERRED PAYMENT DETAILS	延期付款条款
43P	PARTIAL SHIPMENT	分批装运条款
43T	TRANSHIPMENT	转运条款
44A	LOADING IN CHARGE	装船发运和接收监管的地点
44B	FOR TRANSPORTATION TO…	货物的最终地
44C	LATEST DATE OF SHIPMENT	最后装船日期
44D	SHIPMENT PERIOD	装运期
45A	DESCRIPTION OF GOODS	货物描述
46A	DOCUMENTS REQUIRED	单据要求
47A	ADDITIONAL CONDITIONS	特别条款
48	PRESENTATION PERIOD	交单期限
49	CONFIRMATION INSTRUCTIONS	保兑指示
50	APPLICANT	信用证开证申请人
51A	APPLICANT BANK	信用证的开证银行

二、T/T 条件下出口业务流程的特征

依据 T/T 的含义,可以推导出 T/T 有以下两大特征。

(1)电汇是一种快捷的汇款方式,银行对电汇业务一般可以当日处理,并且不需要占用

汇款资金。但是，它在收取汇费时要加收电报费，所以费用较高，电汇中的电报费用由进口方承担。电汇通常用于大额款项或紧急款项的支付、支付指示、资金调拨等。随着信息技术的发展和效率要求的提高，我国采用电汇方式的业务越来越多，这种方式的优点和缺点都比较明显。

① 优点：手续简便；覆盖面广；资金到账快。

② 缺点：电汇诈骗风险高；传真风险大；电汇凭证诈骗多。

（2）业务上分为前 T/T（预付货款）和后 T/T（收货后付款）两种支付方式。

① 在国际贸易行业中，前 TT 是指在出口方发货前，进口方付清货款。在国际贸易中，对出口方而言，这是最安全的贸易方式，因为出口方不需要承担任何风险，收到钱就发货，没收到钱就不发货。现在中国很多中小企业都喜欢将前 T/T 作为国际贸易的支付方式。

② 在国际贸易行业中，后 TT 是指在出口方发完货后，进口方才付清剩下的货款。一般情况下，支付方式由进口方先付 30% 的定金，进口方收到提单复印件后付清剩下的 70% 的货款。

三、T/T 条件下出口业务流程及相关单证

在国际贸易中采取 T/T 出口业务流程如下。

（1）首先由进口方填写电汇申请书（见图 2-10）并交款给进口方银行，再由进口方银行拍加押电报或电传给出口方银行，出口方银行给出口方电汇通知书，出口方接到电汇通知书后去出口方银行兑付，出口方银行进行解付，解付完毕，出口方银行给进口方银行发借记通知书，同时进口方银行给进口方出具进口电汇回执。

（2）在电汇时，由进口方填写汇款申请书，并在申请书中注明采用 T/T 交易方式。同时，进口方将所汇款项及所需费用交给进口方银行，取得电汇回执。进口方银行在接到汇款申请书后，为防止因申请书中出现的差错而耽误交易或引起汇出资金的意外损失，应仔细审核申请书，对于不清楚的地方要与进口方及时联系。

（3）进口方银行办理电汇时，根据进口方申请书内容用电报或电传向出口方银行发出解付指示。电文内容包括汇款人名称、收款人名称、币种、汇款金额、地址、附言、拨付头寸、SWIFT 地址或进口方银行名称等。为了使出口方银行能证实电文内容确实是由进口方银行发出的，进口方银行在正文前要加列双方银行所约定使用的密押。

（4）出口方银行在收到电报或电传后，核对密押是否相符，如果不符，则应立即拟电文向进口方银行查询。如果相符，则缮制电汇通知书，通知出口方取款。出口方持通知书一式两联向出口方银行取款，在出口方收据上签章后，出口方银行即凭此解付汇款。最后，出口方银行将付讫借记通知书寄给进口方银行。在国际贸易中，T/T 条件下出口业务流程图如图 2-11 所示。

APPLICATION FOR FUNDS TRANSFERS (OVERSEAS)				
TO:＿＿＿＿＿＿ 分行　DATE: ＿＿＿＿＿＿ □ 电汇 T/T　□ 票汇 D/D　□ 信汇 M/T				
申报号码 BOP Reporting No.				
20	银行业务编号　Bank Transact. Ref. No.		收电行/付款行 Receiver / Drawn on	
32A	汇款币种及金额 Currency & Interbank Settlement Amount		金额大写 Amount in Words	
50a	汇款人名称及地址 Remitter's Name & Address			
54/56a	收款银行之代理行名称及地址 Correspondent of Beneficiary's Bank Name & Address			
57a	收款人开户银行名称及地址 Beneficiary's Bank Name & Address		收款人开户银行在其代理行账号 Bene's Bank A/C No.	
59a	收款人名称及地址 Beneficiary's Name & Address		收款人账号 Bene's A/C No.	
70	汇款附言 Remittance Information 只限 140 个字位 Not Exceeding 140 Characters		71A	国内外费用承担 ALL BANK's Charges If Any Are To Be Borne By □汇款人 OUR　□收款人 BEN　□共同 SHA
收款人常驻国家（地区）名称及代码 Resident Country/Region Name & Code:				

图 2-10

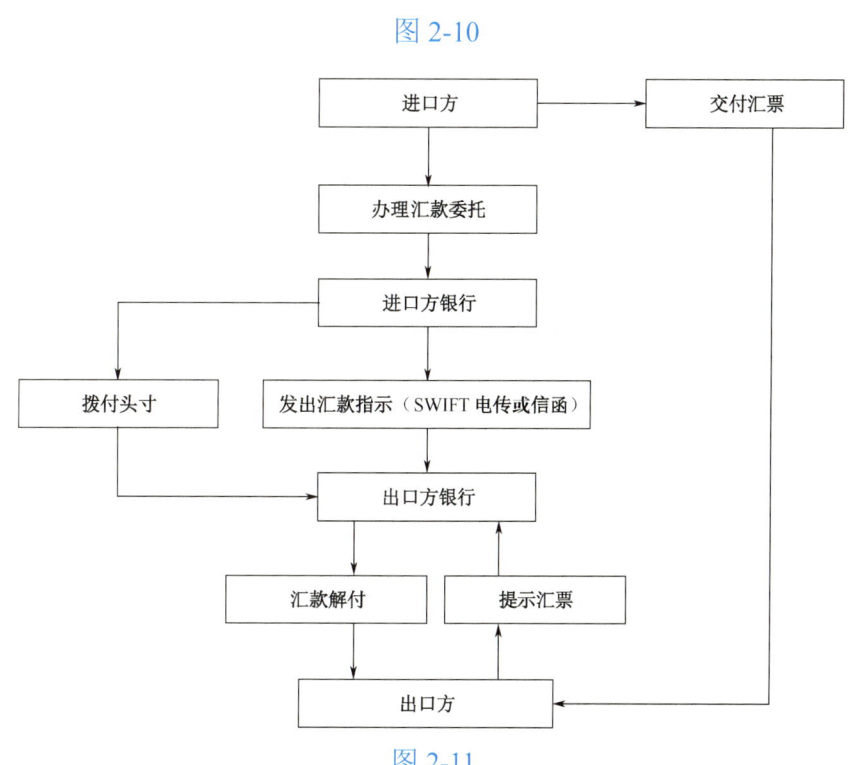

图 2-11

外贸单证

案例回应

陈振华通过学习T/T条件下的出口业务流程与单证的含义，基本了解了整个T/T环节，为下一步工作做好了铺垫。

达标检测

一、单项选择题

1. 电汇的英文缩写是（　　）。

    A．M/T   B．T/T

    C．D/D   D．T/M

2. 汇出行应汇款人的申请，拍发加押电报或电传给汇入行，指示其解付一定金额给收款人的汇款方式叫作（　　）。

    A．票汇   B．信汇

    C．电汇   D．电报

3. 信汇的特点不包括（　　）。

    A．费用低廉   B．速度较慢

    C．资金可能被银行短期占用 D．取款灵活

二、多项选择题

1. 电汇的特点有（　　）。

    A．顺汇结算   B．速度快

    C．优先级别较高   D．安全可靠

2. 汇款当事人之间具有委托与被委托关系的有（　　）。

    A．进口方与出口方   B．进口方与进口方银行

    C．出口方银行与进口方银行 D．出口方银行与出口方

3. 关于电汇的缺点描述正确的是（　　）。

    A．电汇诈骗   B．传真风险

    C．电汇凭证诈骗   D．汇票诈骗

三、思考题

假设你是出口方，你喜欢用前T/T还是后T/T交易？谈谈你的想法。

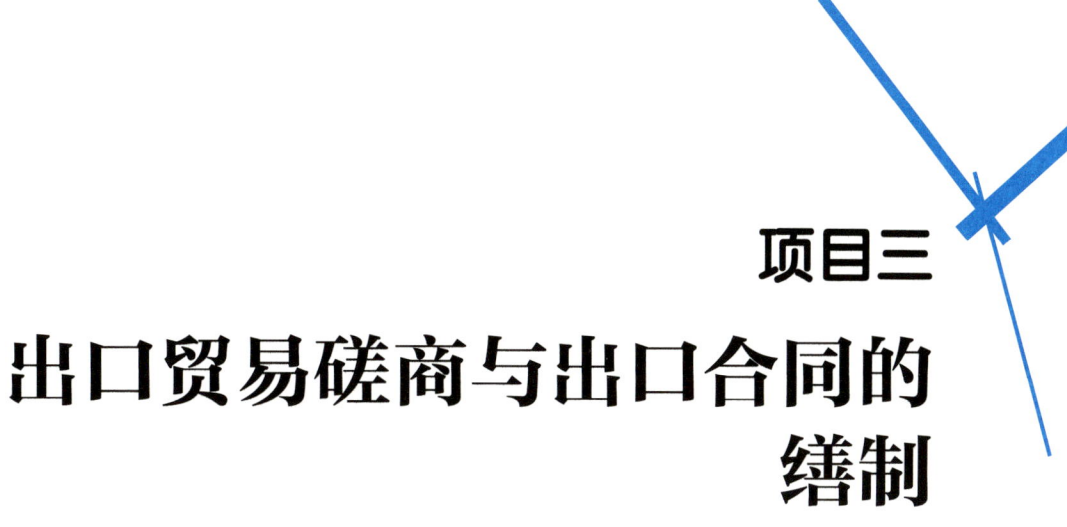

项目三
出口贸易磋商与出口合同的缮制

 任务一　询盘、发盘、还盘与接受

任务目标

1. 了解出口贸易磋商；
2. 理解发盘、还盘和接受的含义；
3. 掌握发盘、还盘和接受的流程。

知识点列表

序　号	知　识	重　要　性
1	出口贸易磋商的含义	★★★☆☆
2	出口贸易磋商的一般流程	★★★★★
3	发盘、还盘与接受	★★★★★

外贸单证

思维导图

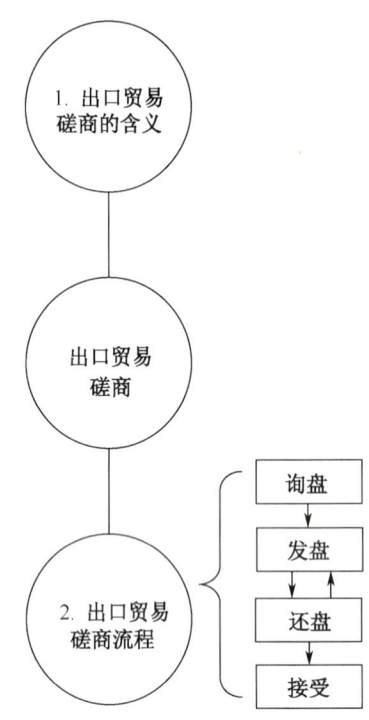

案例导入

经理通知陈振华,近期需要和澳大利亚某公司磋商陶瓷方面的出口问题,要求他准备好出口贸易磋商的相关材料和文件,并且在两天内提交。陈振华很高兴被经理赏识,因此,下定决心要把资料做好,不辜负领导的期望。让我们一起来帮助他做准备吧!

案例分析:要帮经理准备材料,他必须尽快掌握出口贸易磋商与出口合同的内容。那么,什么是出口贸易磋商呢?

一、出口贸易磋商的含义

出口贸易磋商是交易双方就交易条件进行洽商以求达成一致协议的具体过程。它是国际货物买卖过程中不可缺少的一个环节,也是签订买卖合同的必经阶段和法定程序。

出口贸易磋商可分为口头形式、书面形式和行为形式3种。目前,出口贸易磋商使用最多的方式是书面洽谈磋商。出口贸易磋商的内容主要包括商品名称、数量、品质、包装、价格、交货方式、运输方式和支付条件,通常也涉及检验、索赔、不可抗力和仲裁条件等。这些问题就是交易条件,在磋商中都要明确。出口贸易磋商就是通过函电或口头磋商某种商品涉及的主要交易条件,往返交换意见,最后取得一致意见,达成交易。

二、出口贸易磋商的一般流程

进出口贸易磋商一般流程包含询盘、发盘、还盘和接受4个环节，其中发盘、还盘和接受是出口贸易磋商的主要环节。一般来说，在这4个环节中，达成交易不可缺少的两个基本环节和必经的法律步骤是发盘和接受。

1. 询盘（Inquiry）

买卖双方均可发出询盘，买方询盘又称递盘（Bid），卖方询盘又称索盘（Selling Inquiry）。

询盘对买卖双方无法律约束力，但在商业习惯上，被询盘一方接到询盘后应尽快给予答复。

> **案例回应**
>
> 询盘不是出口贸易磋商的必经步骤，但它往往是一笔交易的起点。贸易中所说的"有求必应"中的"求"就是指询盘，而"应"则可以理解为发盘。

2. 发盘（Offer）

（1）发盘的含义。

发盘又称报价，法律上称为要约，是买方或卖方向对方提出各项交易条件，并愿意按照这些条件达成交易、订立合同的一种肯定的表示。发盘是出口贸易磋商的必要环节，具有法律约束力。

发盘由卖方提出，叫作售货发盘；由买方提出，叫作购货发盘。

（2）发盘的分类。

发盘分为实盘和虚盘两种。

实盘是指含有确定意思的发盘。实盘有以下两个主要特点。

① 必须提出完整、明确、肯定的交易条件。

② 必须规定有效期。

虚盘是指不含明确意义的报价，是发盘人有保留地愿意按一定条件达成交易的一种表示。虚盘有以下两个特点。

① 在发盘中附有保留条件。

② 在发盘中不规定有效期。

实盘对发盘人来说具有法律约束力，如果受盘人在有效期内表示接受，合同即告成立。虚盘对发盘人没有法律约束力，发盘人可以随时撤回或修改虚盘的内容。即使受盘人对虚盘表示接受，仍须经过发盘人的最后确认，才能成立一个对双方都有约束力的合同。

虚盘与实盘的区别如下。

① 虚盘的意思表示一般很含糊，没有一个肯定的表示，如"中间价格""数量可能不会

太多"等。

② 虚盘的合同要件包括商品的品质、数量、交货期、价格条款及支付方式等，一般不齐全。

③ 有些报盘虽然意思明确、要件齐全，但带有一定的保留条件，也属于虚盘，如"以我方最后确认为准""以我货未先售出为准""仅供参考"等。

（3）发盘的构成要件。

① 向一个或一个以上的特定人提出。

a．提出此条件是为了把发盘同普通商业广告及向广大公众散发商品价目单等行为（发盘邀请）区别开来。

b．对商业广告是否构成发盘的不同认识。

② 发盘的内容必须十分确定。

a．《联合国国际货物销售合同公约》规定，所谓"十分确定"，应包括品名、数量和价格这 3 个基本要素。

b．在我国外贸实践中，发盘应列明主要交易条件，包括品名和品质、数量、包装、价格、交货和支付方法等。

③ 表明经受盘人接受，发盘人即受约束的意思。

发盘必须表明订约意旨（Contractual Intent），如发盘、实盘、递实盘或订货等。

若发盘中附有保留条件，如"以我方最后确认为准"或"有权先售"等，则不能构成发盘，只能视为虚盘或邀请发盘（Invitation for Offer）。

④ 必须送达受盘人。

发盘只有送达受盘人始为有效，这里强调直接送达或信函、电传或口头通知。他人传达如未经发盘人授权，即使送达也无效。发盘只有受盘人收到合同才成立，受盘人没收到或没正式收到就不负法律责任，也没有订立合同的义务。

（4）发盘的有效期（Time of Validity 或 Duration of Offer）。

① 明确规定有效期。

明确规定有效期是构成发盘不可缺少的条件。

a．规定最迟接受的时间。

b．在规定最迟接受的时间时，可同时限定以接受送达发盘人或以发盘人所在地的时间为准，如"发盘限 9 月 20 日复到有效"或"发盘有效至我方时间星期一"。

c．规定一段接受的期间，如发盘有效期 5 天。

② 在未明确规定有效期时，应理解为在合理时间（Reasonable Time）内有效。口头发盘应当场表示接受。

（5）发盘的撤回与撤销。

在发盘后，有些发盘人由于种种原因要求撤回或撤销。发盘的撤回与发盘的撤销是不同的。

撤回是发盘人发出撤回通知，在发盘送达受盘人之前或同时送达受盘人，收回发盘阻止其生效的行为。一项发盘，即使是不可撤销的，但该撤回通知于发盘送达受盘人之前或同时送达受盘人，以阻止发盘的生效，则该发盘可以撤回。

（6）发盘效力的终止。

发盘效力的终止是指发盘法律效力的消失。发盘的效力终止的原因一般有以下几项。

① 在发盘规定的有效期内未被接受，或者虽未规定有效期，但在合理时间内未被接受，则发盘的效力即告终止。

② 发盘被发盘人依法撤回或撤销。

③ 发盘被受盘人拒绝或还盘，在还盘通知送达发盘人时，发盘的效力即告终止。

④ 发盘人发盘之后，发生了不可抗力事故，如所在国政府对发盘中的商品或所需外汇发布禁令等，在此情况下，按出现不可抗力可免除责任的一般原则，发盘的效力即告终止。

⑤ 发盘人或受盘人在发盘被接受前丧失行为能力，如患有精神病等，则该发盘的效力也可终止。

3. 还盘（Counter Offer）

还盘又称还价，是受盘人对发盘的内容不完全同意而提出的修改或变更的表示，具体表现为对商品的价格或对交易的其他条件提出不同意见。

还盘既是受盘人对发盘的拒绝，也是受盘人以发盘人的地位所提出的新发盘。发盘一经对方还盘，原发盘即失去效力。一笔交易有时不经过还盘即可达成交易，有时要经过多次还盘才能达成交易。

还盘具体包括以下几方面的内容。

（1）对原发盘条件提出实质性修改构成还盘。

根据《联合国国际货物销售合同公约》第十九条第三款的规定："有关货物价格、付款、货物重量和数量、交货时间、地点、一方当事人对另一方当事人的赔偿责任范围或解决争端等等的添加或不同条件，均视为在实质上变更发价的条件。"

（2）对发盘表示有条件地接受也是还盘的一种形式，如答复中附有"待最后确认为准"等字样。

（3）受盘人还盘后又接受原来的发盘，合同不成立。

案例回应

在实际的贸易磋商中，发盘和还盘往往不会一次就成功，常常需要买卖双方经过数轮磋商，反复发盘、还盘才能最终达成双方都接受的意向。

4．接受（Acceptance）

（1）接受的含义。

接受是指交易的一方无条件同意对方在发盘（或还盘）中提出的各项交易条件，并愿意按这些交易条件达成交易、订立合同的表示。接受在法律上称为承诺。发盘一经接受，合同即告成立，对买卖双方都产生法律上的约束力。

（2）构成接受的要件。

① 接受必须由受盘人做出。

② 接受必须表示出来。

受盘人表示接受的方式有以下两种。

a．用声明做出表示，即受盘人用口头或书面形式向发盘人同意发盘。

b．用做出行为来表示，通常指由卖方发运货物或由买方支付价款来表示。

③ 接受必须是同意发盘提出的交易条件的（接受必须与发盘相符）。

对发盘做出实质性修改视为还盘，但对于非实质性修改，除发盘人在不过分延迟的时间内表示反对其间的差异外，一般视为有效接受；而且合同的条件以该发盘和接受中所提出的某些更改为准。

④ 接受必须在发盘规定的时效内做出。

⑤ 接受通知的传递方式应符合发盘的要求。

（3）接受生效的时间。

英美法采用"投邮生效"的原则，大陆法和《联合国国际货物销售合同公约》采用"到达生效"的原则。接受还可以在受盘人采取某种行为时生效。

（4）附有条件的接受。

有条件的接受是否成立，要看原发盘人的意见。

（5）逾期接受（Late Acceptance）。

逾期接受又称迟到的接受，是指接受通知到达发盘人的时间已经超过了发盘所规定的有效期，或者发盘未规定有效期，但已超过了合理的时间。按照各国的法律，逾期接受不能认为是有效的接受，而只是一项新的发盘。《联合国国际货物销售合同公约》亦认为逾期接受原则上是无效的，但为了有利于双方合同的成立，《联合国国际货物销售合同公约》对逾期的接受采用了一些灵活的处理方法，使它在符合某些条件的情况下，仍然具有接受的效力，合同仍得以成立。

5．接受的撤回或修改

由于接受通知于送达被发盘人时生效，合同也于此时成立，对订约双方均有约束力，不存在接受的撤销问题。但由于接受通知于送达发盘人时生效，因此，如撤回通知于接受原应生效日之前或同时送达发盘人，接受可以撤回。例如，发盘人发出一项发盘，规定接受于 3 月 15 日当天复到有效，被发盘人于 3 月 2 日发出接受通知，预计 3 月 10 日接受通知可送达发盘人，如受盘人欲阻止合同的成立，他可在 3 月 10 日前用电传等更快捷的通信手段将接受撤回通知送达发盘人，该撤回通知也可与接受通知同时送达发盘人以撤回接受，阻止合同的成立。

案例回应

在出口贸易磋商的一般流程中，发盘、还盘、接受为主要环节。只有双方都接受了对方的条件，才能订立贸易合同。

达标检测

一、单项选择题

1. 国外某买主向我出口公司来电："接受你方 12 日发盘，请降价 5%"，此来电属于出口贸易磋商的（　　）环节。

　　A．发盘　　　　　　　　　　B．询盘
　　C．还盘　　　　　　　　　　D．接受

2. 我公司对 A 商就某产品发盘，下列情况下，双方可达成交易的是（　　）。

　　A．A 商在发盘有效期内，表示完全接受我公司的发盘
　　B．由 A 商认可的 B 商在发盘有效期内向我公司表示完全接受发盘内容
　　C．A 商根据以往经验，在未收到我公司的发盘的情况下，向我公司表示接受
　　D．A 商在有效期内表示接受，但提议将装运日期提前

3. 某出口公司对外发盘某产品，根据《联合国国际货物销售合同公约》的规定，在下列情况下，一经受盘人有效接受，双方即可达成交易的是（　　）。

　　A．发盘中只规定了商品的名称、数量及价格，同时向 A、B 两个公司发出
　　B．发盘中规定了各项交易条件，同时注明"以我方最后确认为准"
　　C．发盘中规定了各项交易条件，但并未规定成交的数量
　　D．发盘以平邮方式发出，但在当天，发盘人又以传真方式要求撤回发盘

4. 《联合国国际货物销售合同公约》规定，发盘的内容必须十分确定，所谓十分确定，应包括 3 个基本因素，下列不包括在内的基本因素是（　　）。

　　A．品名　　　　　　　　　　B．数量
　　C．价格　　　　　　　　　　D．品质

5. 某项发盘于 5 月 7 日以电报形式送达受盘人，但在 5 月 6 日，发盘人以传真形式告知受盘人该发盘无效，此行为属于（　　）。

A．发盘的撤回 B．发盘的修改

C．一项新发盘 D．发盘的撤销

二、多项选择题

1．发盘撤销的条件有（　　）。

A．发盘已经生效

B．发盘到达受盘人，但受盘人还没有做出接受的通知

C．发盘中没有规定发盘的有效期

D．发盘已经生效，受盘人接受通知的时间与撤销发盘通知的时间是相同的

2．发盘效力终止的原因包括（　　）。

A．发盘在有效期内没有被接受

B．发盘被发盘人依法撤销

C．受盘人还盘

D．发盘后，发生不可抗力事件

E．发盘人在接受前，丧失行为能力

3．一般来说，出口贸易磋商有4个环节，其中达成交易不可缺少的2个基本环节和必经的法律步骤是（　　）。

A．询盘 B．发盘

C．还盘 D．接受

三、案例分析

外国A公司拟进口一批标准瓷盘，请爱佳陶瓷有限公司发盘。5月1日，爱佳陶瓷有限公司发盘，对该货报价每箱20 000美元，限5月31日前答复。对此，A公司做出了还盘，提出货物价格为每箱18 000美元，并要求爱佳陶瓷有限公司于5月20日前答复。至5月20日，爱佳陶瓷有限公司一直未予答复。由于该货价看涨，A公司于5月22日又去电，表示接受对方在5月1日的发盘。此接受是否有效？爱佳陶瓷有限公司的发盘有效期未过，对该公司是否还有约束力？

项目三　出口贸易磋商与出口合同的缮制

任务二　了解出口合同的内容

任务目标

1. 了解出口合同的 3 部分内容;
2. 学习相关专业标准术语;
3. 掌握出口合同的格式。

知识点列表

序　号	知　识	重　要　性
1	出口合同的含义	★★★☆☆
2	出口合同的内容	★★★★★

思维导图

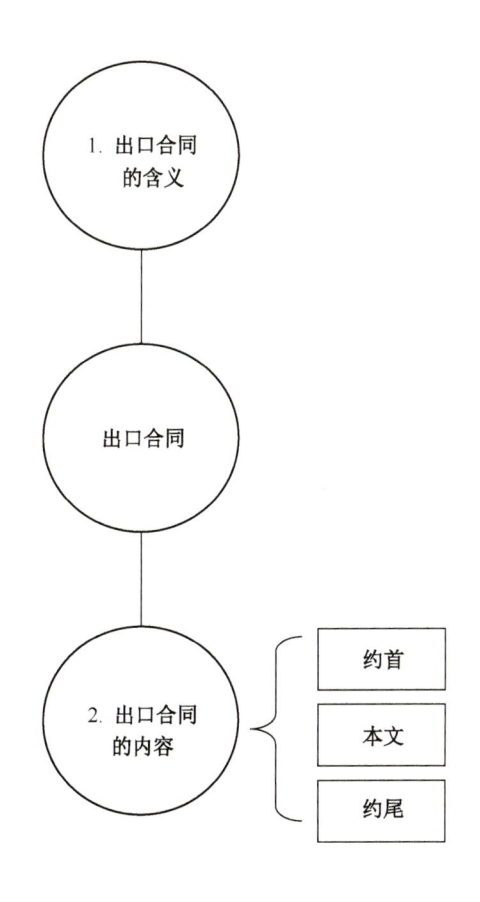

1. 出口合同的含义

出口合同

2. 出口合同的内容 ── 约首 / 本文 / 约尾

37

外贸单证

案例导入

陈振华准备的出口贸易磋商材料得到了经理的肯定，经理要求他再去准备出口合同的相关资料，以备自己下次开会宣讲时用，要求资料具体、准确。对陈振华而言，经理的重视让他很受鼓舞，他准备好好学习关于出口合同的相关知识。

一、出口合同的含义

出口合同是进口商（买方）和出口商（卖方）双方当事人依照法律，通过协商，就各自在贸易上的权利和义务所达成的具有法律约束力的协议。出口商的出口合同是为销售产品而订立的合同，因此，它也被称为销售确认书和销售合同。下面先来认识一下出口合同，如图3-1所示。

EXPORT CONTRACT

卖方 SELLER:DESUNSOFT CO.,LTD.
Room 2901,HuaRong Mansion,GuanJiaQiao 85#,Nanjing 210005,P.R.China
编号 NO.: DS2018SC205
日期 DATE: Mar.23,2018
地点 SIGNED IN: NANJING,CHINA
买方 BUYER:SAMAN AL-ABDUL KARIM AND PARTNERS CO. POB 13552, RIY ADH 44166, KSA
买卖双方同意以下条款达成交易：
This contract is made by and agreed between the buyer and seller, in accordance with the terms and conditions stipulated below.

注意：上面方块内为约首，下面的表格和文字分别为合同的本文和尾约。

1. 品名及规格 Commodity & Specification	2. 数量 Quantity	3. 单价及价格条款 Unit Price & Trade Terms	4. 金额 Amount
CANNED APP;EJAM 24 TINSX 340 GMS	2200CARTONS	USD6.80	USD14 960.00
CANNED STRAWBERRY JAM 24 TINSX 340 GMS	2200CARTONS	USD6.80	USD14 960.00
Total:	4400CARTONS		USD29 920.00

允许10%溢短装，由卖方决定
With 10% more or less of shipment allowed at the sellers' option

5. 总值 Total Value
U.S.DOLLARS TWENTY NINE THOUSAND NINE HUNDRED AND TWENTY ONLY.

6. 包装 Packing
EXPORT CARTONS

图 3-1

7. 唛头 Shipping Marks
   N/M
8. 装运期及运输方式 Time of Shipment & Means of Transportation
   Not Later Than Jun.05,2018 BY VESSEL
9. 装运港及目的地 Port of Loading & Destination
   From : TIANJIN PORT, P.R.CHINA
   To : DAMMAM PORT, SAUDI ARABIA
10. 保险 Insurance
    TO BE COVERED BY THE BUYER.
11. 支付方式 Terms of Payment
    By Irrevocable Letter of Credit to be opened by full amount of S/C, Payment at Sight document to be presented within 21 days after date of B/L at beneficiary's account.
12. 备注 Remarks
    (1) Transshipment allowed, Partial shipment not allowed.
    (2) Shipment terms will be fulfilled according to the L/C finally.
    The Buyer:SAMAN AL-ABDUL KARIM AND PARTNERS CO. DESUNSOFT CO.,LTD.
    The Seller:DESUNSOFT CO.,LTD.

图 3-1（续）

二、出口合同的内容

根据图 3-1，可以看出出口合同共包含 3 个部分。第一部分是约首，约首主要包括合同名称、订约日期和地点、当事人名称和地址、适用的法律等。第二部分是合同本文，即基本条款，包括商品的名称和质量、数量、价格、装运、付款等主要条款和格式条款，或称一般交易条款，以及合同中的通用条款，如商品检验、索赔、不可抗力、仲裁等。第三部分是约尾，约尾包括合同的有效期、合同使用的文字及其效力、买卖双方的签字等。

1. 约首

合同中的约首部分主要包括以下内容。

（1）合同名称。合同的名称应正确体现合同的内容，进口方制作的合同通常称为购货合同或购货确认书，既有由国外出口方起草缮制的，也有使用售货合同的。

（2）订约日期和地点。订约日期应为接受生效日期。接受通知到达发盘人时生效。如合同未另行规定生效条款，订约日期即为合同的生效日期。

（3）当事人名称、地址。当事人的全名和详细地址应在合同中正确载明，除可以识别当事人、便于在必要时进行联系外，在发生纠纷时，可作为决定诉讼管辖的重要依据。

（4）前文。前文措辞必须与合同一致。如采用合同书形式，则前文应使用第三人称语气，如"本合同由××与××订立"（This contract is made and entered into by and agreed between…and…）或类似词句；如使用确认书，则前文措辞应使用第一人称语气，如"兹确认从你方购买……"（We confirm the purchase from you…）或类似词句。

（5）适用的法律。合同的成立、履行及解释依据哪一国法律，对双方当事人都十分重要。根据包括我国在内的多数国家的法律规定，当事人可以选择处理合同争议所适用的法律，并在合同中加以规定，如订明："本合同的订立、履行及解释适用中国法律。"

2. 合同本文

出口合同本文中的基本条款，包括商品的名称和质量、数量、价格、装运、付款等条款。

（1）商品的名称和质量条款。

很多商品在不同的国家有不同的名称，因此，在出口发盘时，所使用的商品名称应能代表所表示的商品，并使用国际通用名称。在确定商品名称时，要做到既有利于运费的计算，又不与其他商品混淆。出口合同中对商品名称要做明确规定，进口许可证及其他进口单证中的商品名称与出口合同中的要严格一致。

出口合同中的商品质量条款非常重要。出口合同的纠纷以品质问题居多，因此，为预防或避免卖方交货品质不符要求或以次充好，合同中的商品规格、标准、牌号、型号、等级等应做出具体、明确的规定。

（2）数量条款。

出口合同中应明确规定计算数量的时间和地点。例如，以装运时的数量为准、以目的港卸货时的数量为准，或者以进入进口地仓库或工厂时核定的数量为准等。一般商品特别是初级产品的出口合同，可以规定溢短装[1]幅度，在由买方派船接货的情况下，除应规定溢短装幅度外，还应明确溢短装"由买方决定"。

（3）价格条款。

目前，在国际贸易中使用的贸易术语很多，其中 FOB、CFR 和 CIF 3 种使用较多。在进出口业务中，大多采用 FOB 贸易术语，由买方派船到国外接运货物。但是，对于个别业务，买方派船不便，卖方又为资信较好的老客户，可按 CFR 或 CIF 条件成交。在多式联运情况下，可采用 FCA、CPR 和 CIP 术语。

出口合同的价格有净价、含佣价、基价、推算价，价格中还可以减除数量折扣、季节折扣和特别折扣等。

（4）装运条款。

国际货物买卖合同中的装运条款也是合同中的基本条款，交付货物是卖方最基本的义务之一。在出口合同中，应订明卖方装运货物的时间、地点和尽通知义务等内容。

---

[1] 溢短装：合同的溢短装条款，简称溢短装（More or Less），是国际贸易中的一个概念，指卖方在向买方的实际交货操作中，可能出现一些意外。例如，事先估计的可以多装，但实际装不了那么多；或者事先没有估计那么多，但实际比事先估计的多装了一些。因此，双方事前达成关于多装或少装的约定，称为合同的溢短装条款，以方便在装运的时候有效利用空间，避免了实际装运后再来修改 L/C 或单据的麻烦。

买卖双方在货物交接过程中所承担的责任是根据所采用的贸易术语决定的。国际贸易中常用的 FOB、CFR 和 CIF 都属于在装运港交货的贸易术语，只要卖方在装运港把货物装上船，取得货运单据并将其交给买方，则认为其已经履行完交货责任；如使用 FCA、CPT 和 CIP 术语，则卖方只要将货物在发货地交给承运人监管，即为交货。我国进出口货物的运输方式大多为海洋运输并较多使用 FOB 术语，有时也使用 CFR 和 CIF 术语。

① FOB 条件下的装运条款。除合同中应指定装运港外，还应规定合理的装运时间和装运通知等。

a．装运时间。出口合同中对装运时间的规定不仅直接影响买方能否及时取得货物，以满足生产、消费或转售的需要，还涉及买方能否有足够的时间安排船只并通知卖方。因此，装运时间一般规定为一个期限，而不规定某个确定的日期。

除此之外，出口合同中还应规定卖方不能按时交货或买方不能按时派船应承担的责任。

b．装运通知。FOB 出口合同的装运通知条款的内容主要有卖方的货妥通知（通知买方货物已备妥的通知）、买方的派船通知和卖方装船后的通知。

为了便于买方既按合同又按卖方的要求派出船只，出口合同中应规定卖方发出货物已备妥的通知期限、通知内容及未按要求发出通知应承担的责任。

为了使卖方能按照船期安排装船，买方应给予卖方关于船名、装船地点和所要求的装运时间的充分通知。

② CFR 和 CIF 条件下的装运条款。按 CFR 和 CIF 条件订立的出口合同，由卖方安排运输，为维护买方的利益，应对卖方关于运输的责任在合同中做适当的规定。

在 CFR 条件下，由卖方租船、订舱、由买方负责保险，所以卖方在装船后立即发出装船通知非常重要。另外，合同中还应订立装运通知和风险划分的条款。

（5）付款条款。

出口合同中的付款条款和买方的利益保障的关系很大，稍有不慎，不仅会增加费用支出，还会发生付了款而拿不到货物或买方需要的凭证和单据的情况。

3．约尾

合同中的约尾又称最后条款，主要包括以下内容。

（1）合同生效。

（2）合同文本、份数及效力。

（3）合同签订日期、地点等。

（4）签字盖章等。

案例回应

通过对大量的出口合同样本的学习，陈振华尝试边学习边收集会议所需资料。陈振华知

道，从能看懂简单的出口合同到熟知出口合同的关键词汇，最后掌握出口合同的约首、本文和约尾3部分的内容是一个循序渐进的过程，千万马虎不得，尤其是各种条款的筛选和订立，任何一个细节都决定着交易最终是否成功，所以一定要严谨。陈振华暗暗下定决心，一定要花更多的时间和精力攻克这个业务难关。这样自己既能学到大量的专业知识，又能给经理准备更加准确的出口合同资料。

达标检测

一、单项选择

1. 根据《联合国国际货物销售合同公约》的规定，发盘和接受的生效采取（　　）。

　　A．投邮生效　　　　　　　　B．签订书面合约原则
　　C．口头协商原则　　　　　　D．到达生效原则

2. 英国某商人3月15日向国外某客商用口头发盘，若该英国商人与国外客商无特别约定，国外客商（　　）。

　　A．任何时间表示接受都可使合同成立
　　B．应立即接受方可使合同成立
　　C．当天表示接受即可使合同成立
　　D．在两三天内表示接受可使合同成立

3. A公司于5月18日向B公司发盘，限5月25日复到有效。在A公司向B公司发盘的第二天，A公司收到B公司于5月17日发出的内容与A公司发盘内容完全相同的交叉发盘，此时（　　）。

　　A．合同即告成立　　　　　　B．合同无效
　　C．A公司向B公司或B公司向A公司表示接受，当接受通知送达对方时，合同成立
　　D．必须是A公司向B公司表示接受，当接受通知送达B公司时，合同成立

4. 根据《联合国国际货物销售合同公约》的规定，合同成立的时间是（　　）。

　　A．接受生效的时间
　　B．交易双方签订书面合同的时间
　　C．在合同获得国家批准时
　　D．当发盘送达受盘人时

5. 根据我国法律的规定，除非另有约定，当事人订立合同的形式可以采用（　　）。

　　A．口头形式　　　　　　　　B．书面形式
　　C．其他形式　　　　　　　　D．以上任何形式均可

6. 新加坡一家公司于8月10日向我国A公司发盘欲购一批某货物，要求8月16日复

到有效，A 公司于 8 月 11 日收到发盘后，未向对方发出接受通知，而是积极备货，于 8 月 13 日将货物运往新加坡。恰好遇到市场行情变化较大，该货滞销，此时，（　　）。

  A．因合同未成立，新加坡客商可不付款

  B．因合同已成立，新加坡客商应付款

  C．A 公司应向新加坡客商发出接受通知后，才发货

  D．A 公司应赔偿该批货物滞销给新加坡客商带来的损失

二、案例分析

我国 B 公司就某项技术贸易的进口事宜与国外某客户进行洽谈，双方经过多次的函电往来，最终达成交易，但未订立正式的书面合同。根据双方的函电往来表明，对方应于 2000 年 12 月前向 B 公司提供一项技术贸易的出口，而时至 2001 年 1 月，对方仍未向 B 公司提供该项技术贸易。B 公司曾多次要求对方履行合约，对方却以未订立正式书面合同为由否认合约已达成。

问：（1）双方的交易是否已达成？为什么？

  （2）就此案例，B 公司应如何处理？

任务三　出口合同的缮制

任务目标

1. 掌握出口合同的主要条款和拟定技巧；
2. 熟悉书面合同的形式和内容；
3. 缮制一份出口合同。

知识点列表

序　号	知　识	重　要　性
	出口合同的缮制	★★★★★

外贸单证

思维导图

```
缮制出口合同
├── 出口合同的主要条款
├── 出口合同的拟定技巧
└── 书面合同的形式和内容
```

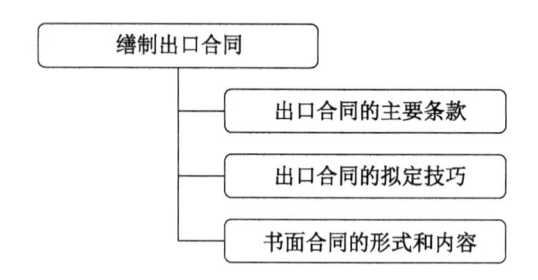

案例导入

公司负责出口合同事宜的同事请假了，经理让陈振华暂时跟进最近一单的出口合同，要求根据外商最新的接受缮制一份出口合同。作为一个新人，能够逐渐接触公司的核心业务令陈振华精神振奋。

案例分析：上次他帮经理准备相关材料时，已经对出口合同有了一定的理解，现在就要把理论付诸实践了。

合同的缮制操作指南

1. 商品名称及规格（Commodity & Specifications）

一般先填写商品名称，如有牌号，则要大写填写。

商品的规格反映商品的品质，不同商品有不同的规格，其表达方式也不一样。以下是几种常用的表达方式。

型号：Type/Model No.；

货号：Art. No.；

尺寸、色彩搭配：Yellow and white equally assorted（黄、白平均搭配）；

包装规格：In cans of 250 grams（250 克听装）；

例如：

（1）ABC6-16，颜色红、白、黑平均搭配，每打尺码搭配为小/3，中/6，大/3。

ABC6-16,red, white and black equally assorted, S/3, M/6 and L/3 per dozen。

（2）质量符合样品 AB66 号，水分最高含量为 18%。

Quality as per Sample No. AB66, with moisture not exceeding 18% (or Max. 18%)。

2. 数量（Quantity）

计量单位，用英文单词或缩写表示。以下为常用的计量单位。

件 piece(s) /pcs　　　　　套、台 set(s)　　码 yard (s) /yds

公吨 metric ton(s) /M/T　　　箱 case(s) /cs

纸板箱 carton (s) /ctns　　　打（12个）dozen /dz

3．单价（Unit Price）

一般用"At…, per…"来表示。按照国际贸易惯例，完整的单价包含4部分内容：货币名称及单位、金额、计价数量单位、贸易术语，缺一不可。

例如：USD10.00 per piece, CIF 3% New York

　　　10美元/件 CIF 纽约，含3% 佣金

4．总值（Total Amount）

一般要求给出大、小写两种写法。用文字填写时，第一个词用"SAY"，用"ONLY"结尾。如"6000美元"应表示为

USD6000.00

SAY U.S.D OLLARS SIX THOUSAND ONLY

5．唛头（Shipping Mark）

唛头是运输标志，一般包括4方面的内容，如表3-1所示。

表 3-1

ABC	收货人简称
S/C NO.:3360	合同号
NEW YORK	目的地
C/NO.: 1-UP	箱号

在国际贸易中，唛头由买卖双方共同商定，如无规定，则按惯例填写"由卖方选择"（At Seller's Option）。

6．包装（Packing）

常用表达方式如下。

（1）用……装（in…）。

例如：用纸箱装（in cartons）。

（2）用……装，每件装多少（in…, each containing… / in… of…each）。

例如：用纸箱装，每箱装10打（in cartons, each containing 10 dozen / in cartons of 10 dozen each）。

（3）用……装，每件装多少，若干件装一大件（in…of …each, …to…）。

例如：用塑料袋装，每袋装一打，10袋装一纸箱（in polybags of a dozen each, 10 bags to a carton）。

7. 目的地（Destination）

用介词短语 from...to... 表示。

8. 装运期限（Shipment）

装运期限一般用某年某月来表达，按英文习惯应先写月后写年，介词用 in，如"2018 年 6 月"（In / during June,2018）。若是分批装运，则要写明分几批、是否相等、相隔时间、何时开始 4 个因素，可用套语：in...equal monthly / weekly / quarterly installments / lots beginning from... 若需要转船，则可在其后加上"with transshipment at..."。

9. 检验（Inspection）

此条款一般包括商品检验的时间与地点、检验机构、检验证书、检验依据与检验方法及商品的复验等。在我国出口贸易中，一般由出口口岸卫生检疫机关进行检验，并签发检验证书，作为向银行议付的依据；货到目的地后，允许买方有复验权，并以目的地检验机构出具的检验证明作为索赔的依据。

例如：

It is mutually agreed that the Certificate of Quality and Weight issued by the China Exit and Entry Inspection and Quarantine Bureau at the place of shipment shall be part of the documents to be presented for negotiation under relevant L/C. The Buyers shall have the right to reinspect the quality and weight of the cargo. The reinspection fee shall be borne by the Buyers. Should the quality and/or weight be found not in conformity with that of the contract, the Buyers are entitled to lodge with the Sellers a claim which should be supported by survey reports issued by a recognized surveyor approved by the Sellers. The claim, if any, shall be lodged within 30 days after arrival of the cargo at the place of destination.

10. 保险（Insurance）

保险条款应包含投保人、投保险别、投保金额、保险条例 4 方面内容，可按下列套语来写。

由卖方根据……条例，按发票金额的 110% 投保一切险和战争险。（To be effected by the Sellers for 110% of the invoice value against All Risks and War Risks as per ...）

在 FOB 或 CFR 成交的情况下，应由买方自行投保，这时可简单地写为 To be effected by the Buyers.

11. 支付方式（Terms of Payment）

国际贸易中的支付方式有几种。

（1）汇付（Remittance）：电汇（T/T）、信汇（M/T）、票汇（D/D）。

（2）托收（Collection）：付款交单（D/P）、承兑交单（D/A）。

（3）信用证（L/C）。

采用信用证支付，合同条款中应包含以下 5 项内容。

① 信用证的种类。

② 信用证的金额。

③ 信用证的到达时间。

④ 汇票付款日期（即期、远期等）。

⑤ 信用证的有效期及议付地点。

这些内容综合起来可以用以下基本句型表达：

By 100% confirmed, irrevocable sight L/C to reach the Sellers 30 days before the date of shipment and to remain valid for negotiation in China till the 15th day after date of shipment.

凭全额发票金额的、保兑的、不可撤销的即期信用证。信用证应于装运前 30 天到达卖方，其议付有效期至上述装运期后 15 天，在中国到期。

（4）两种支付方式相结合，如 T/T 和 D/P 结合：

20% of the total contract value as advance payment shall be remitted by the Buyers to the Sellers through T/T within 15 days after signing this contract. The remaining 80% will be effected by D/P at Sight.

买方在合同签订后 15 天将 20% 的货款电汇给卖方，其余 80% 的货款将用即期付款交单方式支付。

12. 一般条款（General Terms）

此条款包含仲裁、商检、不可抗力及签约双方的免责条款等，一般由各外贸公司根据所经营的商品特征事先印就，无须填写。

案例回应

陈振华作为新人，公司把这么重要的业务交给他处理，自然表明了对他的信任。缮制出口合同是一件严谨的工作，代表的是公司的利益，他要准确和严谨到一个标点符号都不能错。

任务实训 1　缮制出口合同

根据下列资料缮制出口销售确认书。

合同号：2018 — 68

卖方：广东土畜产进出口公司

买方：鹿特丹食品进出口公司

商品名称：花生米

规格：2018 年产

数量：50 公吨

单价：3500 元/公吨，CIF 3% 鹿特丹

总金额：人民币 175 000 元

包装：双层麻袋装

保险：由卖方按发票金额的 110% 投保一切险

装运港：中国深圳

唛头：由卖方选定

交货期：2018 年 7 月

支付条件：凭不可撤销的即期信用证

签约地点和日期：2018 年 4 月 26 日于中国广州

EXPORT CONTRACT

卖方 The Seller:

合同号 S/C No.:

签订日期 Signing Date:

买方 The Buyer:

双方同意按下列条款由卖方出售，买方购进下列货物：

The Seller agrees to sell and the Buyer agrees to buy the under mentioned commodity according to the terms and conditions stipulated below:

（1）单价 Unit Price:

（2）货物名称及规格 Commodity & Specifications:

（3）数量 Quantity:

（4）成交方式 Terms of Shipment:

（5）支付方式 Terms of Payment:

（6）总金额 Total Amannt:

（7）包装 Packing:

（8）装运口岸 Port of Loading:

（9）目的口岸 Port of Destination:

（10）装运期限 Time of Shipping:

（11）唛头 Shipping Marks:

（12）保险 Insurance:

The Seller: The Buyer:

项目四
信用证的阅读、审核与修改

任务一　了解信用证的基础知识

任务目标

1. 了解信用证的含义；
2. 掌握信用证的特征；
3. 掌握信用证的业务流程；
4. 了解与信用证有关的当事方。

知识点列表

序　号	知　识	重　要　性
1	信用证的含义	★★★★★
2	信用证的特征	★★★★☆
3	信用证的业务流程	★★★☆☆
4	与信用证有关的当事方	★☆☆☆☆

外贸单证

思维导图

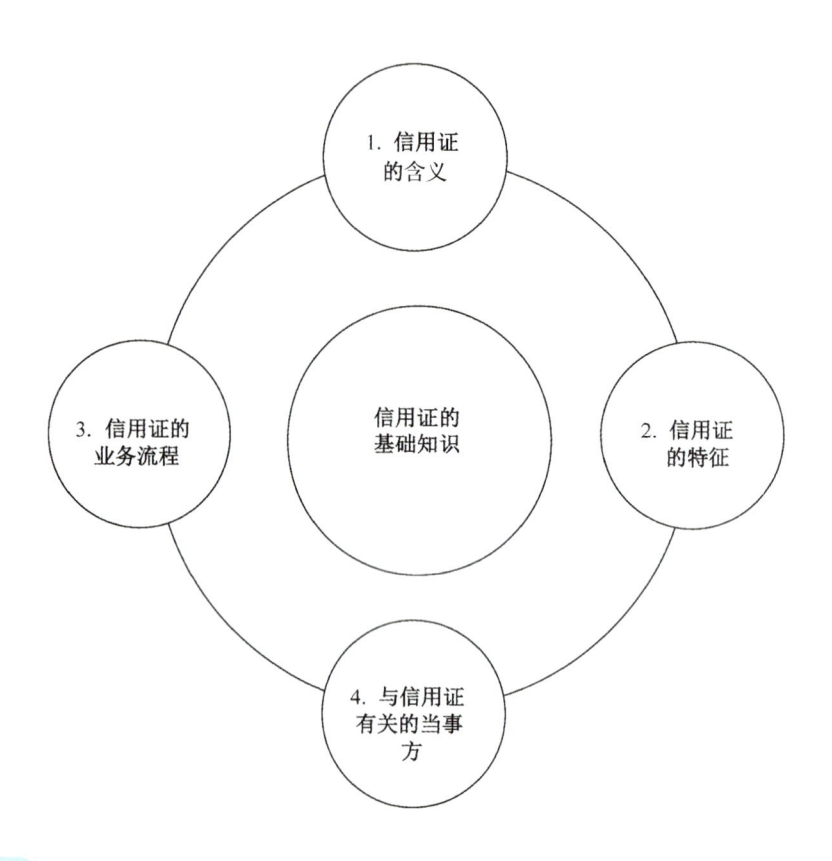

- 信用证的基础知识
  1. 信用证的含义
  2. 信用证的特征
  3. 信用证的业务流程
  4. 与信用证有关的当事方

案例导入

林淑英毕业于佛山市某中职学校，商务英语专业，最近她签约到佛山市西林卫浴有限公司（Foshan Xilin Sanitary Ware Co., Ltd.）做业务员。一天，领导把她叫到办公室，告诉她，她的主管因故离职，要求她马上接手这个主管的工作。她临走时，领导交给她一份信用证，告诉她车间已经生产了一批淋浴房，但不清楚具体的交货信息，要她马上从信用证上找到相关信息，并全权负责这项业务。

案例分析：在佛山市的一些中小出口企业中，外贸业务员的流动性较大，职业素质参差不齐。当前在没有找到原始销售合同和往来邮件的情况下，林淑英必须尽快读懂信用证，找到买方的信息（包括联系方式），以及具体的包装要求和交货期，以便组织报检、报关和出运。那么，信用证是什么？为什么在没有贸易合同的情况下领导依然敢交货？她真的可以从信用证上找到完成贸易所需要的信息吗？要回答这些问题，还得从信用证的含义讲起。

一、信用证的含义

通常所讲的信用证（Letter of Credit）包括光票信用证和跟单信用证两种。在国际贸易中所使用的信用证为跟单信用证（Documentary Letter of Credit），在实际操作中简称信用证，简写为 L/C。

国际商会在《UCP600》中对跟单信用证进行了定义："跟单信用证是指一项不可撤销的安排，无论其名称或描述如何，该项安排构成开证行对相符交单予以承付的确定承诺。"通俗地讲，跟单信用证是开证行根据开证申请人（通常为进口商或买方）的申请，向受益人（通常为出口商或卖方）开立的，在满足一定条件下，由开证行保证付款的凭证。

开证行履行其付款承诺所要满足的"一定条件"，即《UCP600》对跟单信用证的定义中所指的"相符交单"。而"相符交单"是指与信用证条款、《UCP600》的相关适用条款及《关于审核跟单信用证项下单据的国际标准银行实务》（《ISBP》）一致的交单。通俗地讲，就是指出口商向议付行所提交的单据要与信用证要求的一致，并且满足《UCP600》及《ISBP》的规定，反映在实际业务中，就是指通常所要求的"单证相符"。

二、信用证的特征

依据信用证的含义，可以推导出信用证的三大特征。

1. 信用证是银行信用，开证行是信用证的第一付款人

根据《UCP600》对跟单信用证的定义："……该项安排构成开证行对相符交单予以承付的确定承诺"，由此确定了开证行作为第一付款责任人的地位。换句话说，只要受益人提交了与信用证的要求相符的单据，开证行必须无条件付款。同时，与商业信用相比，开证行所承担的信用是银行信用，可信度更高。

2. 信用证是一项独立的文件，它不依附于贸易合同而存在

贸易合同是买卖双方之间的契约，只对当事双方有约束力。尽管信用证开立的依据源自贸易合同对支付方式的规定，但是信用证一旦开立，就有了自身独立的内容和条款，有自身生效、执行和失效的特定规定，具有独立性。同时，开证行取代合同中的卖方承担了付款责任，而付款条件不是交货而是交单，使得信用证从付款责任到付款条件都脱离了合同，成为一项自足的独立文件。

3. 信用证项下的业务是单纯的单据业务，而不是实际的货物或服务贸易

《UCP600》规定，开证行履行付款责任的条件是受益人提交了相符的单据，而不是受益人提交了实在的货物或提供了实际的服务。在信用证业务中，各当事方处理的是以海运提单为核心的各种单据，各银行只会审核受益人提交的单据与信用证的要求是否相符，若不符则

指出不符点，由受益人修改，直到单据与信用证的要求完全相符或由申请人声明放弃；若交单相符则接受相符的单据，进而据此执行付款操作。开证行不会追求单据的形式、完整性、真实性甚至合法性，因此会出现下列情况：即使出口商成功交货，但是由于单据出问题，也会被开证行拒付而无法按时收汇；即使进口商所收到的货物出现问题，但是在出口商提交了相符的单据的情况下，开证行也不能因货物问题而拒绝出口商赎单。

> **案例回应**
>
> 尽管林淑英所在的公司暂时没有找到贸易合同，但是凭借她手中的信用证同样可以完成这项业务，因为开证行已经开出了信用证，付款责任已经由买方转移到开证行，只要她所在的公司及时交货，按信用证的要求提交了相符的单据，开证行就会足额支付货款。她所要做的就是读懂信用证。首先，找到买方的相关信息，与对方取得联系，继续贸易的进程；其次，从信用证中找到所要提交的相符的单据，尽早准备缮制单据；最后，根据信用证中规定的交货期，早日对货物进行包装、报检、报关并出运交货。

三、信用证的业务流程

信用证是一项银行的付款承诺。前文介绍了信用证的三大特征，那么，将信用证作为结算方式的国际贸易到底是怎样进行的呢？下面来分析信用证的业务流程，为了便于讲解，现以议付信用证为例。根据国际贸易惯例，议付信用证的业务流程如表4-1所示。

表 4-1

步骤序号	内容	当事方
1	买卖双方签订销售合同，在合同中约定以信用证为结算方式	受益人、申请人
2	买方向其所在地银行申请开立合同规定的信用证	申请人、开证行
3	开证行接受买方的申请，开立信用证，并寄交卖方所在地的银行	开证行、通知行
4	通知行核对信用证上的印鉴或密押，确认无误后通知买方信用证开到	通知行、受益人
5	卖方审核信用证，确定无误后，备货、交货，取得运输单据	受益人、承运人
6	卖方备齐信用证所规定的所有单据，在交单期内向议付行交单议付	受益人、议付行
7	议付行核对买方所提交的单据，确认无误后对卖方所开具的汇票付款	议付行、受益人
8	议付行将汇票和单据一并寄给开证行或其指定的偿付行索偿	议付行、偿付行
9	偿付行审核议付行交来的单证，确认无误后向议付行付款	偿付行、议付行
10	开证行通知买方前来付款	开证行、申请人
11	买方向开证行付款并获得包括提单在内的海运单据	申请人、开证行
12	买方凭提单向船公司提货	买方、承运人

为了让大家直观地了解信用证的业务流程，下面将表4-1转换成业务流程图，如图4-1所示。

附：信用证的业务程序

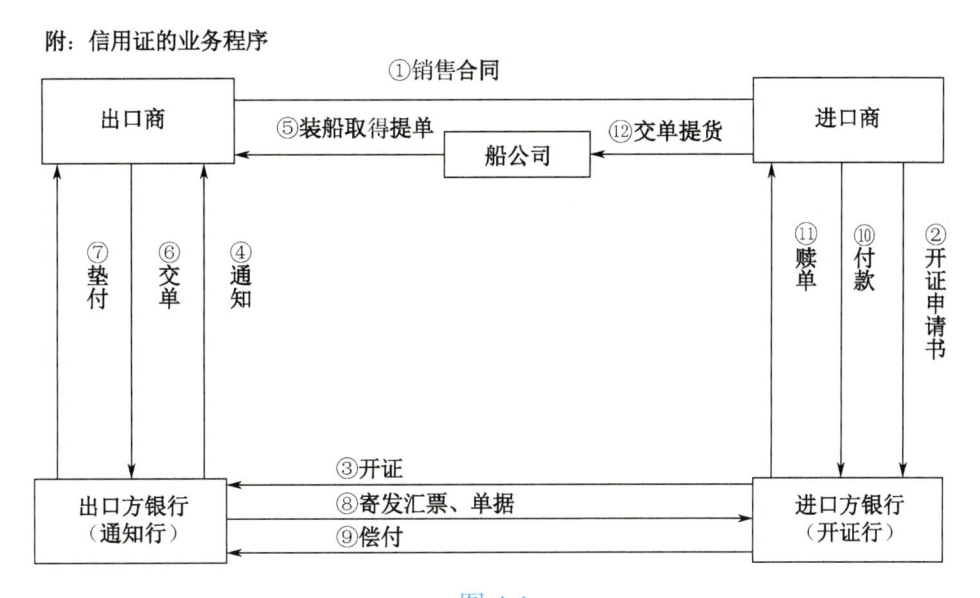

图 4-1

四、与信用证相关的当事方

根据信用证业务流程各个环节的权利与责任，可列出与信用证业务相关的当事方。

1. 开证申请人（Applicant）

开证申请人通常是进口商或买方。在与卖方签订销售合同约定以信用证为支付方式后，开证申请人有责任向其所在地的银行申请开立以卖方为受益人的信用证。在开证行向议付行付款而获得提单后，开证申请人向开证行偿付汇票及其相关费用，赎回提单，然后凭借提单向船公司提货。

2. 受益人（Beneficiary）

受益人通常指出口商或卖方，是信用证上规定的有权使用信用证并凭其提交的与信用证的要求相符的单据而获得付款的人。在收到通知行转来的信用证后，受益人须认真审核信用证。审核无误后，受益人有义务按信用证的规定交货，并在交单期内向议付行提交单据，凭"相符交单"获得议付行的付款。

3. 开证行（Issuing Bank or Opening Bank）

开证行是应开证申请人的请求，代表开证申请人开出信用证的银行。通常，开证行是申请人所在地信誉良好的银行，同时申请人与其有业务往来，一般是申请人的开户行。一旦开证行接受申请人的请求开出信用证，则开证行对信用证规定的"相符交单"负第一付款责任；同时，开证行在向议付行付款后获得提单，在申请人付款赎单前，开证行占有提单并据此从申请人处获得付款。

4. 通知行（Advising Bank）

通知行通常是指受益人所在地的银行，其受开证行的委托向受益人通知信用证开到。通知行有责任审核信用证的真实性，同时应受益人的要求审核开证行的资信状况，并凭此业务收取通知费。

5. 议付行（Negotiating Bank）

议付行是指由开证行指定的愿意购买信用证项下的汇票或单据的银行，通常，由通知行担当议付行。

6. 付款行（Paying Bank）

付款行是指由开证行指定的根据信用证的规定对汇票付款的银行。开证行自己也可以担当付款行。

7. 偿付行（Reimbursing Bank）

偿付行是开证行的代理人，其根据开证行的授权，承付付款行、承兑行或议付行的索偿。

8. 保兑行（Confirming Bank）

保兑行是经开证行授权或应开证行的请求，在信用证上加具保兑责任的银行。被保兑的信用证被称为保兑信用证，受益人获得了开证行和保兑行的双重付款保证。保兑行与开证行一样，对信用证负有第一付款责任。

9. 承兑行（Accepting Bank）

承兑行是负责对信用证项下的远期汇票进行承兑操作并在到期日付款的银行。

案例回应

林淑英接手的业务，根据信用证的业务流程已经走到了第四步，即通知行通知信用证开到。受益人（佛山市西林卫浴有限公司）必须马上审核信用证，决定是否接受该信用证的条款。如果确定信用证没有问题，就要进入第五步，即交货。待取得提单等单据后，再根据信用证的要求缮制对应单据并向银行交单议付。如果发现信用证的条款或条件有问题，则须及时向申请人（进口商）发改证函，要求修改信用证的相关条款或条件。

达标检测

一、单项选择题

1. 国际商会发布的最新版《跟单信用证统一惯例》又称（　　）。

    A.《UCP500》　　　　　　B.《UCP600》

    C.《PICC》　　　　　　　D.《ISBP》

2. 信用证的信用是（　　）。

    A. 银行信用　　　　　　　B. 商业信用

    C. 个人信用　　　　　　　D. 国家信用

3. 开证行履行付款责任的条件是受益人提交了与信用证规定相符的（　　）。

  A．货物   B．服务

  C．证明   D．单据

二、多项选择题

1. 信用证的特征有（　　）。

  A．信用证是单纯的单据业务

  B．信用证是一份独立于贸易合同的自足文件

  C．开证行负有第一付款责任

  D．信用证的信用是无条件的

2. 下列关于信用证描述正确的有（　　）。

  A．信用证所代表的是商业信用

  B．信用证有自己的开始日期和截止日期

  C．信用证的议付条件是"单证相符"

  D．对受益人而言，保兑信用证比非保兑信用证更安全

3. 信用证的相关当事方有（　　）。

  A．申请人   B．受益人

  C．开证行   D．议付行

三、思考题

根据信用证的知识，谈谈对中国的出口商而言，使用信用证结算的优势有哪些。请列举出来。

任务二　阅读信用证

任务目标

1. 了解信用证的字面内容；
2. 熟悉信用证项下代码所对应的内容；
3. 完成阅读一份信用证的实训任务。

外贸单证

知识点列表

序　号	知　　识	重　要　性
1	信用证的字面内容	★★★☆☆
2	信用证的范例讲解	★★★☆☆
3	实训任务之阅读信用证	★★★★★

思维导图

阅读信用证
- 信用证的开证形式
  - 信开信用证
  - 电开信用证
- 信用证的范例详解
  - 信用证项下的代码
  - 代码所对应的内容

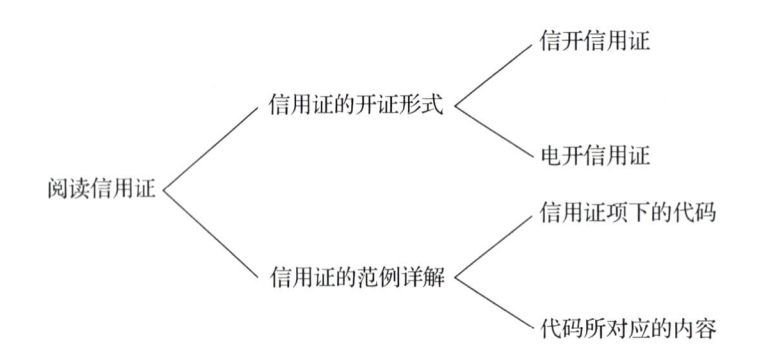

案例导入

接任务一的案例，林淑英接下来必须马上读懂领导给的信用证，确定信用证的条款和条件是否存在问题，决定下一步是组织交货还是修改信用证。幸运的是，她在前主管留下的资料里找到了这项业务的销售合同，这为她掌握业务详情省去了不少麻烦。

案例分析： 所谓信用证的阅读不单指信用证字面内容的阅读，对业务员而言，更多是指信用证所载信息的阅读。信用证是一份独立于合同的文件，记载了一次贸易的具体内容，特别是交易双方的权利与义务。阅读信用证，需要在字面意义之外，理解交易双方的权利与义务，并将信用证与合同进行比对，看信用证是否能将合同的条款都反映出来。如果是出口方，则还需要读懂信用证中出现的合同条款之外的条款和条件，结合贸易实际情况和国际惯例，看己方是否能够按照信用证的要求完成操作，提交符合信用证要求的单据。

一、信用证的字面内容介绍

信用证的开证形式主要分为信开和电开两种。信开信用证是指开证行使用事先印好的信函格式，开证后以航空邮件的形式寄送给通知行的信用证。而电开信用证是指开证行使用电报、电传、传真、SWIFT等方式将信用证条款传递给通知行的信用证。目前应用最广泛的是SWIFT电开信用证，本任务只介绍此类信用证。

SWIFT是"全球银行金融电讯协会"（Society for Worldwide Interbank Financial Telecommunication）的英文简称。SWIFT的会员银行都拥有特定的SWIFT代码。SWIFT地址是一个8位或11位的字符串，相当于各个会员银行在SWIFT内的身份证号码，是会员银行的识别码。SWIFT电开信用证的内容结构（MT700/701）如表4-2所示。

表4-2

代码	对应栏位名称/内容
27	Sequence of Total 电文页次
40A	Form of Documentary Credit 跟单信用证形式
20	Documentary Credit Number 跟单信用证号码
31C	Date of Issue 开证日期
40E	Applicable Rules 适用的规则
31D	Date and Place of Expiry 有效期与地点
51A/D	Applicant Bank 申请人的银行
46B	Documents Required 所需单据
50B	Non-Bank Issue 非银行开证人
50	Applicant 申请人
59	Beneficiary 受益人
32B	Currency Code, Amount 币种、金额
39A	Percentage Credit Amount Tolerance 信用证金额上下浮动的范围
39B	Maximum Credit Amount 信用证最高金额
39C	Additional Amount Covered 附加金额
41A/D	Available with/by 指定的有关银行及信用证的兑付方式
42C	Drafts at… 汇票付款日期
42A/D	Drawee 汇票受票人
42M	Mixed Payment Details 混合付款条款
42P	Deferred Payment Details 延期付款条款
43P	Partial Shipments 分批装运
43T	Transshipment 转运
44 A	Loading on Board/Dispatch/Taking in charge at/from… 装船、发运和接受监管的地点
44 B	For Transportation to… 货物发运的最终目的港（地）
44C	Latest Date of Shipment 最迟装船期
44D	Shipment Period 装运期
44E	Port of Loading/Airport of Departure 装运港/起始机场
44F	Port of Discharge/Airport of Destination 卸货港/目的地机场
45A	Descriptions of Goods or Services 货物/服务描述（名称）
46A	Documents Required 所需单据

续表

代　　码	对应栏位名称 / 内容
47A/B	Additional Conditions 附加条款
71B	Charges 费用
48	Period for Presentation 交单期
49	Confirmation Instructions 保兑指示
53A/D	Reimbursement Bank 偿付银行
78	Instructions to the Paying/Accepting/Negotiation Bank 对付款 / 承兑 / 议付银行的指示
57A/B/D	"Advising Through" Bank 通知行
72	Sender to Receiver Information 银行间的备注

二、跟单信用证范例详解

信用证的格式相对固定，每个代码与代码项下的内容一一对应，这给信用证的阅读提供了便利。在阅读信用证时，首先要读懂信用证每个项目下的大写英文内容，明白每个项目的字面意义。为了方便大家读懂信用证，先对一份简化的信用证逐项进行文字翻译，如表 4-3 所示。

表 4-3

MT700	ISSUE OF A DOCUMENTARY CREDIT
27: SEQUENCE OF TOTAL: 1/2	27：电文页次，1/1 指只有一张电文，1/2 指两张电文，本张是第一张
40A: FORM OF DOC CREDIT: IRREVOCABLE	40A：跟单信用证形式 IRREVOCABLE 不可撤销的信用证
20: DOC CREDIT NUMBER:XZ-1831	20：跟单信用证号码：XZ-1831
31C: DATE OF ISSUE: 20181030	31C：开证日期：2018 年 10 月 30 日
31D: EXPIRY: 20190131 PLACE: THE PEOPLE'S REPUBLIC OF CHINA	31D：信用证有效期：2019 年 1 月 31 日 有效地：中国
50: APPLICANT: JOHNSON TEXTILES INC 4456 RAIN ST56.TORONTO,CANADA	50：信用证开证申请人（买方）：JOHNSON TEXTILES INC 地址：4456 RAIN ST56.TORONTO,CANADA
59:BENEFICIARY:XI'AN CHANLONG TEXTILES TRADING CO LTD,HUANCHENG ROAD, XI'AN, CHINA	59：受益人（卖方）：XI'AN CHANLONG TEXTILES TRADING CO LTD 地址：HUANCHENG ROAD, XI'AN, CHINA
32B: AMOUNT: CURRENCY USD AMOUNT 28 750.00	32B：信用证项下的金额为 USD28 750.00
39A: POS/NEG. TQL (/): 05/05	39A：信用证金额加减百分率： 信用证金额允许 5% 的加减
41A: AVAILABLE WITH/BY: AVAILABLE WITH ANY BANK IN CHINA BY NEGOTIATION	41A：议付适用银行：中国的任何议付行
42C: DRAFTS AT SIGHT	42C：开立汇票：即期汇票

续表

MT700	ISSUE OF A DOCUMENTARY CREDIT
42: DRAWEE: CANADIAN COMMERCIAL BANK	42A：付款人：加拿大商业银行
43P:PARTIAL SHIPMENT:NOT ALLOWED	43P：分批装运：不允许
43T:TRANSHIPMENT: NOT ALLOWED	43T：转运：不允许
44A: LOADING IN CHARGE: TIANJIN	44A：装运港：天津
44B: FOR TRANSPORT TO: TORONTO	44B：目的港：多伦多
MT700	ISSUE OF A DOCUMENTARY CREDIT
44C: LATEST DATE OF SHIP:20181225	44C：最迟装船期：2018年12月25日
45A: DESCRIPTION OF GOODS OR SERVICES: 25 000M OF 100% COTTON OLIVE GREEN COLORED CLOTH 20×20 128×58 44, AS PER S/C NO. CYLN01 USD1.15/M CIF TORONTO	45A：货物/服务描述：25 000米全棉橄榄绿色布，经纬纱20×20经纬密度128×58，幅宽44英寸。依据CYLN01号合同，单价为1.15美元/米 CIF 多伦多
46A: DOCUMENTS REQUIRED: * COMMERCIAL INVOICE IN SIX COPIES CERTIFYING THAT THE GOODS EXPORTED ARE OF CHINESE ORIGIN * DETAILED PACKING LIST IN THREE COPIES SHOWING THE GOODS BE PACKED IN BALES * CERTIFICATE OF ORIGIN IN ONE ORIGINAL SIGNED BY AUTHORITY AGENCY * FULL SET OF CLEAN ON BOARD OCEAN BILLS OF LADING MADE OUT TO ORDER BLANK ENDORSED AND DNOTIFY APPLICANT (SHOWING FULL NAME AND ADDRESS) AND FREIGHT PREPAID TO TORONTO INDICATING FREIGHT CHARGES * BENEFICIARY'S CERTIFICATE MUST CERTIFY THAT ONE SET OF NON-NEGOTIABLE DOCUMENTS TO BE SENT BY AIRMAIL TO APPLICANT WITHIN 2 DAYS AFTER SHIPMENT AND A CONFIRMATION TO THIS EFFECT SHALL ACCOMPANY THE DOCUMENTS * INSPECTION CERTIFICATE IS ISSUED BY APPLICANT AND COUNTERSIGNED BY MR JOHNSON	46A：所需提供的单据文件： * 商业发票一式六份并注明中国原产 * 详细装箱单一式三份并注明包装种类是布包 * 由权威机构出具的原产地证书正本一份 * 全套清洁已装船海运提单，指示抬头、空白背书，标明运费预付及运至多伦多的运费预付总额，通知开证申请人（申请人全称和详细地址） * 受益人证明必须注明一套不可议付的单据于装船后两天之内航邮给买方，并随附寄单证明 * 由开证申请人约翰森签发检验证书
47A: ADDITIONAL COND.: ALL DOCUMENTS MUST SHOW L/C NO. AND ISSUING BANK SHIPPING MARKS : JTI/CYLN01/TORONTO/1-UP	47A：附加条款： 1. 所有单据必须注明信用证号码和开证行名称 2. 唛头：JTI/CYLN01/TORONTO/1-UP

续表

MT700	ISSUE OF A DOCUMENTARY CREDIT
48: PERIOD FOR PRESENTATION: NOT LATER THAN 5 DAYS AFTER THE DATE OF ISSUANCE OF THE SHIPPING DOCUMENTS BUT WITHIN THE VALIDITY OF THE CREDIT	48：交单期：交单日期不得晚于运输单据签发日 5 天，并在信用证有效期内
49: CONFIRMATION INSTRUCTZONS: WITHOUT	49：保兑条款：不保兑
71B: CHARGES: 1. ALL BANKING CHARGES OUTSIDE CANADA INCLUDING ADVISING COMMISSION ARE FOR ACCOUNT OF BENEFICIARY AND MUST BE CLAIMED AT THE TIME OF ADVISING. THIS L/C IS ADVISED THROUGH BANK OF CHINA, SHANXI BRANCH 2. USD50.00 FEE FOR EACH DISCREPANCY WILL BE DEDUCTED FROM THE PROCEEDS PAID UNDER ANY DRAWING WHERE DOCUMENTS PRESENTED ARE FOUND NOT TO BE IN STRICT CONFORMITY WITH THE TERMS OF THIS CREDIT	71B：费用： 1. 加拿大以外的所有银行费用，包括信用证通知费，由卖方承担，通知费必须在通知时提出。本信用证由中国银行陕西分行通知 2. 所提交的单证如与 L/C 要求的不一致，在此结汇款项中，一个不符点扣 50 美元
72: SENDER TORECEIVER INFORMATION CREDIT SUBJECT TO ICC PUBL 600/2007 TO BE OPERATIVE UPON FURTHER NOTICE	72：银行间的备注：遵照 ICC PUBL 600/2007 年版，该信用证自收到通知后生效
78：INSTRUCTIONS TO THE RAYING/ACCEPTING/NEGOTIATION BANK: UPON OUR RECEIPT OF DOCUMENTS IN ORDER WE WILL REMIT IN ACCORDANCE WITH NEGOTIATING BANKS INSTRUCTIONS AT MATURITY	78：对付款/承兑/议付银行的指示：一经收到单据，我们将依程序按照议付行的指示如期偿付

三、实训任务讲解

看完范例中的信用证，再来看林淑英拿到的信用证，如表 4-4 所示。

表 4-4

MT700		ISSUE OF A DOCUMENTARY CREDIT
SENDER		KOREA EXCHANGE BANK SEOUL 178.2 KA, ULCHI RO, CHUNG-KO
RECEIVER		BANK OF CHINA 　　FOSHAN 　　NO.125 JIHUA ROAD 　　CHANCHENG DISTRICT 　　FOSHAN

续表

MT700		ISSUE OF A DOCUMENTARY CREDIT
SEQUENCE OF TOTAL	27	1/1
TYPE OF DOCUMENTARY CREDIT	40A	IRREVOCABLE
LETTER OF CREDIT NUMBER	20	0018459
DATE OF ISSUE	31G	180316
DATE AND PLACE OF EXPIRY	31D	180531 IN CHINA
APPLICANT BANK	51D	BANK OF CHINA FOSHAN BRANCH
APPLICANT	50	QINGYONG CORPORATION 　　CPO BOX 108 　　SEOUL 　　KOREA
BENEFICIARY	59	FOSHAN XILIN SANITARY WARE CO., LTD. 　NO.28 CHUANGYE ROAD FOSHAN GUANGDONG PROVINCE CHINA
CURRENCY CODE, AMOUNT	32B	USD32 500.00
AVAILABLE WITH/BY	41D	ANY BANK BY NEGOTIATION
DRAFTS AT	42C	15 DAYS AFTER SIGHT
DRAWEE	42D	KOREA EXCHANGE BANK 　　SEOUL 　　178.2 KA, ULCHI RO, CHUNG-KO
PARTIAL SHIPMENTS	43P	NOT ALLOWED
TRANSSHIPMENT	43T	NOT ALLOWED
SHIPPING ON BOARD/DISPATCH/ PACKING IN CHARGE AT/FROM	44A	GUANGZHOU, CHINA
TRANSPORTATION TO	44B	SEOUL
LATEST DATE OF SHIPMENT	44C	180510
DESCRIPTION OF GOODS OR SERVICES: 45A 500 SETS SHOWER ROOM AT USD65.00/SET FOB GUANGZHOU		
DOCUMENTS REQUIRED: 46A 1. SIGNED COMMERCIAL INVOICE IN TRIPLICATE 2. FULL SET OF CLEAN ON BOARD OCEAN BILLS OF LADING MADE OUT TO ORDER AND BLANK ENDORSED, MARKED "FREIGHT COLLECT" NOTIFYING APPLICANT 3. PACKING LIST IN TRIPLICATE INDICATING QUANTITY/GROSS AND NET WEIGHTS OF EACH CARTON 4. CERTIFICATE OF QUALITY IN DUPLICATE ISSUED BY PUBLIC RECOGNIZED SURVEYOR 5. BENEFICIARY'S CERTIFIED COPY OF FAX DISPATCHED TO THE ACCOUNTEE WITHIN2 DAYS AFTER SHIPMENT ADVISING NAME OF VESSEL, DATE, QUANTITY, WEIGHT, VALUE OF SHIPMENT, L/C NUMBER AND CONTRACT NUMBER 6. CERTIFICATE OF ORIGIN IN TRIPLICATE ISSUED BY AUTHORIZED INSTITUTION		

续表

MT700		ISSUE OF A DOCUMENTARY CREDIT
ADDITIONAL INSTRUCTIONS: 47A 1. DOCUMENTS DATED PRIOR TO L/C ISSUING DATE IS NOT ACCEPTABLE 2. BOTH QUANTITY AND AMOUNT 10 PERCENT MORE OR LESS ARE ALLOWED		
CHARGES	71B	ALL BANKING CHARGES OUTSIDE THE OPENNING BANK ARE FOR BENEFICIARY'S ACCOUNT
PERIOD FOR PRESENTATION	48	DOCUMENTS MUST BE PRESENTED WITHIN 5 DAYS AFTER THE DATE OF ISSUANCE OF THE TRANSPORT DOCUMENTS BUT WITHIN THE VALIDITY OF THE CREDIT
CONFIRMATION INSTRUCTIONS	49	WITHOUT

既然合同是信用证开立的基础，信用证也必须列明合同的所有条款和条件，参照合同的内容，林淑英列出了信用证的主要内容和条款。

信用证编号：0018459

开证日期：180316（2018年3月16日）

截止日期：180531 IN CHINA（2018年5月31日在中国失效）

申请人（买方）：QINGYONG CORPORATION CPO BOX 108 SEOUL KOREA

受益人（卖方）：佛山市西林卫浴有限公司

货物描述：500套淋浴房

单价：65美元/套FOB广州

总金额：USD32 500.00

交货期：180510（2018年5月10日之前）

支付方式：不可撤销的议付信用证

保险：无

溢短装：数量和金额允许10%的溢短装

装运港：中国广州

卸货港：韩国首尔

装运条件：不允许分批装运和转运

付款：向任何银行交单议付

议付的单据：

（1）已签名的商业发票一式三份；

（2）全套清洁的已装船的海运提单、指示抬头、空白背书、标明运费到付并通知申请人；

（3）注明每箱的数量/总重和净重的装箱单一式三份；

（4）由信誉良好的公共机构签注的质量检验证书一式两份；

（5）受益人证明的传真件要在交货后两日内发送给付款方，注明货轮的名称，以及装船日期、数量、重量、金额、信用证和合同的编码；

（6）由授权机构出具的原产地证书一式三份。

费用的规定：开证行之外的所有费用由受益人承担

交单期：不得晚于运输单据（海运提单）签发日5天；并在信用证有效期内

是否保兑：否

附加条件：早于本信用证开证日期的单据不可接受

案例回应

通过学习，林淑英终于看懂了信用证，把陌生的大写英文字符变成了熟悉的方块字。这样，她就可以通过合同等资料核对信用证内容，决定下一步如何操作了。

达标检测

一、单项选择题

1．信用证中代码31C指代的内容是（　　）。

　　A．申请人　　　　B．开证行　　　　C．开证日期　　　　D．截止日期

2．信用证中代码46A指代的内容是（　　）。

　　A．货物或服务　　B．所需单据　　　C．币种与金额　　　D．装运港

3．如果需要确定单据的交单期，则需要查阅信用证（　　）代码项下的内容。

　　A．48　　　　　　B．72　　　　　　C．44C　　　　　　D．44D

二、翻译下列信用证条款或条件

1．FULL SET OF CLEAN ON BOARD OCEAN BILLS OF LADING MADE OUT TO ORDER AND BLANK ENDORSED, MARKED "FREIGHT COLLECT" NOTIFYING APPLICANT.

2．ALL BANKING CHARGES OUTSIDE THE OPENING BANK ARE FOR BENEFICIARY'S ACCOUNT.

3．NOT LATER THAN 5 DAYS AFTER THE DATE OF ISSUANCE OF THE SHIPPING DOCUMENTS BUT WITHIN THE VALIDITY OF THE CREDIT.

4．INSURANCE POLICY/CERTIFICATE IN DUPLICATE ENDORSED IN BLANK FOR 110% INVOICE VALUE, COVERING ALL RISKS OF CIC OF PICC(01/01/1981)INCL.

任务实训2　阅读信用证

请根据本节信用证阅读的知识，阅读以下信用证（见表4-5），并填写对应内容。

表 4-5

MT700		ISSUE OF A DOCUMENTARY CREDIT
Sequence of Total	27	1 / 1
Form of Documentary Credit	40A	IRREVOCABLE
Documentary Credit Number	20	FS080735370
Date of Issue	31C	180331
Applicable Rules	40E	UCP LATEST VERSION
Date and Place of Expiry	31D	180605 NEW YORK
Applicant	50	TOPMEN CO., LTD 115 THE WEST STREET NEW YORK
Beneficiary	59	WU LIN TRADING CO., LTD. 34 QINGCHUN STREET, HANGZHOU
Amount	32B	USD43 650.00
Available with/by	41D	ANY BANK BY NEGOTIATION
Drafts at	42C	90 DAYS AFTER SIGHT
Drawee	42D	HSBC BANK PLC, NEW YORK USA
Partial Shipment	43P	ALLOWED
Transshipment	43T	PROHIBITED
Port of Loading/ Airport of Departure	44E	NINGBO, CHINA
Port of Discharge	44F	NEW YORK, USA
Latest Date of Shipment	44C	180531
Description of Goods or Services	45A	5000PCS MEN'S SHIRTS, ART NO. JB601, SIZE RUM: 170-200, ORDER NO. 0803051, AS PER S/C NO. MS08038 AT USD9.80/PC CIFC3% NEW YORK, PACKED IN 30PCS/CTN
Documents Required	46A	+ SIGNED COMMERCIAL INVOICE IN 3 COPIES INDICATING L/C NO. AND CONTRACT NO. MS08038 + FULL SET OF CLEAN ON BOARD OCEAN BILLS OF LADING MADE OUT TO APPLICANT AND BLANK ENDORSED, MARKED "FREIGHT PREPAID" NOTIFYING APPLICANT + PACKING LIST/WEIGHT MEMO IN 4 COPIES INDICATING QUANTITY/GROSS AND NET WEIGHTS OF EACH CARTON + CERTIFICATE OF QUALITY IN 3 COPIES ISSUED BY PUBLIC RECOGNIZED SURVEYOR + BENEFICIARY'S CERTIFIED COPY OF FAX DISPATCHED TO THE ACCOUNTEE WITH 3 DAYS AFTER SHIPMENT ADVISING NAME OF VESSEL, DATE, QUANTITY, WEIGHT, VALUE OF SHIPMENT, L/C NUMBER AND CONTRACT NUMBER + CERTIFICATE OF ORIGIN IN 3 COPIES ISSUED BY AUTHORIZED INSTITUTION

续表

MT700		ISSUE OF A DOCUMENTARY CREDIT
Additional Conditions	47A	+ CHARTER PARTY B/L AND THIRD PARTY DOCUMENTS ARE NOT ACCEPTABLE
		+ ALL DOCUMENTS PRIOR TO L/C ISSUING DATE IS NOT ACCEPTABLE.
		BOTH QUANTITY AND AMOUNT 5 PERCENT MORE OR LESS ARE ALLOWED
Charges	71B	ALL BANKING CHARGES ARE FOR BENEFICIARY'S ACCOUNT.
Period for Presentation	48	DOCUMENTS MUST BE PRESENTED WITHIN 15 DAYS AFTER THE DATE OF ISSUANCE OF THE TRANSPORT DOCUMENTS BUT WITHIN THE VALIDITY OF THE CREDIT
Confirmation Instruction	49	WITHOUT

信用证编号：

开证日期：

截止日期：

申请人（买方）：

受益人（卖方）：

货物描述：

单价：

总金额：

交货期：

支付方式：

保险：

溢短装：

装运港：

卸货港：

装运条件：

议付的单据：

附加条件：

费用的规定：

交单期：

是否保兑：

任务三　审核信用证

任务目标

1. 了解信用证审核的主要依据和内容；
2. 完成一次信用证审核工作。

知识点列表

序　号	知　识	重　要　性
1	信用证审核的3个主要依据	★★☆☆☆
2	信用证审核的步骤	★★☆☆☆
3	信用证审核的重点项目	★★★☆☆
4	信用证审核的操作	★★★★★

思维导图

```
        2.《UCP600》
          的相关规定
              │
1. 贸易合同 → ↓ ← 3. 当前业务的
                    实际情况
              ↓
           信用证审
           核的依据
```

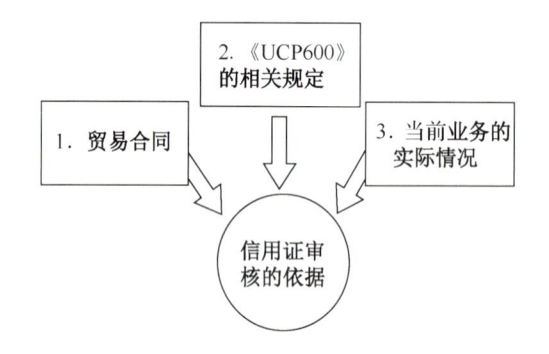

案例导入

领导认可了林淑英的工作能力，并把她转成了正式员工，任命她为公司外贸部的业务主管。经过努力，林淑英开发了一个新客户——新西兰全白（ALL WHITE）公司，并且已经于2018年8月16日与该客户签订了贸易合同（见"信用证审核的操作"）。2018年8月28日，林淑英收到了由中国银行佛山分行转来的信用证（见"信用证审核的操作")。林淑英需要抓紧时间审核该信用证,那么,林淑英该如何审核这份信用证呢?

案例分析:信用证是一份独立的业务文件,一旦开立,整个业务就需要按照信用证的要求操作。同时,信用证有自身固定的格式和内容,以及自身独立的业务流程,出口商的业务员在确认接受信用证前,必须认真审核信用证的内容,确保信用证能完整地反映贸易合同的全部条款和内容,同时,确保信用证的条款和条件是出口商能够完成的。林淑英作为业务主管,必须严格按照《UCP600》的相关规定和国际惯例,认真审核信用证,做出接受或修改信用证的决定。

一、信用证审核的3个主要依据

1. 贸易合同（销售合同）

信用证是申请人依据买卖双方签订的贸易合同规定而向开证行申请开立的,也就是说,贸易合同是信用证开立的基础。同时,使用信用证是为了贸易的顺利进行,信用证的内容是贸易条款的忠实反映。由于信用证是一份独立的自足文件,一旦开立便独立于贸易合同,因此,卖方必须严格审核通知行转来的信用证,确保贸易合同的所有条款和条件都忠实地呈现在信用证上。如果因为审核不严,导致己方不能履行信用证所规定的义务,则不能将原始的贸易合同作为继续交易的凭证。

2. 《UCP600》的相关规定

《UCP600》是《跟单信用证统一惯例（2007年修订本）国际商会第600号出版物》的简称,从2007年7月1日开始执行。它是由39个条款组成的一套国际商业惯例,用以规范信用证的内容和信用证当事方的权利与责任,在国际贸易中被广泛接受。凡是在其文本中明确表示接受UCP规则约束的信用证,都应当遵循《UCP600》的相关规定。因此,信用证的条款必须符合《UCP600》的规定。

3. 当前业务的实际情况

对于信用证中既不属于贸易合同规定范畴,也不属于《UCP600》规定范畴的条款,业务员只能在不影响安全收汇、不违反进出口国家法律的情况下灵活处理。

二、信用证审核的步骤

1. 准备工作

熟悉贸易合同的条款,熟悉《UCP600》的相关规定,熟悉信用证的业务流程。

2. 审证

对照贸易合同的条款,逐条审核信用证的条款和条件,检查贸易合同的所有条款是否已经在信用证上忠实地呈现出来，信用证的条款和条件是否与贸易合同的规定相符。

3. 查漏

列出被信用证遗漏的合同条款、信用证中新出现的条款和条件（既不属于合同内容，也不符合《UCP600》的规定），判断这些条款和条件是否合规（贸易合同和《UCP600》的规定）、合理，是否能够被满足、实现。

4. 罗列

列出不符条款、遗漏条款和不能实现的新条款。

三、信用证审核的重点项目

从理论上讲，信用证中的每个条款都需要审核，每个项目下的条款和条件要么与贸易合同规定的相符，要么与《UCP600》规定的相符，要么与信用证项下的业务实际情况相符。作为业务员，特别需要对下列条款和条件进行认真核对。

1. 信用证的类型

不同类型的信用证对受益人构成的风险不同。在信用证条款中会注明信用证的类型是否"保兑"（Confirmed）、可否"转让"（Transferable）等，在业务员审核该项内容时，要保证信用证的类型与贸易合同规定的相符。

2. 开证行的资信及信用证的真实性

通常，通知行会对信用证表面的真实性做出判断，受益人也可以要求通知行代为调查开证行的资信与信誉度，信用证项目下的金额越大，对开证行的要求就越高。如果受益人对开证行的付款能力和信誉度有怀疑，那么可以要求信誉良好的另一家银行对信用证进行保兑。

3. 信用证项下的各种时间关系

信用证是一份独立的自足文件，其中各个条款的时间存在天然的逻辑性，如信用证的开证日期、截止日期、货物的装运期、交货期和交单期等，业务员要注意下列时间。

（1）信用证的截止日期。这是信用证项下最晚的时间，一般来说，最晚的交货日应该在信用证截止日期前的10～15天，以便受益人有时间向银行交单，并预留处理不符点的时间。

（2）交货期。交货期必须早于信用证的截止日期，如果在信用证有效期最后一天才交货，通常称为"双到期"，应该尽量避免"双到期"的出现。

（3）交单期。交单期是指受益人在交货之后向银行提交单据的这段时间。《UCP600》规定，信用证必须规定交单期，如果没有明文规定，则要求开证行修改。业务员一般应该将交单期控制在交货日之后的10～15天。同时，交单期不得迟于信用证的有效期。

4. 信用证到期的地点

一般来说，为了交单的便利，应该将信用证的到期地点设定为受益人所在地，如果不在受益人所在地，则受益人需要衡量自身制单与备单的效率，能否在交单期内将单据寄到议付行，如果做不到则要求把信用证的到期地点改为受益人所在地。

5．货物或服务的描述条款

该条款包含了合同项下交易货物的详细信息，如货物的名称、型号、尺码、原材料、数量及单价等内容，信息量大且详细，容易出错，特别要注意数量、单价、总金额是否与合同规定的一致。

6．保险条款

首先，只有合同规定交易价格中包含保险费（如使用 CIF 术语）时，信用证中才必须出现保险条款；其次，如果合同没有额外的规定，那么保险的加成为发票金额的 10%，卖方也只需要投保平安险。如果申请人对保险加成或保险险别有特定的要求，那么受益人需要与保险公司协商，视情况决定是否接受。

7．运输条款

提单的正本只有 3 份，每份都可以用于向承运人提货。对于信用证要求提交正本提单的份数，或者在付款前先寄正本提单的要求，业务员要引起注意。同时，提单的抬头一般为空白抬头或以开证行为抬头，如果信用证要求以申请人为抬头，则受益人一般不能同意，当然，也要视业务的实际情况而定。

8．单据条款

要确保信用证所规定的单据是受益人可以在规定时间内得到的，如果超出了受益人的能力范围，则需要与申请人协商修改。

9．软条款

软条款是指信用证中出现的合同之外的内容，可以保证开证行解除其付款义务的条款。这类条款没有固定的内容和形式，通常是卖方在正常履行合同义务之后依然无法达到的条件，如"货物必须经过开证申请人检验后方可装船"。业务员在审核信用证时，对合同之外的条款和条件要特别小心。

四、信用证审核的操作

承接本任务中"案例导入"的内容，林淑英于 2018 年 8 月 25 日收到了中国银行佛山分行转来的信用证，她需要阅读合同和信用证。

1．合同内容

合同编号：XL1085

签约日期：2018 年 8 月 16 日

买方：新西兰全白公司

卖方：佛山市西林卫浴有限公司

品名：淋浴房

型号：XL-600

数量：200 套

单价：80 美元/套 CIF 奥克兰，新西兰

支付方式：不可撤销的信用证，见票后 15 天付款，信用证必须于 2018 年 8 月 30 日之前开到卖方

交货：2018 年 10 月 21 日前交货

保险：由卖方按发票面额的 110% 投保平安险

数量和金额允许 5% 的溢短装

装运港：中国广州港

卸货港：新西兰奥克兰港

装运条件：不允许分批装运和转运

2. 信用证内容

信用证内容如表 4-6 所示。

表 4-6

\multicolumn{3}{c	}{ISSUE OF A DOCUMENTARY CREDIT}
TYPE OF DOCUMENTARY CREDIT	40A	IRREVOCABLE
LETTER OF CREDIT NUMBER	20	1810042
DATE OF ISSUE	31G	180825
DATE AND PLACE OF EXPIRY	31D	181028 IN CHINA
APPLICABLE RULES	40E	UCP LATEST VERSION
APPLICANT BANK	51D	ANZ BANK AUCKLAND BRANCH NO.28 KING ROAD AUCKLAND,NZ
APPLICANT	50	ALL WHITE CORPORATION 24 QUEEN ROAD AUCKLAND,NZ
BENEFICIARY	59	FOSHAN XILING SANITARY WARE CO., LTD. NO.28 CHUANGYE ROAD FOSHAN GUANGDONG PROVINCE CHINA
CURRENCY CODE, AMOUNT	32B	USD16 000.00
AVAILABLE wITH...BY...	41D	ANY BANK BY NEGOTIATION
DRAFTS AT	42C	15 DAYS AFTER SIGHT
DRAWEE	42D	ANZ BANK AUCKLAND BRANCH NO.28 KING ROAD AUCKLAND,NZ
PARTIAL SHIPMENTS	43P	NOT ALLOWED

续表

ISSUE OF A DOCUMENTARY CREDIT		
TRANSSHIPMENT	43T	NOT ALLOWED
SHIPPING ON BOARD/DISPATCH/ PACKING IN CHARGE AT/ fROM	44A	GUANGZHOU, CHINA
TRANSPORTATION TO	44B	AUCKLAND, NZ
LATEST DATE OF SHIPMENT	44C	181021
DESCRIPTION OF GOODS OR SERVICES: 45A 200 SETS SHOWER ROOM AT USD80.00/SET CIF AUCKLAND NZ, AS PER S/C NO. XL1085		
DOCUMENTS REQUIRED: 46A 1. SIGNED COMMERCIAL INVOICE IN 3 COPIES INDICATING L/C NO. AND CONTRACT NO. XL1085 2. FULL SET OF CLEAN ON BOARD OCEAN BILLS OF LADING MADE OUT TO APPLICANT AND BLANK ENDORSED, MARKED "FREIGHT PREPAID" NOTIFYING APPLICANT 3. PACKING LIST/WEIGHT MEMO IN 4 COPIES INDICATING QUANTITY/GROSS AND NET WEIGHTS OF EACH CARTON 4. CERTIFICATE OF QUALITY IN 3 COPIES ISSUED BY PUBLIC RECOGNIZED SURVEYOR 5. BENEFICIARY'S CERTIFIED COPY OF FAX DISPATCHED TO THE ACCOUNTEE WITH 3 DAYS AFTER SHIPMENT ADVISING NAME OF VESSEL, DATE, QUANTITY, WEIGHT, VALUE OF SHIPMENT, L/C NUMBER AND CONTRACT NUMBER 6. CERTIFICATE OF ORIGIN IN 3 COPIES ISSUED BY AUTHORIZED INSTITUTION 7. INSURANCE POLICY/CERTIFICATE IN DUPLICATE ENDORSED IN BLANK FOR 110% INVOICE VALUE, COVERING ALL RISKS OF CIC OF PICC(01/01/1981)INCL		
ADDITIONAL INSTRUCTIONS: 47A 1. CHARTER PARTY B/L AND THIRD PARTY DOCUMENTS ARE NOT ACCEPTABLE 2. ALL DOCUMENTS PRIOR TO L/C ISSUING DATE IS NOT ACCEPTABLE 3. BOTH QUANTITY AND AMOUNT 5 PERCENT MORE OR LESS ARE ALLOWED		
CHARGES	71B	ALL BANKING CHARGES ARE FOR BENEFICIARY'S ACCOUNT
PERIOD FOR PRESENTATION	48	DOCUMENTS MUST BE PRESENTED WITHIN 5 DAYS AFTER THE DATE OF ISSUANCE OF THE TRANSPORT DOCUMENTS BUT WITHIN THE VALIDITY OF THE CREDIT
CONFIRMATION INSTRUCTIONS	49	WITHOUT

3. 列出不符点

在阅读完合同和信用证后，林淑英经过对比并结合业务的实际情况，找到了5个不符点，如表4-7所示。

表4-7

序　号	代　码	原　因
1	31D	信用证的有效期过短，不利于受益方交单
2	59	受益人名称有误
3	46A	提单条款中的提单抬头对受益人不利

外贸单证

续表

序 号	代 码	原 因
4	46A	保险条款中的保险险别与合同规定的不符
5	71B	银行费用条款对受益人不利

案例回应

经过前面的学习和业务锻炼，林淑英已经能够熟练地阅读信用证。通过比对贸易合同，她很快找出了信用证条款和条件中的不符点，并做了登记。接下来，她需要对不符点进行评估，看哪些不符点对业务有严重影响，必须修改；哪些不符点影响不到业务的安全收汇，可以不改。

达标检测

一、单项选择题

1. 信用证审核的依据不包括（　　）。
   A．贸易合同　　　　　　　　　B．信用证通知函
   C．《UCP600》　　　　　　　　D．贸易业务实际情况

2. 信用证审核工作中的重点项目不包括（　　）。
   A．信用证的截止日期　　　　　B．货物运输的交单期
   C．信用证到期的地点　　　　　D．通知行的名称

3. 信用证文件及其相关单据中，出具时间较早的是（　　）。
   A．信用证　　B．商业发票　　C．海运提单　　D．保险单

二、多项选择题

1. 信用证文件中所涉及的时间可能有（　　）。
   A．信用证开证日期　　　　　　B．信用证截止日期
   C．货物运输的交货期　　　　　D．信用证项下单据的交单期

2. 信用证货物的描述条款可能包括被交易货物的（　　）。
   A．名称　　　B．型号　　　C．总金额　　　D．数量

3. 对受益人而言，可以接受的海运提单抬头是（　　）。
   A．空白抬头　　B．申请人　　C．开证行　　D．买方

三、判断题

1. 信用证一旦开立，就成为独立于合同的一份文件；因此，信用证的审核工作与贸易合同无关。（　　）

2. 信用证审核中，业务员要查找出遗漏的合同条款，与合同无关的条款可以不予理会。（　　）

3．信用证审核中，业务员发现交易金额较大，但是开证行的信誉却不高，可以要求由一家信誉度高的银行对信用证加具保兑。（   ）

4．随着信息技术和无纸化办公技术的发展，业务员处理单据的效率大幅提高，5天的交单期可以接受。（   ）

5．根据国际贸易惯例，信用证的保险条款中，保险加成通常为发票金额的10%。（   ）

任务四　修改信用证

任务目标

1．了解信用证修改的业务流程；

2．学会书写改证函。

知识点列表

序　号	知　　识	重　要　性
1	信用证修改的业务流程	★★☆☆☆
2	信用证的修改操作	★★☆☆☆
3	书写改证函	★★★★★

思维导图

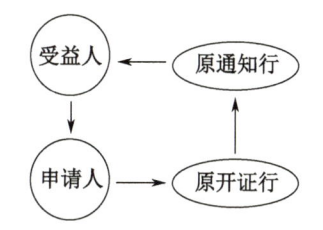

外贸单证

案例导入

在列出5个不符点之后,林淑英经过认真思考,决定要对信用证做修改处理。那么,林淑英应该如何修改信用证呢?

案例分析:信用证是一份独立的自足文件,一旦开立,就有自身的各项规定和要求,特别是"单证相符"的要求。业务员如果在审证的时候未发现问题,等到交货或交单时才发现无法满足信用证的要求,或者勉强满足了信用证的交单要求却需要额外花费过多的时间和精力,那么在无形中会增加公司的各项成本,甚至引发风险。因此,作为一名有经验的业务员,一定会做好信用证的审核工作,保证公司的利益。

1. 改证的业务流程

根据《UCP600》的规定,修改信用证必须遵循以下4个步骤。

(1)由受益人向开证申请人发出改证函,指出信用证条款和条件中的不符点,协商改证事宜。

(2)双方协商一致后,由开证申请人填写改证申请书,向原开证行提出改证申请。

(3)开证行同意改证后,向原通知行发送信用证修改书。

(4)由原通知行向受益人发送信用证修改通知书和信用证修改书,书面通知受益人信用证将修改。

2. 信用证的修改操作

承接"导入案例"的内容,说明改证的操作步骤。

林淑英针对自己在信用证条款中找出的不符点进行分析,结果如下。

(1)合同和信用证都规定最迟于10月21日交货,信用证的交单截止日期是10月28日,交单期只有7天。其中,10月27日为周六,10月28日为周日,这两日银行不办理对公业务,所以,实际交单期只有5天。根据经验,林淑英判断在5天内很难安全交单,因此决定修改该条款。

(2)受益人名称的汉语拼音出错,一定要改过来,否则无法收汇。

(3)信用证要求将提单抬头写成申请人,这一点对受益人非常不利,林淑英决定修改这一点。

(4)保险的险别由合同中的平安险变成了信用证中的一切险,这会增加公司的成本。林淑英向领导汇报后,领导决定接受这一条款,由林淑英具体与买方沟通。

(5)关于银行费用分摊的问题,由受益人单方面承担所有银行费用是不合理的,林淑英决定对该条款予以修改。

经过分析,林淑英认为信用证要修改的条款和内容如表4-8所示。

表 4-8

代码	原 内 容	修改后内容
31D	181028 IN CHINA	181105 IN CHINA
59	FOSHAN XILING SANITARY WARE CO., LTD.	FOSHAN XILIN SANITARY WARE CO., LTD.
46A	FULL SET OF CLEAN ON BOARD OCEAN BILLS OF LADING MADE OUT TO APPLICANT AND BLANK ENDORSED, MARKED "FREIGHT PREPAID" NOTIFYING APPLICANT	OCEAN BILLS OF LADING MADE OUT TO ORDER AND BLANK ENDORSED, MARKED "FREIGHT PREPAID" NOTIFYING APPLICANT
71B	ALL BANKING CHARGES ARE FOR BENEFICIARY'S ACCOUNT	ALL BANKING CHARGES OUT OF ISSUING BANK ARE FOR BENEFICIARY'S ACCOUNT

3. 书写改证函

承接"案例导入"的内容,根据改证业务流程,林淑英向新西兰全白公司发出改证函如下。

FOSHAN XILIN SANITARY WARE CO., LTD.

NO.28 CHUANGYE ROAD FOSHAN CHINA

TEL:0086-757-816×××× FAX: 0086-757-816××××

TO: ALL WHITE CORPORATION

ATTN: Walley

DT: AUG.25,2018

Dear Sirs,

We are very glad to receive your L/C No.1810042 issued by ANZ Bank Auckland Branch. Thank you for your efficient work. But we are sorry to find that it contains several discrepancies with S/C No. XL1085.

Please instruct the issuing bank to amend the above L/C. The L/C should be amended as follows:

① The date of expiry amends to "181105".

② The correct name of the beneficiary should be "FOSHAN XILIN SANITARY WARE CO., LTD."

③ The consignee of B/L should be "TO ORDER" not "TO APPLICANT".

④ The charge clause is not reasonable, which should be amended to "ALL BANKING CHARGES OUT OF ISSUING BANK ARE FOR BENEFICIARY'S ACCOUNT".

Thank you for your cooperation. Please see to it that the L/C amendment reach us not later than Aug.30,2018. Failing which we shall not be able to effect shipment.

Looking forward to your early reply.

Yours truly,

Eve

案例回应

林淑英按照上述步骤对信用证进行了审核,并向新西兰全白公司发出了改证函,完成了信用证的审核工作。她需要等待通知行转来修改好的信用证或信用证的修改函才可以备货生产,完成信用证下的业务流程。

任务实训 3　审核信用证,找出信用证的不符点

2018 年 6 月 16 日,广东金盛有限公司外贸业务员张晨收到德国 ALL WEMAX 公司经理 A 先生的电子邮件,欲购买防弹轮胎(Bullet Proofing Tires)。双方经过多次磋商,于 2018 年 7 月 7 日,达成一致意向并签订了编号为 RS201877 的合约,主要内容如下。

品名:防弹轮胎

单价:50 欧元/条 CIF 德国汉堡

数量:Art. No. 205/55R 16 200 条;Art. No. 205/60R 15 200 条

包装:8 条轮胎装一个木箱

装运:收到信用证后 45 天内装运;从中国上海运至德国汉堡;允许转运,不允许分批装运

支付:不可撤销的即期信用证,在 2018 年 7 月 30 日之前开到卖方,交单期为装运日后的 15 天内

信用证的主要内容如表 4-9 所示。

表 4-9

MT 700		ISSUE OF A DOCUMENTARY CREDIT
Sequence of Total	27	1 / 1
Form of Documentary Credit	40A	IRREVOCABLE
Documentary Credit Number	20	YU9870
Date of Issue	31C	180728
Applicable Rules	40E	UCP LATEST VERSION
Date and Place of Expiry	31D	DATE 180918 PLACE IN CHINA
Applicant	50	ALL WEMAX .CO.LTD. NO.1072 ROYAL STREET HAMBURG,GERMANY
Beneficiary	59	GUANGDONG JINRONG CO., LTD. NO.98 ZHONGSHAN RD,FOSHAN, 528220, CHINA
Amount	32B	CURRENCY EUR AMOUNT 20 000.00
Available with/by	41D	ANY BANK BY NEGOTIATION
Deferred Payment Details at	42P	AT 60 DAYS AFTER B/L DATE
Partial Shipment	43P	PROHIBITED
Transshipment	43T	PROHIBITED

续表

MT 700		ISSUE OF A DOCUMENTARY CREDIT
Port of Loading/ Airport of Departure	44E	GUANGZHOU, CHINA
Port of Discharge	44F	HAMBURG, GERMANY
Latest Date of Shipment	44C	180913
Description of Goods or Services	45A	400PCS OF TIRES, ART. NO.205/55R 16 200PCS; 205/60R 15 200PCS, AT EUR50.00/PC, CFR HAMBURG, GERMANY
Documents Required	46A	+ COMMERCIAL INVOICE SIGNED IN INK IN TRIPLICATE + PACKING LIST IN TRIPLICATE + CERTIFICATE OF ORIGIN IN DUPLICATE ISSUED BY CHAMBERS OF COMMERCE OR CCPIT + 3/3 SET OF CLEAN ON BOARD OCEAN BILLS OF LADING MADE OUT TO THE ORDER OF BANK OF CHINA, HAMBURG BRANCH MARKED "FREIGHT PREPAID" AND NOTIFYING THE APPLICANT BEARING LC NO. AND DATE + INSURANCE POLICY/CERTIFICATE IN DUPLICATE ENDORSED IN BLANK FOR 140% INVOICE VALUE, COVERING ALL RISKS AND WAR RISKS OF CIC OF PICC (1/1/1981) + CERTIFICATE'S CERTIFIED COPY OF FAX DISPATCHED TO THE BUYER WITHIN THREE DAYS AFTER SHIPMENT ADVISING L/C NUMBER, NAME, QUANTITY AND AMOUNT OF GOODS, NUMBER OF PACKAGES, CONTAINER NUMBER, NAME OF VESSEL AND VOYAGE NUMBER, AND DATE OF SHIPMENT
Charges	71B	ALL BANK CHARGES OUTSIDE ISSUING BANK ARE FOR ACCOUNT OF BENEFICIARY
Period for Presentation	48	WITHIN 5 DAYS AFTER THE DATE OF SHIPMENT, BUT WITHIN THE VALIDITY OF THIS CREDIT

一、在阅读完信用证后，对比合同条款并结合业务的实际情况，找出不符点。

序　号	代　码	原　因

外贸单证

二、根据信用证知识，提出对信用证修改的意见。

代　　码	原　内　容	修改后的内容

项目五
出口备货相关单证

任务一　缮制商业发票

任务目标

1. 了解商业发票的概念；
2. 熟悉商业发票的项目；
3. 掌握商业发票的缮制。

知识点列表

序　号	知　识	重　要　性
1	商业发票的概念	★★★☆☆
2	商业发票的项目	★★★★☆
3	商业发票的缮制	★★★★★

外贸单证

思维导图

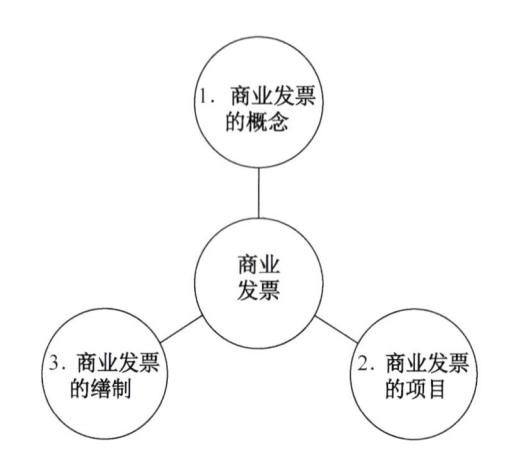

- 商业发票
  1. 商业发票的概念
  2. 商业发票的项目
  3. 商业发票的缮制

案例导入

佛山进出口贸易有限公司对李华下达了工作任务，让他根据相关合同和信用证准备出口备货的相关单证，李华应该准备哪些单证，又该如何准备呢？

案例分析：根据合同和信用证等相关资料准备出口备货的单证，首先应该缮制商业发票，商业发票是一笔业务的全面反映。

一、商业发票的概念

商业发票（Commercial Invoice）是出口方向进口方开列的发货价目清单，是买卖双方记账的依据，也是进出口报关交税的总说明。商业发票是一笔业务的全面反映，内容包括商品的名称、规格、价格、数量、金额、包装等，同时也是进口方办理进口报关不可缺少的文件，因此，商业发票是全套出口单据的核心，在单据制作过程中，其他单据均需参照商业发票进行缮制。

二、商业发票的项目

商业发票虽无统一的格式，但一般应具备下列项目。

（1）注明"INVOICE"或"COMMERCIAL INVOICE"字样。

（2）出口方（卖方）的全称、详细地址和联系电话。

（3）进口方（买方）的名称和地址。

（4）发票号、合同号及出具发票的日期。

（5）起运地及目的地。

（6）运输标志（唛头）。

（7）商品的品名、规格等对商品的描述。

（8）商品的单价、数量、总价和贸易术语。

（9）商品的包装件数、毛/净重、尺码。

（10）出口方（卖方）及其负责人的签章。

三、商业发票的缮制

现根据下面双方签订的销售合同，制作发票。

FOSHAN IMP&EXP TRADING CO., LTD.
SALES CONTRACT

THE SELLER: FOSHAN IMP& EXP TRADING CO., LTD.　　NO. AD13007
NO.126 WENHUA ROAD,FOSHAN,CHINA　　　　　　　　DATE: MAR.16,2018
　　　　　　　　　　　　　　　　　　　　　　　　SIGNED AT: FOSHAN, CHINA

THE BUYER: HAZZE AB HOLDING
BOX 1237, S-111 21 HUDDINGE, SWEDEN

This contract is made by and between the Seller and Buyer, whereby the Seller agree to sell and the Buyer agree to buy the under-mentioned commodity according to the terms and conditions stipulated below:

Commodity & specification	Quan.	Unit price	Amount
Gas Detectors	100PCS	FOB SHANGHAI USD380.00/PC	USD38 000.00
Total	100PCS		USD38 000.00
Total Amount: SAY U.S. DOLLARS THIRTY EIGHT THOUSAND ONLY			

PACKING: In Carton,10PCS/CTN.　　　　G. W:10KGS/CTN
　　　　　　　　　　　　　　　　　　N. W:8KGS/CTN
　　　　　　　　　　　　　　　　　　MEAS:0.06M^3/CTN　　　　SHIPPING MARKS:

TIME OF SHIPMENT: During July,2018.　　　　　　　　　　　　HAZZE
PLACE OF LOADING AND DESTINATION:　　　　　　　　　　AD2013007
From Guangzhou, China to Stockholm, Sweden　　　　　　　　　STOCKHOLM, SWEDEN
Partial shipment and transshipment are allowed.　　　　　　　　 NOS.1-10
INSURANCE: To be effected by the Buyer.
TERMS OF PAYMENT: By irrevocable L/C at sight which should be issued before May.31,2018, valid for negotiation in China for further 15 days after time of shipment.
INSPECTION: In the factory.

This contract is made in two original copies and become valid after signature, one copy to be held by each party.
Signed by:

　　　　THE SELLER　　　　　　　　　　　　　　**THE BUYER**
FOSHAN IMP&EXP TRADING CO., LTD.　　　　　　*HAZZE AB HOLDING*
　　　　李华　　　　　　　　　　　　　　　　　　Hazze

补充资料 1．INVOICE NO.:FX123　　2．L/C NO.:LC123

该销售合同对应的商业发票应具有以下内容。

（1）商业发票名称（Name of Invoice）。商业发票要用醒目加粗字体显示"发票"、"COMMERCIAL INVOICE"或"INVOICE"字样。

（2）出票人（Issuer）：此栏应填写出口方（卖方）的名称和地址，在信用证支付方式下，应与信用证受益人的一致。在本业务中，此栏应填写"FOSHAN IMP & EXP TRADING CO., LTD.NO.126 WENHUA ROAD, FOSHAN, CHINA"。

（3）发票抬头（To）。此栏应填写进口方（买方）的名称和地址，在信用证支付方式下，应与信用证开证申请人的一致。在本业务中，此栏应填写"HAZZE AB HOLDING BOX 1237, S-111 21 HUDDINGE, SWEDEN"。

（4）运输事项（Transport Details）。此栏应按实际运输情况填写起运地、目的地和实际运输方式，如果是海运则填写装运港和目的港，如有转运，则转运港也需要填上，如"FROM SHANGHAI,CHINA TO LONDON, UK VIA HONGKONG BY SEA"。在本业务中，此栏应填写"FROM GUANGZHOU, CHINA TO STOCKHOLM, SWEDEN BY SEA"。

（5）发票号（Invoice No.）。此栏应填写出口方所确定的发票号。在本业务中，根据相关资料，此栏应填写"FX123"。

（6）发票日期（Invoice Date）。此栏填写的发票日期应为所有结汇单据中最早的日期，除非信用证另有规定，甚至可以早于信用证开证日期，但不可以早于合同签订日期。在本业务中，此栏应填写"JUNE.10, 2018"。

（7）合同号（S/C No.）。此栏应根据实际情况填写合同号。销售合同不一定都以"S/C"的形式表示，有时会以"CONTRACT"、"ORDER"或"P.O"的形式表示,可根据具体资料填写，做到单证一致。在本业务中，此栏应填写"AD13007"。

（8）信用证号码（L/C No.）。此栏填写信用证号码。在本业务中，此栏应填写"LC123"。

（9）支付条款（Terms of Payment）。此栏应填写合同规定的支付方式，如 L/C AT SIGHT, D/P AT SIGHT, D/A AT 30 DAYS'SIGHT。在本业务中，此栏应填写"L/C AT SIGHT"。

（10）唛头及件号（Marks and Numbers）。此栏应参照合同中的"Shipping Marks"填写。唛头即运输标志，既要与实际货物上的一致，又要与提单中的一致，并符合信用证的规定。若信用证没有规定，则可按买卖双方和厂商签订的方案或由受益人自定。如果没有特殊要求，也可以写成"as per invoice no.×××"。在本业务中，此栏应填写

"HAZZE

AD2013007

STOCKHOLM, SWEDEN

NOS.1-10"

（11）包装数量、种类及货物名称（Number and Kinds of Packages,Description of Goods）。此栏应详细填写各类商品的英文名称及规格，应注明每种货物的包装件数。在本业务中，此栏应填写"10 CARTONS OF Gas Detectors"。

（12）数量（Quantity）。此栏应填写货物的销售数量，与计量单位连用。在本业务中，此栏应填写"100PCS"（注意单位的单复数）。注意，该数量和计量单位既要与实际装运货物的情况一致，又要与信用证要求的一致。

（13）单价（Unit Price）。单价由计价货币、计量单位、单位金额和价格术语4个部分组成。若信用证有规定，则应与信用证中的保持一致；若信用证没规定，则应与合同中的保持一致。此栏填写过程中，先填写贸易术语，再填写计价货币、单位金额和计量单位。在本业务中，此栏应填写"FOB SHANGHAI USD380.00/PC"。

（14）货值（Amount）。此栏应列明币种及各项商品总金额（总金额=单价×数量）。除非信用证上另有规定，否则货物总值不能超过信用证金额。若信用证没规定，则应与合同中的保持一致。在本业务中，此栏应填写"USD38 000.00"。

（15）货值总计（Total）。此栏为货值总计，应分别填入所有货物累计的总数量和总金额（包括相应的计量单位与币种）。注意一份合同中可以同时交易同一商品属类的多种商品，如果这些商品的销售单位不同，则"合计"单位栏应填写"PACKAGES"。在本业务中，此栏应填写"100PCS, USD38 000.00"。

（16）大写合计（Say Total）。此栏应以大写文字写明发票总金额，必须与数字表示的货物总金额一致，一般以SAY开头、以ONLY结尾。在本业务中，此栏应填写"SAY U.S.DOLLARS THIRTY EIGHT THOUSAND ONLY"。

（17）出票人签章（Signature）。商业发票只能由信用证中规定的受益人或合同的卖方出具。如果将影印、计算机处理或复写方法制作的发票作为正本，则应在发票上注明"正本"（Original）字样，并加盖出票人签章。在本业务中，应填写"FOSHAN IMP&EXP TRADING CO., LTD. 李华"。

（18）备注（Special Terms）。位于大写金额下方的空白处。在相当多的信用证中，都出现要求在发票中证明某些事项的条款，如发票内容正确、真实、货物产地等，均应按照信用证的要求办理。

根据以上内容缮制的商业发票如图5-1所示。

（2）Issuer FOSHAN IMP& EXP TRADING CO., LTD. NO.126 WENHUA ROAD,FOSHAN,CHINA		商业发票 （1）COMMERCIAL INVOICE		
（3）To HAZZE AB HOLDING BOX 1237, S-111 21 HUDDINGE, SWEDEN		（5）Invoice No. FX123	（6）Invoice Date JUNE.10,2018	
（4）Transport Details FROM GUANGZHOU, CHINA TO STOCKHOLM, SWEDEN BY SEA		（7）S/C No. AD13007	（8）L/C No. LC123	
		（9）Terms of Payment L/C AT SIGHT		
（10）Marks and Numbers	（11）Number and Kinds of Packages, Description of goods	（12） Quantity	（13） Unit Price	（14） Amount
HAZZE AD2013007 STOCKHOLM, SWEDEN NOS.1-10	10 CARTONS OF Gas Detectors	100PCS	FOB SHANGHAI USD380.00/PC	USD38 000.00
（15）Total		100PCS	USD38 000.00	
（16）Say Total : SAY U.S. DOLLARS THIRTY EIGHT THOUSAND ONLY （17）Exporter 　　　　　　　　　FOSHAN IMP&EXP TRADING CO., LTD. 　　　　　　　　　　　　　李华 　　　　　　　　　　　　（Signature）				

图 5-1

案例回应

学到这里，李华根据相关合同和信用证已经缮制好了商业发票。商业发票通常是出口方缮制的第一张出口单据，是双方的价目清单和对一笔业务的全面反映，其他出口单据通常在它之后陆续缮制完成。

任务实训 4　缮制商业发票

根据相关资料缮制一份商业发票，将内容填入表 5-1 中。

FM: STANDARD CHARTERED BANK, RIO DE JANEIRO BRAZIL
TO: BANK OF COMMUNICATIONS SHANGHAI BRANCH

Form of Doc. Cred	*40 A: IRREVOCABLE
Doc. Credit Number	*20: LC0801-18621
Date of Issue	31C: 2017-09-15
Expiry	*31 D: Date 2017-11-15 Place CHINA

Applicant	*50: SANTOS TRADE COMPANY LIMITED
	355 SAN JOSE BOULEVARD
	RIO DE JANEIRO
	BRAZIL
Beneficiary	*59: STV ELECTRIC APPLIANCE CO., LTD.
	96 GAOJI STREET
	SHANGHAI
	CHINA
Amount	*32B: Currency USD Amount 96 000.00
Available with /by	*41D: BANK OF COMMUNICATIONS
	BY NEGOTIATION
Draft at …	42C: DRAFTS AT 60 DAYS AFTER B/L DATE
	FOR FULL INVOICE VALUE
Drawee	42A: STANDARD CHARTERED BANK
	RIO DE JANEIRO
	BRAZIL
Partial Shipments	43P: NOT ALLOWED
Transshipment	43T: ALLOWED
Port of loading	44E: SHANGHAI
Port of discharge	44F: RIO DE JANEIRO
Latest Date of Ship.	44C: 2017-10-31
Descript. of Goods	45A:
	STV BRAND COLOUR TV SET, 800SETS
	CIF RIO DE JANEIRO USD120.00 PER SET
	PACKING: ONE SET IN ONE CARTON, 800 CARTONS IN ONE 40'
	HIGH CONTAINER

Documents required 46A:

+ COMMERCIAL INVOICE IN QUADRUPLICATE ALL STAMPED AND SIGNED BY BENEFICIARY CERTIFYING THAT THE GOODS ARE OF CHINESE ORIGIN.

+ FULL SET OF CLEAN ON BOARD BILL OF LADING MADE OUT TO ORDER OF SHIPPER AND BLANK ENDORSED, MARKED FREIGHT PREPAID AND NOTIFY APPLICANT.

+ PACKING LIST IN TRIPLICATE SHOWING PACKING DETAILS

+ INSURANCE POLICY OR CERTIFICATE IN 2 COPIES ENDORSED IN BLANK FOR 120 PERCENT OF THE INVOICE VALUE INCLUDING OCEAN MARINE CARGO CLAUSE ALL RISKS AND WAR RISK AS PER PICC WITH CLAIMS PAYABLE IN CYPRUS IN THE CURRENCY OF THE DRAFTS

+CERTIFICATE STAMPED AND SIGNED BY BENEFICIARY STATING THAT THE ORIGIAL INVOICE AND PACKING LIST HAVE BEEN DISPATCHED TO THE APPLICANT BY COURIER SERVISE 2 DAYS BEFORE SHIPMENT.

Details of Charges	71B: ALL BANKING CHARGES OUTSIDE BRAZIL ARE FOR

ACCOUNT OF BENEFICIARY

Presentation Period　　48: DOCUMENTS TO BE PRESENTED WITHIN 15 DAYS AFTER THE DATE OF SHIPMENT, BUT WITHIN THE VALIDITY OF THE CREDIT

其他相关资料
发票号：08STV1014　　　　　　发票日期：2017 年 10 月 14 日
合同号：STV870910　　　　　　合同日期：2017 年 9 月 10 日

表 5-1

① Exporter (Issuer)	商业发票 COMMERCIAL INVOICE			
② Messrs (To)	④ Invoice No.	⑤ Invoice Date		
③ Transport Details	⑥ S/C No.	⑦ L/C No.		
^	⑧ Terms of Payment			
⑨ Marks and Numbers	⑩ Number and Kinds of Packages, Description of goods	⑪ Quantity	⑫ Unit Price	⑬ Amount

⑭ Total In Figures:

⑮ Total in Words:

⑯ Exporter

(Signature)

项目五 出口备货相关单证

任务二 缮制包装单据

任务目标

1. 了解包装单据的作用和种类；
2. 掌握装箱单的项目；
3. 完成一份装箱单的缮制。

知识点列表

序　号	知　　识	重　要　性
1	包装单据的作用	★★★☆☆
2	包装单据的种类	★★★★☆
3	装箱单的项目	★★★★★
4	装箱单的缮制	★★★★★

思维导图

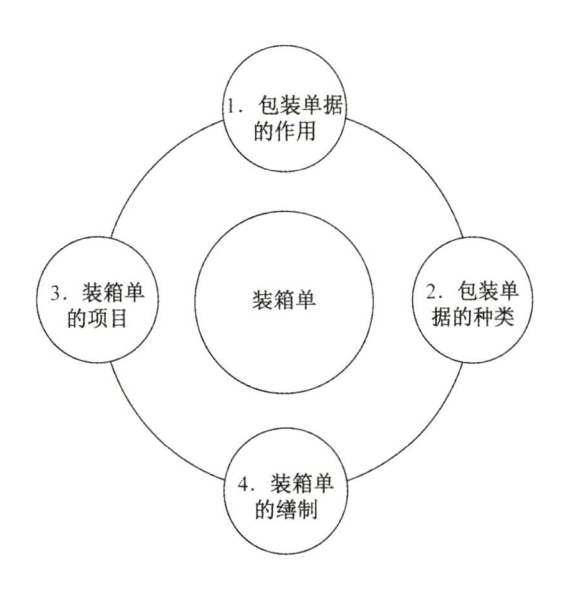

中心：装箱单
1. 包装单据的作用
2. 包装单据的种类
3. 装箱单的项目
4. 装箱单的缮制

87

外贸单证

> **案例导入**
>
> 通过缮制商业发票的学习,李华已经在出口备货所需单证方面迈出了第一步,接下来李华需要为商业发票提供包装方面的补充说明,即缮制一份装箱单。
>
> **案例分析**:在出口备货相关单证中,装箱单往往作为商业发票的补充说明,对商品包装进行详细描述,便于买方掌握包装情况。李华已经准备好了商业发票,接下来就应该准备包装单据,在包装单据中装箱单较常见。

一、包装单据的作用

包装单据是商业发票内容的补充,通过对商品的包装件数、规格、唛头、重量等项目的填写,阐明商品的包装情况,便于买方掌握商品的包装、数量、重量等,以及在货物到达目的港时,提供给海关检查和核对货物。

二、包装单据的种类

常用的包装单据有以下几种。

（1）装箱单（Packing List 或 Packing Slip）。

（2）重量单（Weight List 或 Weight Note）。

（3）尺码单（Measurement List）。

（4）详细装箱单（Detailed Packing List）。

（5）包装明细单（Packing Specification）。

（6）包装提要（Packing Summary）。

（7）磅码单（Weight Memo）。

（8）规格单（Specification List）。

（9）花色搭配单（Assortment List）。

三、装箱单的项目

装箱单并无统一固定的格式,制单时可以根据信用证或合同的要求,以及货物的特点自行设计,装箱单应大致具备以下内容。

（1）编号和日期（Number and Date）。

（2）合同号或信用证号码（S/C No. or L/C No.）。

（3）唛头（Shipping Marks）。

（4）货物名称、规格和数量（Name of Commodity、Specifications and Quantities）。

（5）包装件数（Numbers and Measurement）。

（6）货物毛净重（Gross and Net Weight）。

（7）货物体积（Measurement）。

四、装箱单的缮制

（1）出票人（Issuer）。此栏填写卖方，与发票上的一致。

（2）抬头（To）。此栏填写买方，与发票上的一致。

（3）发票号（Invoice No.）。此栏填写发票号。

（4）发票日期（Invoice Date）。此栏填写发票日期。

（5）合同号或销售确认书号（S/C No.）。此栏填写合同或销售确认书号。

（6）信用证号码（L/C No.）。此栏填写信用证号码。

（7）唛头及件号（Marks and Numbers）。此栏根据合同要求填写。

（8）箱号（Case No.）。箱号又称包装件号码，因为在单位包装货量或品种不固定的情况下，需要注明每个包装件内的包装情况，因此包装件应编号，如 No.1-5、No.6-10。

（9）货物名称（Description & Specification）。此栏要求与发票上的一致。货名如有总称，应先注明总称，然后逐项列明详细货名，对应逐一注明每一包装件的货名、规格、品种。

（10）包装（Package）。应注明每种货物的包装件数。

（11）毛重（G.W）。此栏应注明每个包装件的毛重和此包装件内不同规格、品种、花色货物各自的总毛重（Sub Total），在"合计"栏处注明总货量。

（12）净重（N.W）。此栏应注明每个包装件的净重和此包装件内不同规格、品种、花色货物各自的总净重（Sub Total），在"合计"栏处注明总货量。

（13）体积（Measurement）。此栏应注明每个包装件的体积。

（14）合计（Total）。此栏是对（8）、（10）、（11）、（12）、（13）栏的合计。

（15）包装件数大写合计（Total Package in Words）。此栏填写对包装件数的大写合计。

（16）出票人签章（Signature）。此栏加盖出票人签章，应与发票上的相同。

根据合同和商业发票相关资料，本业务中装箱单的填写如图 5-2 所示。

外贸单证

ISSUER（1） FOSHAN IMP& EXP TRADING CO., LTD. NO.126 WENHUA ROAD,FOSHAN,CHINA		装箱单 PACKING LIST			
TO（2） HAZZE AB HOLDING BOX 1237, S-111 21 HUDDINGE, SWEDEN		INVOICE NO.（3） FX123			INVOICE DATE（4） JUNE.10,2018
^^ ^^	^^ ^^	S/C NO.（5） AD13007			L/C NO.（6） LC123
MARKS AND NUMBERS（7）	CASE NO.（8）	DESCRIPTION OF GOODS（9）	PACKAGE（10）	G.W（11） N.W（12）	MEASUREMENT（13）
HAZZE AD2013007 STOCKHOLM, SWEDEN NOS.1-10	NO.1-10	Gas Detectors	10PCS	100KGS 80KGS	0.6M3
TOTAL（14）			10PCS	100KGS 80KGS	0.6M3

TOTAL PACKAGES IN WORDS: （15）SAY TEN CARTONS ONLY

（16）EXPORTER

       FOSHAN IMP& EXP TRADING CO., LTD.

       李华

       (SIGNATURE)

图 5-2

案例回应

学到这里，李华已经根据相关资料缮制了一份装箱单，装箱单是对该笔交易货物包装方面的详细说明。

任务实训5　缮制装箱单

根据下面相关资料缮制一份装箱单，将内容填入表5-2中。

FM: STANDARD CHARTERED BANK, RIO DE JANEIRO BRAZIL

TO: BANK OF COMMUNICATIONS SHANGHAI BRANCH

Form of Doc. Cred	*40 A: IRREVOCABLE
Doc. Credit Number	*20: LC0801-18621
Date of Issue	31C: 2017-09-15
Expiry	*31 D: Date 2017-11-15 Place CHINA
Applicant	*50: SANTOS TRADE COMPANY LIMITED
	355 SAN JOSE BOULEVARD
	RIO DE JANEIRO
	BRAZIL
Beneficiary	*59: STV ELECTRIC APPLIANCE CO., LTD.

	96 GAOJI STREET
	SHANGHAI
	CHINA
Amount	*32B: Currency USD Amount 96 000.00
Available with /by	*41D: BANK OF COMMUNICATIONS
	BY NEGOTIATION
Draft at …	42C: DRAFTS AT 60 DAYS AFTER B/L DATE
	FOR FULL INVOICE VALUE
Drawee	42A: STANDARD CHARTERED BANK
	RIO DE JANEIRO
	BRAZIL
Partial Shipments	43P: NOT ALLOWED
Transshipment	43T: ALLOWED
Port of loading	44E: SHANGHAI
Port of discharge	44F: RIO DE JANEIRO
Latest Date of Ship.	44C: 2017-10-31
Descript. of Goods	45A:
	STV BRAND COLOUR TV SET, 800 SETS
	CIF RIO DE JANEIRO USD120.00 PER SET
	PACKING: ONE SET IN ONE CARTON, 800 CARTONS IN ONE 40'
	HIGH CONTAINER
Documents required	46A:

+ COMMERCIAL INVOICE IN QUADRUPLICATE ALL STAMPED AND SIGNED BY BENEFICIARY CERTIFYING THAT THE GOODS ARE OF CHINESE ORIGIN.

+ FULL SET OF CLEAN ON BOARD BILL OF LADING MADE OUT TO ORDER OF SHIPPER AND BLANK ENDORSED, MARKED FREIGHT PREPAID AND NOTIFY APPLICANT.

+ PACKING LIST IN TRIPLICATE SHOWING PACKING DETAILS

+ INSURANCE POLICY OFR CERTIFICATE IN 2 COPIES ENDORSED IN BLANK FOR 120 PERCENT OF THE INVOICE VALUE INCLUDING OCEAN MARINE CARGO CLAUSE ALL RISKS AND WAR RISK AS PER
  PICC WITH CLAIMS PAYABLE IN CYPRUS IN THE CURRENCY OF THE DRAFTS

+CERTIFICATE STAMPED AND SIGNED BY BENEFICIARY STATING THAT THE ORIGIAL INVOICE AND PACKING LIST HAVE BEEN DISPATCHED TO THE APPLICANT BY COURIER SERVISE 2 DAYS BEFORE SHIPMENT.

Details of Charges	71B: ALL BANKING CHARGES OUTSIDE BRAZIL ARE FOR
ACCOUNT OF BENEFICIARY	
Presentation Period	48: DOCUMENTS TO BE PRESENTED WITHIN 15 DAYS AFTER THE DATE OF
	SHIPMENT, BUT WITHIN THE VALIDITY OF THE CREDIT

其他相关资料

发票号：08STV1014　　　　　　　　　　发票日期：2017 年 10 月 14 日

合同号：STV870910　　　　　　　　　　合同日期：2017 年 9 月 10 日

外贸单证

表 5-2

ISSUER（1）			装箱单 PACKING LIST				
TO（2）								
^^^			INVOICE NO.（3）			INVOICE DATE（4）		
^^^			S/C NO.（5）			L/C NO.（6）		
MARKS AND NUMBERS（7）	CASE NO.（8）	DESCRIPTION OF GOODS（9）	PACKAGE（10）	G.W（11）	N.W（12）	MEASUREMENT（13）	
TOTAL（14）							

TOTAL PACKAGES IN WORDS：（15）

Exporter

（16）

(Signature)

任务三　缮制受益人证明

任务目标

1．了解受益人证明的含义；

2．掌握受益人证明的种类；

3．完成一份受益人证明的缮制。

知识点列表

序　　号	知　　识	重　　要　　性
1	受益人证明的含义	★★★☆☆
2	受益人证明的种类	★★★☆☆
3	受益人证明的缮制	★★★★★

思维导图

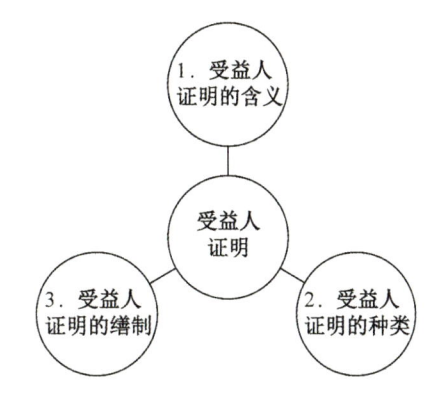

```
       1. 受益人
       证明的含义
            |
         受益人
          证明
        /      \
3. 受益人        2. 受益人
证明的缮制       证明的种类
```

案例导入

李华已经根据相关资料缮制了商业发票和装箱单，信用证中还要求提交受益人证明，那么李华应该如何缮制这份受益人证明呢？

案例分析：李华需要根据信用证中"CERTIFICATE STAMPED AND SIGNED BY BENEFICIARY STATING THAT THE ORIGIAL INVOICE AND PACKING LIST HAVE BEEN DISPATCHED TO THE APPLICANT BY COURIER SERVISE 2 DAYS BEFORE SHIPMENT."的要求缮制受益人证明。受益人证明没有固定的形式，一般按照当次资料的要求进行缮制。

一、受益人证明的含义

受益人证明（Beneficiary's Certificate）是一种由受益人自己出具的证明，用于证明自己履行了信用证规定的任务或证明自己是按信用证的要求办事的，如证明所交货物的品质、运输包装的处理、按要求寄单等。

二、受益人证明的种类

1. 寄单证明（Beneficiary's Certificate for Despatch of Documents）

寄单证明是一种常见的受益人证明，通常由受益人根据规定，在货物装运前后一定时期内，邮寄、传真或快递给规定的收受人全套或部分副本单据，并将证明随其他单据交银行议付。例如，CERTIFICATE FROM THE BENEFICIARY STATING THAT ONE COPY OF THE DOCUMENTS CALLED FOR UNDER THE LC HAS BEEN DISPATCHED BY COURIER SERVICE DIRECT TO THE APPLICANT WITHIN 3 DAYS AFTER SHIPMENT.

2. 寄样证明（Beneficiary's Certificate for Despatch of Shipment Sample）

例如，CERTIFICATE TO SHOW THAT THE REQUIRED SHIPMENT SAMPLES HAVE BEEN SENT BY DHL TO THE APPLICANT ON JULY.10,2005（受益人只要按规定出单即可）。

3. 包装和标签证明

例1，某信用证要求：A CERTIFICATE FROM THE BENEFICIARY TO THE EFFECT THAT ONE SET OF INVOICE AND PACKING LIST HAS BEEN PLACED ON THE INNER SIDE OF THE DOOR OF EACH CONTAINER IN CASE OF FCL CARGO OR ATTACHED TO THE GOODS OR PACKAGES AT AN OBVIOUS PLACE IN CASE OF LCL CARGO（受益人应证明已把一套发票和装箱单贴在集装箱箱门内侧（整箱货）或拼箱货的显眼的地方）。

例2，BENEFICIARY CERTIFICATE IN TRIPLICATE STATING THE SHIPMENT DOES NOT INCLUDE NON-MANUFACTURED WOOD DUNNAGE，PALLETS，CRATING OR OTHER PACKAGING MATERIALS；THE SHIPMENT IS COMPLETELY FREE OF WOOD BARK，VISIBLE PESTS AND SIGNS OF LIVING PESTS（要求3份单据，证明货物未再加工、非木制包装、无树皮、无肉眼可见虫害、无活虫）。

4. 其他规定

例如，CERTIFICATE CONFIRMING THAT ALL GOODS ARE LABELLED IN ENGLISH（货物加贴英文标签）；BENEFICIARY'S CERTIFICATE STATING ORIGINAL B/L OF 1 SET CARRIED BY THE CAPTAIN OF THE VESSEL（一套正本提单已交由船长携带）。

三、受益人证明的缮制

受益人证明的缮制没有统一的格式，一般可按以下方法来缮制。

例如：

NAME OF BENEFICIARY
ADDRESS OF BENEFICIARY
BENEFICIARY'CERTIFICATE

INVOICE NO.: 　　　　　　　　　　　　　　　　DATE:
INVOICE DATE:　　　　　　　　　　　　或者 L/C NO.:
　　　　　　　　　　　　　　　　　　　　　　　L/C DATE:

TO WHOM IT MAY CONCERNED:
　　WE HEREBY CERTIFY THAT^^^^^^^^^^^^^^^^
^^

　　　　　　　　　　　　　　　　　　　　　　　　　　　　EXPORT
　　　　　　　　　　　　　　　　　　　　　　　　　　　　SIGNATURE

李华根据合同和信用证，缮制的受益人证明如下。

FOSHAN IMP& EXP TRADING CO., LTD.
NO. 126 WENHUA ROAD, FOSHAN, CHINA
BENEFICIARY'CERTIFICATE

　　　　　　　　　　　　　　　　　　　　　　　　DATE: AUG.03,2018
INVOICE NO.:FX123　　　INVOICE DATE:JUNE.10,2018
TO WHOM IT MAY CONCERNED:
　WE HEREBY CERTIFY THAT THE ORIGINAL INVOICE AND PACKING LIST HAVE BEEN DISPATCHED TO THE APPLICANT BY COURIER SERVISE 2 DAYS BEFORE SHIPMENT.

　　　　　　　　　　　　　　　　　　　　FOSHAN IMP& EXP TRADING CO., LTD.
　　　　　　　　　　　　　　　　　　　　　　　　　　　李华

案例回应

学到这里，李华已经根据相关资料缮制了受益人证明，受益人证明没有固定的形式，一般按照当次资料的要求进行缮制。

任务实训6　缮制受益人证明

根据任务实训5的信用证缮制一份受益人证明。

项目六 出口货物运输单据

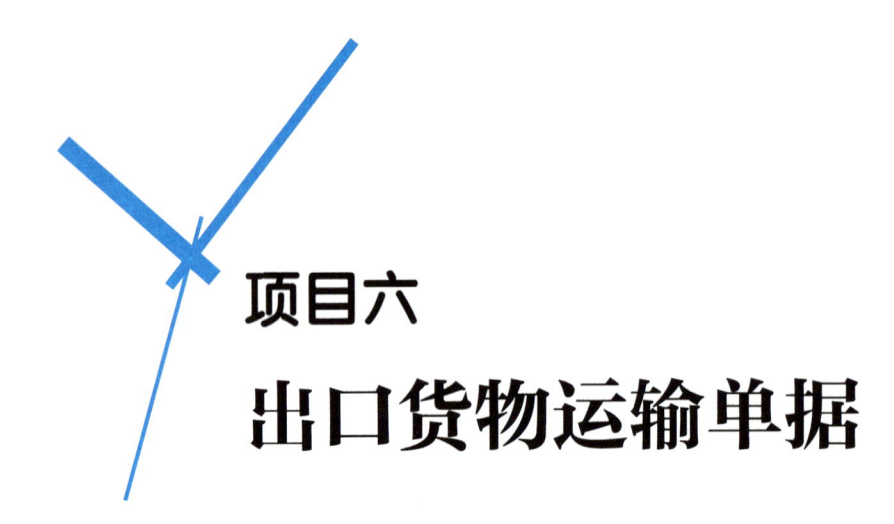

任务一 缮制出口订舱委托书

任务目标

1. 了解出口订舱委托书的含义；
2. 掌握出口订舱托运的业务流程；
3. 掌握出口订舱委托书的缮制。

知识点列表

序　号	知　识	重　要　性
1	出口订舱委托书的含义	★☆☆☆☆
2	出口订舱托运的业务流程	★★☆☆☆
3	出口订舱委托书的缮制	★★★★☆

思维导图

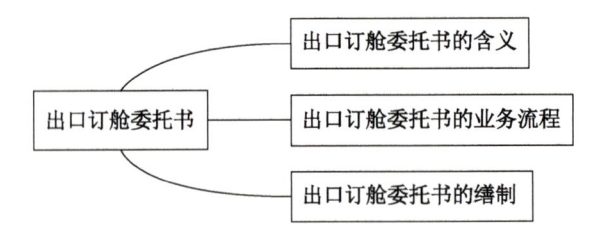

出口订舱委托书
- 出口订舱委托书的含义
- 出口订舱委托书的业务流程
- 出口订舱委托书的缮制

案例导入

小叶就职于深圳一家小家电生产厂家（RIGHT HOME APPLIANCES TRADING CO,LTD.）从事外贸跟单业务。2017年7月12日，她接到公司仓库管理员的通知，销售合同号为SC20170610A的产品已经生产完毕并入库，随时可以安排装运。小叶接到通知后，找到上述业务的销售合同，根据合同信息，该合同的客户为MARUBENI HOLDING CO.LTD.，交易方式为CIF NAGOYA JAPAN，起运港为SHENZHEN CHINA，信用证条款，产品为空气炸锅（HALOGEN AIR ROASTER），木托包装（30 PALLETS），1×20'GP整箱装运，并且信用证要求该货物的最迟装运期为2017年8月15日。

案例分析：根据上述内容，产品已经完成生产入库，小叶现在的首要工作就是按照合同和信用证的要求尽快联系货代，缮制出口订舱委托书，委托货代为工厂安排装运货物。

一、出口订舱委托书的含义

订舱委托书（Booking Note）是指承运人或其代理人在接受发货人或货物托运人的订舱时，根据发货人的口头或书面申请货物托运的情况安排集装箱货物运输而制定的单证，在国际贸易中称为出口订舱委托书。它是出口企业向外贸运输公司提供的出口货物的必要资料，这是外贸运输公司定舱配载的依据。

出口企业委托对外贸易运输公司或其他有权受理对外货运业务的货运代理公司（简称货代）向承运人或其他代理办理出口货物运输业务时，需要向其提供订舱委托书，委托其代为订舱。订舱委托书是出口企业和货代之间委托代理关系的证明文件，内容包括信用证对提单的要求，即托运人名称、收货人名称、货物明细、起运港、目的港、信用证规定的装运期限、信用证有效期、关于分批和转运的规定、明确运输港口等。

二、出口订舱托运的业务流程

对出口商而言，如果货物采用集装箱班轮运输，那么在备货及落实信用证的同时就应该着手订舱，以便及时履行合同及信用证项下的交货和交单的义务。向船公司租订舱位（箱位），首先要了解各个船公司的船舶、船期、挂靠港及船舶箱位数等具体情况。船公司利用各种媒体和渠道定期发布本公司的船舶、船期及运价信息，提供定船期、定船舶、定航线、定挂靠港的集装箱班轮运输服务。同时，一些航运中介机构，如上海航运交易所等也会定期发布各种航运信息，以供托运人在订舱时参考。托运人查询船期表以选择合适的船舶、航次，然后向具体的船公司洽订舱位。

（1）出口企业，即货主，在货、证齐备后，缮制订舱委托书，随付企业发票、装箱单等其他必要单据，委托货代订舱，有时还会委托其代理报关及货物储运等事宜。

（2）货代接受订舱委托后，缮制集装箱货物托运单，随同商业发票、装箱单及其他必要的单证交给船公司办理订舱。

（3）船公司根据具体情况，如接受订舱则在托运单的几联单据上填写与提单号码一致的编号、船名、航次，并加盖公司印章，即表示已确认托运人的订舱，同时把配舱回单、装货单等与托运人有关的单据退还给托运人。

（4）托运人持船公司签署的装货单，缮制出口货物报关单、商业发票、装箱单等连同其他有关的出口单证向海关办理货物出口报关手续。

（5）海关根据有关规定对出口货物进行查检，如同意出口，则在装货单上盖放行章，并将装货单退还给托运人。

（6）托运人持有海关盖章和船公司签署的装货单要求船长装货。

（7）装货后，由船长的大副签署大副收据（Mate's Receipt，M/R），交给托运人。

（8）托运人持 M/R 向船公司换取正本提单。

（9）船公司凭 M/R 签发正本提单并交给托运人，托运人凭正本提单结汇。

三、出口订舱委托书的缮制

1. 缮制出口订舱委托书的注意事项

（1）确认委托书所载品名，从而确认该货物是否为危险品、是否为液体（对接载液体及电池有特殊要求）。

（2）委托书是预配舱单及提单确认的初步依据，如果一次缮制正确可为提单确认省去许多麻烦。

（3）如果需要投保、熏蒸、打托缠膜、拍照、换单、买单等，则应在订舱委托书的显要位置注明。

（4）因为托运人所订船期受外商订购合同、备货时间、商检时间等制约，所以托运人应合理安排订舱日期。

2. 出口订舱委托书的填写内容

（1）托运人（Shipper）。托运人也称发货人，此栏填写出口商名称及其经营场所的地址。如果信用证没有特殊规定，则应填写信用证受益人的名称和地址；如果信用证要求以第三者为托运人，则必须按信用证的要求予以缮制。在本业务中，此栏应填写"RIGHT HOME APPLIANCES TRADING CO.LTD."。

（2）收货人（Consignee）。此栏填写目的港收货人的名称，如果采用的是信用证条款，则按照信用证的规定填写。在本业务中，此栏应填写"MARUBENI HOLDING CO.,LTD."。

（3）被通知人（Notify Party）。如果合同和信用证未说明哪一方为被通知人，那么将收货人的资料填入此栏中。在本业务中，此栏应填写"MARUBENI HOLDING CO.,LTD."。

（4）装货港（Port of Loading）。此栏填写货物的实际装船的港口名称，即启运港。在本业务中，此栏应填写"SHENZHEN CHINA"。

（5）卸货港（Port of Discharge）。此栏填写海运承运人终止承运责任的港口名称。在本业务中，此栏应填写"NAGOYA JAPAN"。

（6）目的地（Port of Delivery）。此栏只有在转船运输时才需要填写。

（7）唛头（Marks and Nos.）。唛头是提单与货物联系的主要纽带，以及收货人提货的重要依据，必须按信用证或合同的规定填写。如无唛头规定则可注明"NO MARKS"（N/M）。

（8）货物名称（Description of Packages and Goods）。此栏填写出口货物的中文及英文名称。在本业务中，此栏应填写"HALOGEN AIR ROASTER"。

（9）重量和体积（Gross Wt. & Measurement）。承运人将根据货物的体积和重量匹配相应的标准集装箱。

（10）支付方式（Payment Term）。在给出的"现金""汇款""支票"3个选项中选择相应的支付方式。

（11）注明工厂装货时间和地点及装货人详细联系资料。

完成缮制的订舱委托书如表 6-1 所示。

案例回应

通过上述学习，小叶掌握了出口订舱委托书缮制的相关知识，通过在公司的工作实践，他能够根据公司的业务要求缮制出口订舱委托书并向货代订舱，合理安排公司的货物托运。

表 6-1

Shipper（发货人） RIGHT HOME APPLIANCES TRADING CO.,LTD.	NBL 新航国际航运有限公司 NBL INTERNATIONAL FREIGHTBRIDGE LTD
Consignee（收货人） MARUBENI HOLDING CO.,LTD.	新航国际航运有限公司 TEL:0755-22221234 FAX:0755-22223344 ATTN:Sally Leung EMAIL:sally-sdcn@ifbgroup.net.cn
Notify Party（通知人） MARUBENI HOLDING CO.,LTD.	托运单 BOOKING NOTE
	运输条款： CY-CY ☐ CFS-CFS ☐

Ocean Vessel/Voy 航名航次	Port of Loading 装货港 SHENZHEN CHINA	Ocean Freight（海运费）： 预付 ☑ 到付 ☑
Port of Discharge 卸货港 NAGOYA JAPAN	Port of Delivery 目的地 NAGOYA JAPAN	ORC（码头费）： 预付 ☑ 到付 ☐
		Surcharges（杂费）： 预付 ☑ 到付 ☐

Marks & Nos. 唛头	No. of Pkgs 件数	Description of Packages and Goods 中文及英文货名	Gross Wt. & Measurement 重量和体积
N/M	30 PALLETS	HALOGEN AIR ROASTER 麻烦务必告知以下信息： 货好时间（CARGO READY）:2017年7月12号 贸易条款（INCOTERMS）:CIF NAGOYA JAPAN 签单方式： 正本 OR 电放 正本 付款方式： 公帐 OR 私帐 OR 香港账户 如含电池/液体/粉末/膏状等敏感/涉危货物请提前与我司确认！	

货柜规格：__1__ X 20' _____ X 40' _____ X 40'HQ _____ X 冻柜（需另填附页）

拖车：自拖 ☐ 委托拖车 ☑   报关：自报关 ☐ 委托报关 ☑

装货详细时间、地点、联系人、电话：
仅限需委托我司拖车填写

是否含有木质包装： 有 ☑ 没有 ☐   是否需要委托我司代办熏蒸 ☐
有否有报关文件： 有 ☑ 没有 ☐
报关地点： 黄埔 ☐ 广州 ☐ 深圳 ☑ 其它 ☐   请注明：
运费支付人：
备注：

托运人签名,盖章
RIGHT HOME APPLIANCES TRADING CO.,LTD.

支付方式： 现金 ☐ 汇款 ☐ 支票 ☐   日期： 2017-07-12

All transactions are subject to the Company's Standard Trading Conditions (copies available on request from the Company) and which, in certain cases, exclude or limit the company liability. Signing on or make use of the Shipping Order signifies that Shipper accepts the Standard Trading Conditions.

达标检测

一、多项选择题

1. 出口订舱托运的业务流程包含（　　）。

    A．出口企业委托货代订舱　　B．货代向船公司办理订舱

    C．船公司接受订舱　　D．船公司签发正本提单

2. 出口订舱托运业务涉及的当事方有（　　）。

A．货主　　　　B．货代　　　　C．船公司　　　　D．开证行

3．在缮制出口订舱委托书的工作中，运费的支付方式有（　　）。

A．现金　　　　B．汇票　　　　C．支票　　　　D．记账

二、判断题

1．货物装船后，通常由船长签署收据并交给托运人。　　　　　　　　　　（　　）

2．出口订舱委托书的"被通知人"一栏必须填写为收货人。　　　　　　　（　　）

3．如果货物需要投保则应在订舱委托书的显要位置注明。　　　　　　　（　　）

任务实训7　缮制出口订舱委托书

根据实训要求和说明（见表6-2），以及合同，填写空白出口订舱委托书（见表6-3）。

表6-2

实训项目	缮制出口订舱委托书
基本要求	根据合同内容和货物完成情况缮制出口订舱委托书
业务情况说明	2017年7月1日，RIGHT HOME APPLIANCES TRADING CO.LTD. 与 AG TRADING CO.LTD 签订合同，约定生产一批空气炸锅。7月26日，跟单员小叶接到通知，产品已经按照合同要求完成生产并入库。小叶根据合同要求联系货代并缮制出口订舱委托书，安排装运该批货物
附件	销售合同

SALES CONTRACT

NO.: SC20170710A

DATE:JUL.01,2017

THE SELLER：RIGHT HOME APPLIANCES TRADING CO.,LTD.　　THE BUYER: AG TRADING CO.,LTD.

ADDRESS: Rm 1201 Best Building No.12 Futian Rd.,　　ADDRESS: 144 Nguyen Van Troi Street,

Shenzhen Guangdong P.R.China　　Phu Nhuan District, Ho chi minh Vietnam

Tel:0086-755-58334388　　Tel.:+00 8 428 6568121

Fax:0086-755-58334389　　Fax:+00 8 428 6568120

THE UNDERSIGNED SELLERS AND BUYERS HAVE AGREED TO CLOSE THE FOLLOWING TRANSACTIONS ACCORDING TO THE TERMS AND CONDITIONS STIPULATED BELOW:

COMMODITY AND SPECIFICATION	QUANTITY	UNIT PRICE	AMOUNT
HALOGEN AIR ROASTER		CIF HOCHIMINH	
HT-D 301	180PCS	USD20/PC	USD3 600.00
HT-A 202	180PCS	USD20/PC	USD3 600.00
TOTAL	360PCS		USD7 200.00
TOTAL AMOUNT IN WORDS:　SAY U.S. DOLLARS SEVEN THOUSAND TWO HUNDRED ONLY			

PACKING：TWO PIECES IN ONE CARTON, SIX CARTONS IN ONE PALLET.LOADING VOLUME: 1×20'GP

SHIPMENT：NOT LATER THAN AUG.30,2017, FROM SHENZHEN CHINA TO HOCHIMINH VIETNAM, ALLOWING TRANSHIPMENT BUT NOT PARTIAL SHIPMENTS.

PAYMENT：FULL INVOICE VALUE SHALL BE PAID BY A L/C AT SIGHT, PAYABLE IN USD FOR 100% AMOUNT

OF INVOICE VALUE IN FAVOR OF RIGHT HOME APPLIANCES TRADING CO.,LTD. OPENING BEFORE JUL.05,2017, AND EXPIRING NOT EARLIER THAN DEC.31,2017.

INSURANCE：INSURANCE TO BE COVERING ALL RISKS FOR C.I.F. INVOICE VALUE PLUS 10%, CLAIMS PAYABLE IN VIETNAM

THE BUYERS:
GR-TRAG CO., LTD.
(SIGNATURE)

THE SELLERS
SHANGHAI ZHENHUA IMP&EMP CO., LTD.
(SIGNATURE)

PLEASE SIGN AND RETURN ONE COPY

表 6-3

Shipper（发货人）			NBL 新航国际航运有限公司 NBL INTERNATIONAL FREIGHTBRIDGE LTD.	
Consignee（收货人）			新航国际航运有限公司 佛 山 分 公 司 TEL:0757-22221234 FAX:0757-22223344 ATTN:Sally Leung EMAIL:sally-sdcn@ifbgroup.net.cn	
Notify Party（通知人）			托运单　BOOKING NOTE 运输条款：CY-CY □　CFS-CFS □	
Ocean Vessel/Voy 航名航次	Port of Loading 装货港		Ocean Freight（海运费）: 预付☑　到付□	
Port of Discharge 卸货港	Port of Delivery 目的地		ORC（码头费）: 预付☑　到付□ Surcharges（杂费）: 预付☑　到付□	
Marks & Nos. 唛头	No. of Pkgs 件数	Description of Packages and Goods 中文及英文货名	Gross Wt. & Measurement 重量和体积	
N/M		麻烦务必告知以下信息: 货好时间（CARGO READY） 贸易条款（INCOTERMS）: 签单方式：正本 OR 电放　正本 付款方式：公账 OR 私账 OR 香港账户 如含电池/液体/粉末/膏状等敏感/涉危货物请提前 与我司确认!		
货柜规格:　　X 20'　　　X 40'　　X 40'HQ　　X 冻柜（需另填附页）				
拖车：自拖□　委托拖车□			报关：自报关□　委托报关□	
装货详细时间、地点、联系人、电话： ***仅限需委托我司拖车填写***				
是否含有木质包装：有□　没有□ 是否有报关文件：有□　没有□			是否需要委托我司代办熏蒸□	
报关地点：黄埔□　广州□　深圳☑　其他□　请注明:				
运费支付人： 备注:			托运人签名,盖章	
支付方式：现金□　汇款□　支票□			日期：2017-03-01	
All transactions are subject to the Company's Standard Trading Conditions (copies available on request from the Company) and which, in certain cases, exclude or limit the company liability. Signing on or make use of the Shipping Order signifies that Shipper accepts the Standard Trading Conditions.				

项目六　出口货物运输单据

任务二　审核与缮制海运提单

任务目标

1. 了解海运提单的含义；
2. 了解海运提单的性质和作用；
3. 了解海运提单的种类；
4. 掌握海运提单的缮制。

知识点列表

序　号	知　识	重　要　性
1	海运提单的含义	★☆☆☆☆
2	海运提单的性质和作用	★★★★☆
3	海运提单的种类	★☆☆☆☆
4	海运提单的缮制	★★★★☆

思维导图

海运提单
- 海运提单的含义
- 海运提单的性质和作用
- 海运提单的种类
- 海运提单的缮制

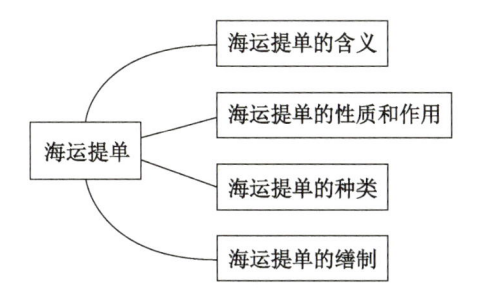

案例导入

新航国际航运公司根据小叶缮制的出口货物订舱委托书，为其安排船期，并且根据工厂的装货时间安排了货柜号为MSCU2352083/20'GP（配对SEAL NO.CN2053461）

103

的货柜到工厂装货，货代公司将完成装货的货柜拖到码头完成了一系列报关、报检手续，最终货柜顺利被配载到船名为 MSC BEATRICE V.751W 的大船上，出运到日本 NAGOYA。在货柜于 2017 年 7 月 18 日顺利出运后，小叶把出口货物的详细资料补料给新航国际航运公司，新航国际航运公司根据小叶的补料把海运提单内容发给小叶确认，在小叶确认无误后，新航国际航运公司出具了海运提单，并把提单转交给小叶。

案例分析：海运提单是十分重要的出口单证文件，是物权的凭证，海运提单的内容必须准确无误。根据案例内容所述，海运提单必须在货物出运后通过补料，并在托运人确认资料准确后，船公司才可以出具。

一、海运提单的含义

海运提单（Bill of Lading，B/L），一般指的是正本提单，提单上注明"Original"字样，有承运人正式签字盖章并注明签发日期。

海运提单是承运人或其代理人应托运人的要求所签发的货物收据（Receipt of Goods），在将货物收归其照管后签发，证明已收到提单上所列明的货物。海运提单是承运人所签署的运输契约的证明，代表所载货物的所有权，是一种货物所有权凭证（Document of Title）。海运提单持有人既可持正本提单提取货物，也可凭此向银行押汇，还可在载货船舶到达目的港交货之前进行转让。它是承运人与托运人之间运输合同的证明。

二、海运提单的性质和作用

（1）海运提单是承运人或其代理人签发的货物收据（Receipt for the Goods），确认承运人已收到提单所列货物并已装船。

（2）海运提单是一种货物所有权的凭证（Documents of Title）。提单的合法持有人既可凭提单在目的港向船公司提取货物，也可在载货船舶到达目的港之前，通过转让提单转移货物所有权，还可凭提单向银行办理押汇货款。

（3）海运提单是托运人与承运人之间所订立的运输契约的证明（Evidence of Contract of Carrier）。在班轮运输的条件下，它是处理承运人与托运人在运输中产生争议的依据；在包租船运输的条件下，承运人或其代理人签发的提单是运输契约即租船合同（Charter Party）的证明，这是处理承运人（船东）与租船人在运输中的权利、义务的依据。

三、海运提单的种类

按照不同分类标准，海运提单可分为不同种类，如表 6-4 所示。

表 6-4

分类标准	提单种类名称	提单种类英文名称	提单表面特征
提单签发时货物是否已装船	已装船提单	SHIPPED ON BOARD B/L	提单上有"SHIPPED ON BOARD…"字样，并注明装船日期、船长或代理人签字
	备运提单	RECEIVER FOR SHIPMENT B/L	提单上只表示承运人接受货物，无确定装船日期
货物外表有无不良批注	清洁提单	CLEAN B/L	承运人未在提单上加注货物的不良批注
	不清洁提单	UNCLEAN B/L	提单上表明货物表面状况、包装不良或存在缺陷
"提单收货人"一栏的填写内容	记名提单	STRAIGHT B/L	"提单收货人"一栏填写收货人的具体名称
	不记名提单	OPEN ORDER B/L (BEARER ORDER B/L)	无收货人名称或标注"TO BEARER"
	指示提单	ORDER B/L	填写"TO ORDER"或"TO ORDER OF…"或"TO…ORDER"
运输方式	直达提单	DIRECT B/L	不需转船
	转船提单	TRANSSHIPMENT B/L	需要转船
	联运提单	THROUGH B/L	货物运输经过两段及以上运输方式，第一程是海运，标注船名和装运日期
	多式联运提单	COMBINED TRANSPORT B/L	第一程不一定是海运，未必标注船名和装运日期
运费方式	运费预付提单	FREIGHT PREPAID B/L	提单证明注明"FREIGHT PREPAID"
	运费到付提单	FREIGHT COLLECT B/L	提单证明注明"FREIGHT COLLECT"
提单内容的简繁	全式提单	LONG FORM B/L	提单有正面条款和背面条款
	简式提单	SHORT FORM B/L	提单无背面条款
船公司经营方式	班轮提单	LINER B/L	提单由班轮公司签发
	租船提单	CHARTER PARTY B/L	提单由租船运输的承运人签发

四、海运提单的填写内容及缮制

（1）提单编号（B/L No.）。提单上必须注明承运人及其代理人规定的提单编号，以便核查，否则提单无效。提单编号一般列在提单的右上角。

（2）托运人（Shipper）。托运人也称发货人，是指委托运输的当事人，一般指出口企业即合同的卖方，在信用证支付方式下，一般为信用证中的受益人。如果开证人出于贸易上的需要要求做第三者提单（Thirdparty B/L），则可照办。在本业务中，此栏应填写"RIGHT HOME APPLIANCES TRADING CO.,LTD."。

（3）收货人（Consignee）。收货人通常指货主。如为记名提单，则此栏需要填写收货人的具体名称和地址。如果信用证有特殊要求，则按照信用证的要求填写。如属指示提单，则此栏应填写"ORDER"（指示）或"TO THE ORDER OF ×××"（凭指示），凡指示提单都需要进行背书才能有效转让。在本业务中，此栏应填写"MARUBENI HOLDING

CO.,LTD."。

（4）被通知人（Notify Party）。这是船公司在货物到达目的港时发送到货通知的收件人。在信用证项下的提单，如信用证上对提单被通知人有权具体规定时，则必须严格按信用证的要求填写。如为记名提单或收货人指示提单，且收货人有详细地址，则此栏可以不填。如为空白指示提单或托运人指示提单，则此栏必须填写被通知人的名称和详细地址，否则船方无法与收货人联系，收货人也不能及时报关提货，甚至货物会因超过海关规定申报时间而被没收。在本业务中，此栏应填写"MARUBENI HOLDING CO.,LTD."。

（5）船名和航次（Vessel and Voyage Number）。此栏应填写所装货物的船名及航次。在本业务中，此栏应填写"MSC BEATRICE V.751W."。

（6）装货港（Port of Loading）。此栏应填写实际装船港口的具体名称，港口名称前或后必须加上国别或行政区域。在本业务此栏应填写"SHENZHEN CHINA."。

（7）卸货港（Port of Discharge）。在信用证支付方式下，此栏应按信用证的要求填写。若卸货港为货物直达目的港，则卸货港填写最后的目的港；若货物在中途需要转船再运，则填写转船港口。在本业务中，此栏应填写"NAGOYA JAPAN"。

（8）交货地点（Place of Delivery）。此栏填写最终目的地名称。

（9）唛头、铅封号和集装箱号（Marks and Numbers./Container Nos./Seal Nos.）。货物采用集装箱运输时，此栏必须填写集装箱号和铅封号。若货物有唛头，则此栏如实填写；若货物无唛头，则此栏填写"N/M"。在本业务中，此栏应填写"N/M MSCU2352083/20'GP SEAL NO.CN2053461"。

（10）货物名称（Description of Goods）。此栏必须按照信用证和合同要求的品名、规格、型号、成分等填写。在本业务中，此栏应填写"HALOGEN AIR ROASTER"。

（11）包装数量（Number of Containers or Packages）。此栏填写集装箱内货物的外包装件数或集装箱个数。在本业务中，此栏应填写"30 PALLETS"。

（12）毛重（Gross Weight）。此栏填写实际货物的总毛重。

（13）尺码（Measurement）。此栏填写实际货物的总体积。

（14）运费支付（Freight & Charges）。此栏不填写运费的具体数据，只表明运费在什么时候支付。运费支付的主要类型有FREIGHT PREPAID和FREIGHT COLLECT两种。

（15）出单地和出单日期（Place and Date of Issue）。提单必须由承运人、船长或他们的代理人签发，并应明确表明签发人身份。一般表示方法有"CARRIER""CAPTAIN"或"AS AGENT FOR THE CARRIER：×××"等。提单的出单日期一般与开船日期一致。

本任务缮制完毕的海运提单如表6-5所示。

表 6-5

	B/L NO.
Shipper RIGHT HOME APPLIANCES TRADING CO.,LTD.	**PIL** **PACIFIC INTERNATION LINES (PTE) LTD.** (Incorporated in Singapore) **COMBINED TRANSPORT BILL OF LADING**
Consignee MARUBENI HOLDING CO.,LTD.	Received in apparent good order and condition except as otherwise noted the total number of container or other packages or units enumerated below for transportation from the place of receipt to the place of delivery subject to the terms hereof. One of the signed Bills of Lading must be surrendered duly endorsed in exchange for the Goods or delivery order. On presentation of this document (duly) Endorsed to the Carrier by or on behalf of the Holder, the rights and liabilities arising in accordance with the terms hereof shall (without prejudice to any rule of common law or statute rendering them binding on the Merchant) become binding in all respects between the Carrier and the Holder as though the contract evidenced hereby had been made between them.
Notify Party MARUBENI HOLDING CO.,LTD.	
	SEE TERMS ON ORIGINAL B/L

Vessel and Voyage Number MSC BEATRICE V.751W	Port of Loading SHENZHEN CHINA	Port of Discharge NAGOYA JAPAN
Place of Receipt	Place of Delivery	Number of Original Bs/L

PARTICULARS AS DECLARED BY SHIPPER-CARRIER NOT RESPONSIBLE

Marks and Numbers/ Container Nos./Seal Nos.	Description of Goods	Gross Weight (Kgs)	Measurement (CBM)
N/M MSCU2352083/20'GP SEAL NO.CN2053461	30 PALLETS HALOGEN AIR ROASTER		

	Number of Containers/Packages (in words) SAY THIRTY PALLETS ONLY
Freight & Charges Freight Prepaid	Shipped on Board Date: Jul.18,2017
	Place and Date of Issue: SHENZHEN Jul.18,2017
	In Witness Whereof this number of Original Bills of Lading stated Above all of the tenor and date one of which being accomplished the others to stand void. The master for **PACIFIC INTERNATIONAL LINES (PTE) LTD** as Carrier

案例回应

通过上述学习，小叶掌握了海运提单的缮制要求，通过在公司的工作实践，他能够根据合同和信用证的要求准确无误地缮制海运提单，制单能力大大提升。

达标检测

一、多项选择题

1. 海运提单可作为（　　）。
   - A．货物的收据
   - B．货物所有权的凭证
   - C．运输契约的证明
   - D．为货物投保的凭证

2. 根据不同的分类，海运提单的名称可以是（　　）。
   - A．已装船提单
   - B．记名提单
   - C．联运提单
   - D．班轮提单

3. 海运提单上注明的内容一定有（　　）。
   - A．提单编号
   - B．收货人
   - C．信用证号码
   - D．货物的描述

二、判断题

1. 提单的出单日期一般与开船日期一致。（　　）
2. 提单持有人可持提单到目的港提取货物。（　　）
3. 提单是一种物权凭证，即提单一旦出具，买方就拥有了对货物的所有权。（　　）

任务实训 8　缮制海运提单

根据实训要求（见表 6-6）和装箱单（见表 6-7），填写空白海运提单（见表 6-8）。

表 6-6

实训项目	缮制海运提单
基本要求	根据任务实训 7 的合同内容和以下的业务情况说明缮制完整的海运提单
业务情况说明	新航国际航运有限公司根据小叶提供的出口订舱委托书在 7 月 28 日安排了柜号为 "PICU5286341/20'GP"（配对封条号 CT2135421）的货柜到工厂装货，货代公司将完成装货的货柜拖到码头完成了一系列报关报检手续，最终货柜顺利被配载到船名为 "PIL BROWN V.060E" 的大船，并在 8 月 2 日出运到越南的 HOCHIMINH。小叶把出口货物的详细资料补料给新航国际航运公司，新航国际航运公司根据小叶的补料把海运提单内容发给小叶确认，在小叶确认无误后，新航国际航运公司出具了海运提单，并把提单转交给小叶
附件	装箱单

表 6-7

ISSUER RIGHT HOME APPLIANCES TRADING CO.,LTD. Rm 1201 Best Building No.12 Futian Rd., Shenzhen Guangdong P.R.China Tel:0086-755-58334388 Fax:0086-755-58334389			装箱单 PACKING LIST			
TO AG TRADING CO.,LTD. 144 Nguyen Van Troi Street, Phu Nhuan District, Ho chi minh Vietnam Tel.:+00 8 428 6568121 Fax:+00 8 428 6568120			INVOICE NO.		INVOICE DATE	
Marks and Numbers	Number and Kinds of Packages, Description of Goods	Quantity	Package	G. W	N. W	Meas.
N/M	HALOGEN AIR ROASTER HT-D 301 HT-A 202	180PCS 180PCS	15PALLETS 15PALLETS	1800KGS 1800KGS	1650KGS 1650KGS	11.25CBM 11.25CBM
	TOTAL:	360PCS	30PALLETS	3600KGS	3300KGS	22.5CBM
SIGNATURE: RIGHT HOME APPLIANCES TRADING CO.,LTD. RM 1201 BEST BUILDING NO.12 FUTIAN RD., SHENZHEN GUANGDONG P.R.CHINA						

表 6-8

Shipper NANJING FORGIGN TRADE IMP. AND EXP. CORP.	B/L NO. **PIL** **PACIFIC INTERNATION LINES (PTE) LTD.** (Incorporated in Singapore)
Consignee	**COMBINED TRANSPORT BILL OF LADING**
Notify Party	Received in apparent good order and condition except as otherwise noted the total number of container or other packages or units enumerated below for transportation from the place of receipt to the place of delivery subject to the terms hereof. One of the signed Bills of Lading must be surrendered duly endorsed in exchange for the Goods or delivery order. On presentation of this document (duly) Endorsed to the Carrier by or on behalf of the Holder, the rights and liabilities arising in accordance with the terms hereof shall (without prejudice to any rule of common law or statute rendering them binding on the Merchant) become binding in all respects between the Carrier and the Holder as though the contract evidenced hereby had been made between them. **SEE TERMS ON ORIGINAL B/L**

续表

Vessel and Voyage Number	Port of Loading	Port of Discharge
Place of Receipt	Place of Delivery	Number of Original Bs/L

PARTICULARS AS DECLARED BY SHIPPER-CARRIER NOT RESPONSIBLE			
Marks and Numbers/ Container Nos./Seal Nos.	Description of Goods	Gross Weight (Kgs)	Measurement (CBM)

Freight & Charges	Number of Containers/Packages (in words)
	Shipped on Board Date:
	Place and Date of Issue:
	In Witness Whereof this number of Original Bills of Lading stated above all of the tenor and date one of which being accomplished the others to stand void. The master for **PACIFIC INTERNATIONAL LINES (PTE) LTD** as Carrier

---

任务三　审核与缮制航空运单

任务目标

1．了解航空运单的含义；

2．了解航空运单的性质和作用；

3．了解航空运单的种类；

4．掌握航空运单的缮制。

项目六　出口货物运输单据

知识点列表

序　号	知　　　识	重　要　性
1	航空运单的含义	★☆☆☆☆
2	航空运单的性质和作用	★★☆☆☆
3	海运运单的种类	★★★☆☆
4	航空运单的缮制	★★★★☆

思维导图

航空运单
- 航空运单的含义
- 航空运单的性质和作用
- 航空运单的种类
- 航空运单的缮制

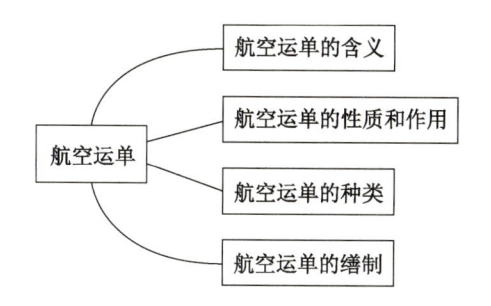

案例导入

小叶于2017年8月5日接到国外客户的通知，由于市场开拓的需要，现在客户需要一小批婴儿辅食机作为试样，客户要求该批婴儿辅食机用空运方式寄到美国纽约，数量为50台，重量为300千克，体积约为2立方米。小叶接到客户通知后，根据客户的要求马上联系货代安排寄样。

案例分析：根据上述内容描述，小叶联系货代代为安排空运装运。货代接到小叶的委托后马上安排舱位并联系报关公司安排装运及清关。货物出运后货代出具航空运单给小叶，小叶将航空运单寄给国外客户作为收货清关单据。

一、航空运单的含义

航空运单是承运人与托运人之间签订的运输契约，是承运人或其代理人签发的货物收据。航空运单不仅应有承运人或其代理人签字，还必须有托运人签字。航空运单与铁路运单一样，不是物权凭证，不能凭航空运单提取货物，必须做成记名抬头，不能背书转让。

航空运单的正本一式三份，每份都印有背面条款，其中一份交付发货人，作为承运人或其代理人已经接收货物的证明；第二份由承运人留存，作为记账凭证；最后一份随货同行，在货物到达目的地时交付收货人，作为核收货物的依据。

二、航空运单的性质和作用

航空运单与海运提单有很大的不同，与国际铁路运单相似。它是由承运人或其代理人签发的重要货物运输单据，是承托双方的运输合同，其内容对双方均具有约束力。航空运单不可转让，某人持有航空运单并不能说明其可以对货物要求所有权。航空运单有以下几个作用。

1. 航空运单是发货人与航空承运人之间的运输合同

与海运提单不同，航空运单不仅能证明航空运输合同的存在，而且航空运单本身就是发货人与航空运输承运人之间缔结的货物运输合同，在双方共同签署后产生效力，并在货物到达目的地交付运单上所记载的收货人后失效。

2. 航空运单是承运人签发的已接收货物的证明

航空运单也是货物收据，在发货人将货物发运后，承运人或其代理人就会将其中一份交给发货人，作为已经接收货物的证明。因此，它是承运人收到货物并在良好条件下装运的证明（另有注明除外）。

3. 航空运单是承运人据以核收运费的账单

航空运单分别记载着属于收货人负担的费用、属于应支付给承运人的费用和应支付给代理人的费用，并详细列明费用的种类。

4. 航空运单是报关单证之一

在货物到达目的地机场进行进口报关时，航空运单通常是海关查验放行的基本单证。

5. 航空运单可作为保险证书

如果承运人承办保险或发货人要求承运人代办保险，则航空运单可作为保险证书。

6. 航空运单是承运人内部业务的依据

航空运单随货同行，证明货物的身份。运单上载有该票货物发送、转运、交付的事项，承运人会据此对货物的运输做出相应安排。

三、航空运单的种类

航空运单可分为航空主运单和航空分运单两类。

1. 航空主运单（Master Air Waybill，MAWB）

凡由航空运输公司签发的航空运单均称为主运单。它是航空运输公司办理货物运输和交付的依据，是航空公司和托运人订立的运输合同，每一批航空运输的货物都有其相对应的航空主运单。

2. 航空分运单（House Air Waybill，HAWB）

集中托运人在办理集中托运业务时签发的航空运单被称为航空分运单。在集中托运的情况下，除航空运输公司签发主运单外，集中托运人还要签发航空分运单。航空分运单作为集中托运人与托运人之间的货物运输合同，而航空主运单作为航空运输公司与集中托运人之间的货物运输合同，当事人为集中托运人和航空运输公司，货主与航空运输公司没有直接的契约关系。不仅如此，由于在起运地由集中托运人将货物交付航空运输公司，在目的地由集中托运人或其代理人从航空运输公司处提取货物，再转交收货人，因而货主与航空运输公司没有直接的货物交接关系。

四、航空运单的填写内容及缮制

航空运单与海运提单类似，也有正面、背面条款之分，不同的航空公司会有自己独特的航空运单格式。虽然航运公司的海运提单可能千差万别，但各航空公司所使用的航空运单则大多借鉴 IATA 推荐的标准格式，差别不大。所以这里只介绍这种标准格式，也称中性运单，如表 6-9 所示。

表 6-9

Shipper's Name and Address	Shipper's Account Number	NOT NEGOTIABLE **Air Waybill** Issued by										
Consignee's Name and Address	Consignee's Account Number	It is agreed that the goods described herein are accepted for carriage in apparent good order and condition (except as noted) and subject to the conditions of contract on the reverse hereof. all goods may be carried by and other means including road or any other carrier unless specific contrary instructions are given hereon by the shipper. the shipper's attention is drawn to the notice concerning carrier's limitation of liability. Shipper may increase such limitation of liability by declaring a higher value for carriage and paying a supplemental charge if required.										
Issuing Carrier's Agent Name and City		Accounting Information										
Agent's IATA Code	Account No.	:::									
Airport of Departure (Addr. of First Carrier) and Requested Routing		::										
To	By First Carrier Routing and Destination	To	By	To	By	Currency	CHGS Code	WT/VAL		Other		Declared Value for Carriage	Declared Value for Customs
								PPD	COLL	PPD	COLL		

续表

Airport of Destination	Flight/Date For carrier Use Only Flight/Date	Amount of Insurance	INSURANCE-If Carrier offers insurance, and such insurance is requested in accordance with the conditions thereof, indicate amount to be insured in figures in box marked "Amount of Insurance."

Handing Information

(For USA only) These commodities licensed by U.S. for ultimate destination … Diversion contrary to U.S. law is prohibited

No. of Pieces RCP	Gross Weight	Kg Lb	Rate Class / Commodity Item No.	Chargeable Weight	Rate/ Charge	Total	Nature and Quantity of Goods (incl. Dimensions or Volume)

Prepaid Weight Charge	Collect	Other Charges
Valuation Charge		
Tax		
Total other Charges Due Agent		Shipper certifies that the particulars on the face hereof are correct and that insofar as any part of the consignment contains dangerous goods, such part is properly described by name and is in proper condition for carriage by air according to the applicable Dangerous Goods Regulations.
Total other Charges Due Carrier		
		…………………………………………………………………
Total Prepaid	Total Collect	Signature of Shipper or His Agent
Currency Conversion Rates	CC Charges in Dest. Currency	…………………………………………………………………
		Executed on (date) at(place) Signature of Issuing Carrier or its Agent.
For Carrier's Use only at Destination	Charges at Destination	Total Collect Charges

下面就有关需要填写的内容进行说明。

（1）航空运单编号（Airway Bill Number）。这是航空运单右上角的编号，由航空公司填写。

（2）始发站机场（Airport of Departure）。此栏填写 IATA 统一制定的始发站机场或城市的三字代码。

（3）托运人名称和地址（Shipper's Name and Address）。此栏填写发货人姓名、地址、所在地国家及联络方法。

（4）收货人名称和地址（Consignee's Name and Address）。此栏填写收货人姓名、地址、所在地国家及联络方法。与海运提单不同，因为航空运单不可转让，所以"凭指示"之类的字样不得出现。

（5）承运人代理的名称和所在城市（Issuing Carrier's Agent's Name and City）。

（6）代理人的 IATA 代号（Agent's IATA Code）。

（7）代理人账号（Account No.）。

（8）始发站机场及所要求的航线（Airport of Departure and Requested Routing）。这里的始发站应与第一栏填写的一致。

（9）运输路线和目的站（Routing and Destination）。

① 去往（To）。此栏分别填写第一（二、三）中转站机场的 IATA 代码。

② 承运人（By）。此栏分别填写第一（二、三）段运输的承运人。

（10）目的地机场（Airport of Destination）。此栏填写货物运输的最终目的地机场的全称，若不知道机场的全称，则可填写该城市的代号。

（11）支付信息（Accounting Information）。此栏只有在采用特殊支付方式时才填写。

（12）货币（Currency）。此栏填写 ISO 货币代码。

（13）收费代号（CHGS Code）。收费代号表明支付方式，仅供电子传送货运单信息时使用。

（14）运费及声明价值费（Weight Charge/Valuation Charge，WT/VAL）。运费及声明价值费有预付（Prepaid，PPD）和到付（Collect，COLL）两种支付方式。

（15）其他费用（Other）。其他费用有预付和到付两种支付方式。

（16）运输声明价值（Declared Value for Carriage）。此栏填写发货人要求的用于运输的声明价值。如果发货人不要求声明价值，则填写"NVD"（No Value Declared）。

（17）海关声明价值（Declared Value for Customs）。发货人在此栏填写对海关的声明价值，或者填写"NCV"（No Customs Valuation），表示没有声明价值。

（18）目的地机场（Airport of Destination）。此栏填写最终目的地机场的全称。

（19）航班及日期（Flight/Date）。此栏填写货物所搭乘的航班及日期。

（20）保险金额（Amount of Insurance）。此栏只有在航空公司提供代保险业务而客户也有此需求时才填写。

（21）操作信息（Handling Information）。此栏一般填写承运人对货物处理的有关注意事项，如"Shipper's certification for live animals"（托运人提供活动物证明）等。

（22）毛重（Gross Weight）。填写货物总毛重，重量单位可选择千克（kg）或磅（lb）。

（23）运价等级（Rate Class）。针对不同的航空运价共有6种代码，分别是M（Minimum，起码运价）、C（Specific Commodity Rates，特种运价）、S（Surcharge，高于普通货物运价的等级货物运价）、R（Reduced，低于普通货物运价的等级货物运价）、N（Normal，45千克以下货物适用的普通货物运价）、Q（Quantity，45千克以上货物适用的普通货物运价）。

（24）商品代码（Commodity Item No.）。在使用特种运价时需要在此栏填写商品代码。

（25）计费重量（Chargeable Weight）。此栏填写航空公司据以计算运费的计费重量，该重量可以与货物毛重相同，也可以不同。

（26）运价（Rate/Charge）。此栏填写该货物适用的费率。

（27）运费总额（Total）。此栏的数值应为起码运费值或运价与计费重量两栏数值的乘积。

（28）货物的品名、数量，含尺码或体积［Nature and Quantity of Goods（Incl. Dimensions or Volume）］。货物的尺码应以厘米（cm）或英寸（in）为单位，尺寸分别以货物最长、最宽、最高边为基础。体积则是上述三边的乘积，单位为立方厘米或立方英寸。

（29）其他费用（Other Charges）。此为除运费和声明价值附加费外的其他费用。根据IATA规则，各项费用分别用3个英文字母表示。其中，前两个英文字母是某项费用的代码，如运单费表示为AW（Air Waybill Fee），第三个英文字母是C或A，分别表示费用应支付给承运人（Carrier）或货运代理人（Agent）。

（30）代理人收取的其他费用（Total Other Charges Due Agent）。在对应的"预付"或"到付"栏内填写由代理人收取的其他费用总额。

（31）承运人收取的其他费用（Total Other Charges Due Carrier）。在对应的"预付"或"到付"栏内填写由承运人收取的其他费用总额，一般填写"AS ARRANGED"。

（32）托运人的签字（Signature of Shipper or His Agent）。签名后以示保证所托运的货物为非危险品。

（33）签单时间（日期）、地点、承运人或其代理人的签字。

（34）货币换算及目的地机场收费记录。

以上内容不一定要全部填入航空运单，IATA也并未反对在航空运单中写入其他所需的内容。但这种标准化的单证对航空货运经营人提高工作效率，促使航空货运业向电子商务方向迈进有着积极的意义。

案例回应

通过上述学习，小叶掌握了航空运单的缮制要求，他已经能够根据合同的要求和航空公司出运的资料熟练地缮制航空运单。

达标检测

一、多项选择题

1. 航空运单可作为（　　）。
   A. 货物承运的运输合同　　B. 货物所有权的凭证
   C. 货物的收据　　　　　　D. 是报关单证之一

2. 航空运单可分为（　　）。
   A. 航空主运单　　　　　　B. 航空分运单
   C. 多式联运单　　　　　　D. 转机运单

3. 一般情况下航空运单上注明的内容有（　　）。
   A. 运单编号　　　　　　　B. 收货人
   C. 目的地机场　　　　　　D. 托运人签名

二、判断题

1. 航空运单的正本是一式三份，每份都可以去目的地提取货物。（　　）

2. 航空运单不可转让。（　　）

3. 在航空运输中，如果信用证需要提交全套正本运单，则受益人需要提交全部的3份正本航空运单。（　　）

任务实训9　缮制航空运单

根据实训要求（见表6-10），以及托运书（见表6-11），填写空白航空运单（见表6-12）。

表6-10

实训项目	缮制航空运单
基本要求	根据导入案例的内容和以下的业务情况说明缮制完整的航空运单
业务情况说明	客户名称：GARRIC HOLDING CO.,LTD. 产品：婴儿辅食机（BABY FOOD SUPPLEMENT MACHINE），数量50台，重量300KGS，约2CBM 始发地：深圳宝安机场（机场代码：SZX） 目的地：美国纽约肯尼迪机场（机场代码：JFK）
附件	国际货物托运书

表 6-11

深圳客货运输服务有限公司
SHENZHEN EXPRESS SERVICE CO.,LTD.　　　　　　　　　　　　IATA
国际货物托运书
SHIPPER'S LETTER OF INSTRUCTION　　　　　　REF. NO.：XY170720

始发站 AIRPORT DEPARTURE SHENZHENI	到达站 AIRPORT OF DESTINATION NEW YOURK	供承运人用 FOR CARRIER ONLY	
路线及到达站 ROUTING AND DESTINATION		航班/日期 FLIGHT/DAY	航班/日期 FLIGHT/DAY
至 TO	第一承运人 BY FIRST CARRIER	至 TO	承运人 BY	至 TO	承运人 BY	至 TO	承运人 BY	已预留吨位 BOOKED	
收货人姓名及地址 CONSIGNEE'S NAME AND ADDRESS	GARRIC HOLDING CO.,LTD. RM1201 SUN BUILDING JR.RD NEWYOURK US.	运费： CHARGES: FREIGHT: PREPAID	
另行通知 ALSO NOTIFY	SAME AS CONSIGNEE		
托运人账号　　045686 SHIPPER'S ACCOUNT NUMBER	托运人姓名及地址 SHIPPER'S NAME & ADDRESS	RIGHT HOME APPLIANCES TRADING CO.,LTD. RM 1201 BEST BUILDING NO.12 FUTIAN RD., SHENZHEN GUANGDONG P.R.CHINA	
托运人声明的价值 SHIPPER'S DECLARED VALUE NVD	保险金额 AMOUNT OF INSURANCE	所附文件 DOCUMENTS TO ACCOMPANY AIR WAYBILL	
供运输用 FOR CARRIAGE	供海关用 FOR CUSTOMS		
件数 NO. OF PACKAGES	实际毛重 ACTUAL GROSS WEIGHT（KG）	运价类别 RATE CLASS	收费重量 CHARGEABLE WEIGHT	离岸 RATE CHARGE	货物名称及重量（包括体积或尺寸） NATURE AND QUANTITY OF GOODS (INCL. DIMENSIONS OF VOLUME)
25CTNS	300	Q	300		DOUBLE OPEN END SPANNER 2CBM
在货物不能交于收货人时，托运人指示的处理方法 SHIPPER'S INSTRUCTIONS IN CASE OF INABILITY TO DELIVER SHIPMENT AS CONSIGNED			
处理情况（包括包装方式、货物标志及号码等） HANDLING INFORMATION (INCL. METHOD OF PACKING IDENTIFYING MARKS AND NUMBERS.ETC.)			

项目六　出口货物运输单据

托运人证实以上所填全部属实并愿遵守托运人的一切载运章程
THE SHIPPER CERTIFIES THAT PARTICULARS ON THE FACE HEREOF ARE CORRECT AND AGREES TO THE CONDITIONS OF CARRIAGE OF THE CARRIER

托运人签字：小叶	日期：2017.08.10	经收人：	日期：2017.08.10
SIGNATURE OF SHIPPER	DATE	AGENT	DATE

表 6-12

Shipper's Name and Address	Shipper's Account Number	NOT NEGOTIABLE **Air Waybill** Issued by
Consignee's Name and Address	Consignee's Account Number	It is agreed that the goods described herein are accepted for carriage in apparent good order and condition (except as noted) and subject to the conditions of contract on the reverse hereof. all goods may be carried by and other means including road or any other carrier unless specific contrary instructions are given hereon by the shipper. the shipper's attention is drawn to the notice concerning carrier's limitation of liability. Shipper may increase such limitation of liability by declaring a higher value for carriage and paying a supplemental charge if required.
Issuing Carrier's Agent Name and City		Accounting Information
Agent's IATA Code	Account No.	
Airport of Departure (Addr. of First Carrier) and　Requested Routing		

To	By First Carrier Routing and Destination	To	By	To	By	Currency	CHGS Code	WT/VAL PPD	WT/VAL COLL	Other PPD	Other COLL	Declared Value for Carriage	Declared Value for Customs

Airport of Destination	Flight/Date For carrier Use Only Flight/Date		Amount of Insurance	INSURANCE-If Carrier offers insurance, and such insurance is requested in accordance with the conditions thereof, indicate amount to be insured in figures in box marked "Amount of Insurance."

Handling Information						
(For USA only) These commodities licensed by U.S. for ultimate destination … Diversion contrary to U.S. law is prohibited						
No. of Pieces RCP	Gross Weight	Kg Lb	Rate Class / Commodity Item No.	Chargeable Weight	Rate/ Charge	Total	Nature and Quantity of Goods (incl. Dimensions or Volume)
				\			

续表

Prepaid　Weight Charge　　Collect		Other Charges
Valuation Charge		
Tax		
Total other Charges Due Agent		Shipper certifies that the particulars on the face hereof are correct and that insofar as any part of the consignment contains dangerous goods, such part is properly described by name and is in proper condition for carriage by air according to the applicable Dangerous Goods Regulations.
Total other Charges Due Carrier		
Total Prepaid	Total Collect	…………………………………………………………………… Signature of Shipper or His Agent
Currency Conversion Rates	Charges in Dest. Currency	…………………………………………………………………… Executed on (date)at(place)　Signature of Issuing Carrier or its Agent.
For Carrier's Use only at Destination	Charges at Destination	Total Collect Charges

项目七 海运货物保险单据

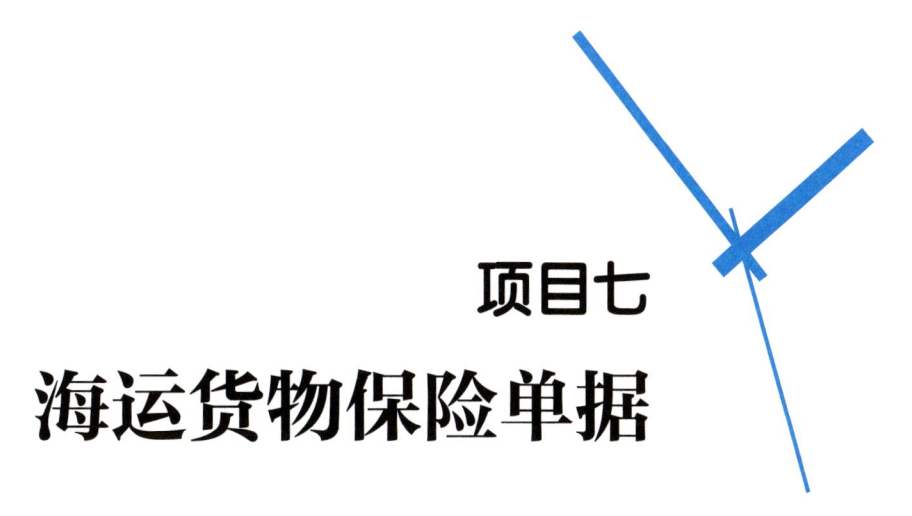

任务一 了解国际货物海运保险的基础知识

任务目标

1. 了解国际货物海运的风险；
2. 了解国际货物海运的损失；
3. 掌握国际货物海运保险的险别；
4. 掌握国际货物海运保险费的计算。

知识点列表

序　号	知　　识	重　要　性
1	国际货物海运的风险	★☆☆☆☆
2	国际货物海运的损失	★★☆☆☆
3	国际货物海运保险的险别	★★★☆☆
4	国际货物海运保险费的计算	★★★★☆

外贸单证

思维导图

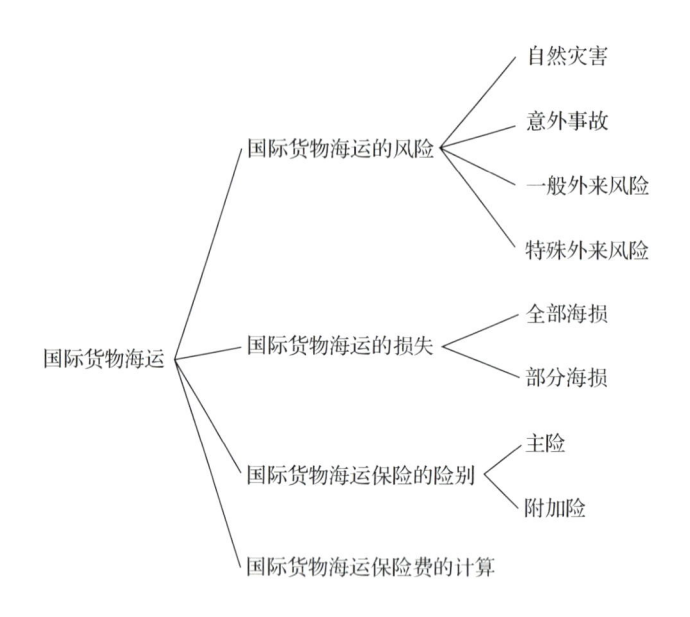

- 国际货物海运
  - 国际货物海运的风险
    - 自然灾害
    - 意外事故
    - 一般外来风险
    - 特殊外来风险
  - 国际货物海运的损失
    - 全部海损
    - 部分海损
  - 国际货物海运保险的险别
    - 主险
    - 附加险
  - 国际货物海运保险费的计算

案例导入

肖成光是佛山市源发贸易公司的单证员，他接到了为公司的一批出口货物投保的任务（货物信息见本项目的任务二）。于是他马上查阅该票业务的相关资料，并在微信群里发布消息，让与公司有业务往来的保险代理报价，通过比对选择性价比高的公司投保。

案例分析：在当今国际贸易中，海运是货物运输的主要途径。由于海运距离远、持续时间长、海上自然环境多变等情况，货物存在损坏、丢失的风险。为了保障买卖双方的利益，减少货物在运输过程中因损坏或丢失造成的损失，货物在出运的全过程中都要求有对应的保险保障。那么，谁负责对货物投保、买什么样的保险、怎么计算保险费呢？

一、国际货物海运的风险

在货物运输过程中，存在着种种风险，但不是所有风险都能够获得保险人（主要指保险公司）提供的承保。通常而言，保险人承保的风险主要有以下4类。

1. 自然灾害

自然灾害通常指人力难以抗拒的自然界的灾害，如地震、海啸、雷电、洪水及恶劣气候等。

2. 意外事故

意外事故通常指由外来的、偶然的、出乎意料的原因造成的事故，主要包括运输工具所遭受的搁浅、触礁、沉没、互撞、失火、爆炸等。

3. 一般外来风险

一般外来风险通常指货物在运输途中由偷窃、短量、提货未着、淡水雨淋、沾污、渗漏、破碎、串味、受热受潮、钩损、生锈等外来原因引起的风险。

4. 特殊外来风险

特殊外来风险通常指在运输过程中由军事、政治、国家政策法令及行政措施等外来因素造成的风险。这些风险主要包括交货不到、进口关税、黄曲霉素、舱面货物损失、拒收、战争、罢工等。

二、国际货物海运的损失

国际货物海运的损失简称海损，包含损坏和灭失两种。按照损失的程度，海损又可分为全部海损和部分海损。其中部分海损可细分为共同海损和单独海损；全部海损可细分为实际全损和推定全损（见图7-1）。

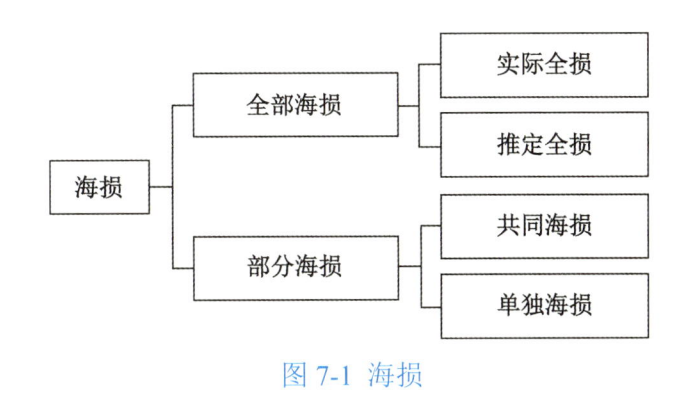

图 7-1 海损

在实际业务中，海损类型的判断与海损责任的认定及索赔工作息息相关，如何界定上述4种海损呢？

① 实际全损是指货物在物理意义上的全部灭失，如整箱茶叶落入大海未打捞上来。

② 推定全损是指货物在物理意义上依然全部或部分存在，但是损坏的程度严重到丧失商业价值，或者修复的费用超过其修复后的价值。比如，整箱茶叶落入大海，经过努力打捞了上来，但是茶叶经过海水浸泡已经失去了其原有的价值，该损失只能推定为全部海损。

③ 共同海损是指在海运过程中由自然灾害或意外事故引起的海损，即为了保证同一航程中遇险财产的共同安全和免除危险所做出的有意义而又合理的特殊牺牲或支出的特殊费用。比如，货轮遇暴风雨出现倾斜，为了保证货轮和其他货物的安全，主动抛弃部分货物，这些被抛弃的货物的损失就构成共同海损。共同海损中的牺牲或费用由船方、货主和未收运

费三方按比例分摊。

④ 单独海损是指因意外而造成的特定当事方的损失，这种损失并不涉及其他货主或船方。

三、国际货物海运保险的险别

目前，我国外贸企业投保所采用或接受的保险条款主要是中国人民保险公司于1981年1月1日修订的《海洋运输货物保险条款》和由英国伦敦保险协会制定的《协会货物条款》（I.C.C.）。下面分别介绍这两种保险条款下的险别。

1. 我国国际货物海运保险的险别

我国的《海洋运输货物保险条款》将海运货物险别分为主险、附加险和专门险。这里只介绍主险和附加险。

（1）主险。

主险又称基本险，包括平安险、水渍险和一切险，如图 7-2 所示。

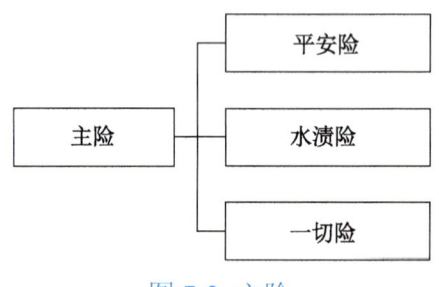

图 7-2 主险

① 平安险（Free from Particular Average，F.P.A）。其英文对应的翻译为"单独海损不赔付"，俗称"平安险"，承保自然灾害造成的全损、意外事故造成的全损或部分海损、装卸或转运时的全损或部分损失。平安险是主险中保险人承保范围最小的一种保险。在 CIF 术语下，如果合同没有其他约定，出口商通常对货物投保平安险即可。

② 水渍险（With Particular Average，W.P.A）。其英文对应的翻译为"含单独海损"，俗称"水渍险"。其承保范围在平安险的基础上加上了"单独海损的损失"，即包含了被保险货物因恶劣天气、雷电、海啸、地震、洪水等自然灾害造成的部分海损。

③ 一切险（All Risks）。在水渍险的基础上，其保险责任还包括被保险货物在运输途中由外来原因导致的全部损失和部分损失，即一般附加险承担的责任。虽然该种保险名为"一切险"，但保险公司并不承担一切损失。

在上述 3 种主险中，平安险的保险范围最小，水渍险和一切险的保险范围依次扩大。根据国际惯例，出口商在 CIF 术语下，只需要为货物投保平安险。如果进口商需要将保险险别提高，则需要在合同的保险条款中具体说明，双方协商一致后方可实施。

（2）附加险。

附加险是指投保人在主险之外，为了应对某些特定的危险所造成的海损而附加的保险，该种保险不能单独投保。附加险又可以分为一般附加险、特别附加险和特殊附加险 3 种，具体如下。

① 一般附加险。一般附加险包括在一切险的责任范围内，主要承保各种外来原因造成的货物全损或部分损失。一般附加险主要包括提货不着险、淡水雨淋险、抽窃短量险、混杂沾污险、渗漏险、碰损破碎险、串味险、受潮受热险、钩损险、包装破裂险、锈损险这 11 种。如果投保了一切险，那么能不用再单独投保这些险别。

② 特别附加险。特别附加险是以导致货损的某些政府行为风险为承保对象的，它不包括在一切险范围内。无论被保险人投哪种基本险，要想获取保险人对政府行为等政治风险的保险保障，都必须与保险人特别约定，经保险人特别同意，否则，保险人对此不承担保险责任。我国保险公司开办的特别附加险包括交货不到险、进口关税险、舱面货物险、拒收险、黄曲霉素险、扩展条款这 6 种。

③ 特殊附加险。特殊附加险仅包括战争险和罢工险两种。其中，战争险的责任起讫不是"仓至仓"，保险人只负水面责任。

2. 英国伦敦保险协会海运货物保险条款

《英国伦敦保险协会海运货物保险条款》简称《协会货物条款》（Institute Cargo Clause，I.C.C.），原条款由英国伦敦保险协会于 1912 年制定，于 1963 年整理。该条款于 1982 年 1 月 1 日被修改为《协会货物条款（A）》[I.C.C.(A)]、《协会货物条款（B）》[I.C.C(B)] 和《协会货物条款（C）》[I.C.C(C)]，统称为《协会货物条款》。新条款改变了原条款的一切险、水渍险和平安险的名称，以 (A)、(B)、(C) 条款分别代替。据统计，目前世界上约有 2/3 的国家在海上保险业务中直接采用了《协会货物条款》。下面简单介绍《协会货物条款》的险别。

（1）I.C.C.(A)。

① 承保除"除外责任"各条款规定外的一切风险所造成的保险标的损失。

② 承保共同海损和救助费用。

③ 根据运输契约订有"船舶互撞"条款，应由货主偿还船方的损失。

（2）I.C.C.(B)。

对承保风险的规定采用列明风险的方法，即在条款的首部把保险人所承保的风险一一列出。若保险标的物的灭失或损坏可合理地归因于下列任意一种，保险人都应予以赔偿。

① 火灾或爆炸。

② 船舶或驳船搁浅、触礁、沉没或倾覆。

③ 陆上运输工具的倾覆或出轨。

④ 船舶、驳船或运输工具同除水外的任何外界物体碰撞。

⑤ 在避难港卸货。

⑥ 地震、火山爆发、雷电。

⑦ 共同海损牺牲。

⑧ 海水、湖水或河水进入船舶、驳船、运输工具、集装箱、大型海运箱或贮存处所。

⑨ 货物在装卸时落海或摔落造成整件的全损。

（3）I.C.C.(C)。

I.C.C.(C) 对承保风险的规定也采用列明风险的方法，只承保重大意外事故，而不承保自然灾害及非重大意外事故，其具体承保的风险有以下 7 种。

① 火灾或爆炸。

② 船舶或驳船触礁、搁浅、沉没或倾覆。

③ 陆上运输工具倾覆或出轨。

④ 船舶、驳船或运输工具同除水外的任何外界物体碰撞。

⑤ 在避难港卸货。

⑥ 共同海损牺牲。

⑦ 抛货。

（4）协会战争险条款（货物）（IWCC）。

该条款对战争行为及战争武器导致的保险标的的直接损失负责，但不负责因此所致的费用损失；对为避免承保风险所造成的共同海损和救助费用负责。

（5）协会罢工险条款（货物）（ISCC）。

该条款对罢工者、被迫停工工人或参与工潮、暴动或民变的人员所造成的损失负责；对任何恐怖分子或任何出于政治目的采取行动的人所致的损失负责；也承保为避免承保风险所致的共同海损和救助费用。

（6）恶意损害险（Malicious Damage Clause）。

恶意损坏险主要承保除被保险人外的人的故意损害、故意破坏、恶意行为所致保险标的的损失或损害。如果恶意行为出于政治动机，则不属于本条款的承保范围，但可以在罢工险条款中得到保障。

案例回应

回到肖成光所需投保的出口货物信息，交易术语为 CIF，同时合同对保险没有其他约定，因此，肖成光只需按照我国的《海洋运输货物保险条款》对货物投保平安险。那么，保险费该怎样计算呢？

四、国际货物海运保险费的计算

国际货物海运保险费，通常是由货物的投保金额乘以保险费率计算得出的。投保金额通常为国际贸易价格条件CIF金额（发票金额）加成一定比例（通常为10%），即CIF金额的110%。保险费率根据所投保险别不同而有所不同，具体费率由投保人和保险人（保险公司）协商确定。下面分别以CIF、CFR和FOB术语为例，介绍保险费的计算方法。

1. CIF价格条件下保险费的计算

CIF价格条件下保险费的计算公式为

保险费 = CIF金额 ×（1+加成率）× 保险费率

例：佛山俊豪进出口有限公司出口日本型号为MD606系列的瓷砖200箱，CIF金额为20 000美元，投保平安险费率为0.3%，请计算出口商应付给保险公司的保险费。

保险费 = CIF金额 ×（1+加成率）× 保险费率
      = 20 000×1.1×0.3%
      = 66（美元）

2. CFR价格条件下保险费的计算

国际货物海运保险的投保金额是以发票面额或CIF金额为标的的，在CFR价格条件下，首先需要将CFR价格换算成CIF价格。

CIF金额 = CFR金额 + 保险费
       = CFR金额 + CIF金额 ×（1+加成率）× 保险费率
       = CFR金额 /[1−（1+加成率）× 保险费率]

于是，CFR价格条件下保险费的计算公式为

保险费 = CIF金额 ×（1+加成率）× 保险费率
      = CFR金额 /[1−（1+加成率）× 费率]×（1+加成率）× 保险费率

例：佛山俊豪进出口有限公司出口新加坡型号为ELT08系列的LED灯2000件，CFR金额为20 000美元，投保平安险费率为0.3%，请计算出口商应付给保险公司的保险费（保留到小数点后2位）。

保险费 = CFR金额 /[1−（1+加成率）× 费率]×（1+加成率）× 保险费率
      = 20 000/[1−（1+0.1）×0.3%]×（1+0.1）×0.3%
      = 66.22（美元）

说明：在实际业务中，为了避免烦琐的计算，一般按照保险费率常数表中的费率常数进行换算。

3. FOB价格条件下保险费的计算

国际货物海运保险的投保金额以发票面额或CIF金额为标的，在FOB价格条件下，首

先需要将 FOB 价格换算成 CFR 价格，再根据上面 CFR 价格条件下的保险费计算公式进行计算。

$$FOB 金额 = CFR 金额 - 运费$$

$$CFR 金额 = FOB 金额 + 运费$$

保险费 = CFR 金额 /[1−（1+ 加成率）× 费率]×（1+ 加成率）× 保险费率

= （FOB 金额 + 运费）/[1−（1+ 加成率）× 费率]×（1+ 加成率）× 保险费率

例：佛山俊豪进出口有限公司出口南非皮鞋一批，FOB 金额为 20 000 美元，货代给出的运费价格为 1000 美元，进口商要求出口商代为投保一切险和战争险，总费率为 0.8%，保险加成 20%，请计算出口商应付给保险公司的保险费（保留到小数点后 2 位）。

保险费 =（FOB 金额 + 运费）/[1−（1+ 加成率）× 费率]×（1+ 加成率）× 保险费率

=（20 000+1000）/[1−（1+0.2）×0.8%]×（1+0.2）×0.8%

=203.55（美元）

达标检测

一、单项选择题

1. 在国际货物海运过程中，地震属于（　　）。

　　A．自然风险　　　　　B．一般外来风险

　　C．特殊外来风险　　　D．意外事故

2. 我国国际货物海运保险中对恶劣天气造成的部分海损负责的险别是（　　）。

　　A．平安险　　　　　　B．水渍险

　　C．战争险　　　　　　D．特别附加险

3. 用于计算保险费用的投保金额指的是（　　）。

　　A．FOB 价格　　　　　B．CFR 价格

　　C．CIF 价格　　　　　D．CIF 价格加保险加成

二、多项选择题

1. 国际货物海运的风险主要有（　　）。

　　A．自然风险　　　　　B．一般外来风险

　　C．意外事故　　　　　D．特殊外来风险

2. 国际货物海运可能存在的海损有（　　）。

　　A．单独海损　　　　　B．共同海损

　　C．全部海损　　　　　D．实际海损

3．协会货物条款的险别有（　　）。

　　A．I.C.C.(A)　　　　B．I.C.C.(B)　　　　C．I.C.C.(C)　　　　D．ISCC

三、计算题

佛山某外贸公司向马来西亚出口五金制品一批，FOB价格为10 000美元，运费为500美元，投保一切险和锈损险，费率为0.65%。进口商要求出口商代为购买保险，请计算该笔保险费（单位为美元，保留到小数点后2位数）。

任务二　投保国际货物海运保险

任务目标

1．了解保险单据的基本知识；
2．掌握投保单各项目的填写方法；
3．掌握投保单的缮制。

知识点列表

序　号	知　　识	重　要　性
1	保险单据的基本知识	★☆☆☆☆
2	投保单的缮制	★★★★☆

思维导图

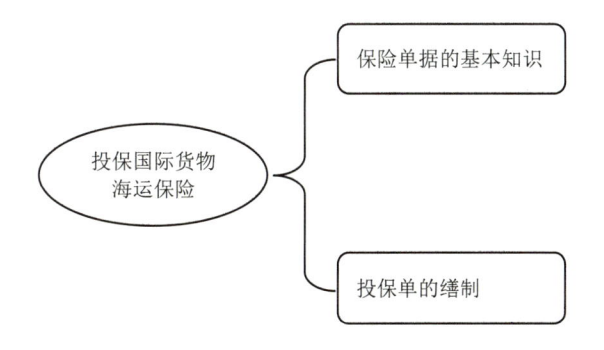

投保国际货物海运保险
├── 保险单据的基本知识
└── 投保单的缮制

外贸单证

案例导入

经过比对，肖成光最终决定接受中国人民保险公司佛山分公司发出的报价，在该处投保。

案例分析：在现实业务中，外贸公司的单证员需要在货代确认订舱完成后、货物出运前为货物投保。缮制投保单是单证员的基础工作。投保单是投保人向保险公司发出投保要求的书面证明，保险公司依据投保单的内容出具保险单。作为单证员，必须认真填制投保单，准确无误地反映本公司对出口货物保险的具体要求。下面我们先跟随肖成光一起了解保险单据的基础知识，再学习投保单的缮制。

一、保险单据的基本知识

为了防范海运货物在运输过程中发生的各种意外、保障自身权益，买卖双方必须约定由某方对货物进行投保（以贸易术语确定投保责任）。投保完成后，由保险公司出具保险单。保险单既是一份保险合同证明，又是一份赔偿合同。同时，经过背书，保险单的权益还可以随货物所有权的转移而转让。在我国国际贸易实践中使用的保险单据主要有保险单、保险凭证、预约保险单3类，投保人书面申请保险需要填写投保单。

1. 保险单（Insurance Policy）

保险单（简称保单或大保单），是保险人与被保险人订立保险合同的正式书面证明。保险单正面完整地记载了保险人和被保险人的名称、保险标的、保险金额、保险费、保险期限、赔偿地点、合同签订日期等海上货物保险所需的基本事项；背面列明一般保险条款，规定保险人与被保险人的各项权利与义务、保险责任范围、除外责任、索赔理赔、保险争议处理等内容。经过背书，保险单的权益可以随货物所有权的转移而转让，其是一份独立的保险单据。

2. 保险凭证（Insurance Certificate）

保险凭证是保险人签发给投保人的，表明已接受其投保的证明文件，是一种简化的保险单，又称小保单。保险凭证上除不载明保险单背面的保险条款外，其余内容与大保单完全相同。凡保险凭证上没有列明的内容均以同类的大保单为准。小保单的法律效力与大保单相同，但不能作为对保险人提出诉讼的依据，因而在国际市场上很少使用。

3. 预约保险单（Open Policy）

预约保险单又称开口保险单，适用于经常有相同类型货物需要陆续装运的保险。凡属预约保险单规定范围内的货物，一经起运，保险合同即自动按预约保险单上的承保条件生效。投保人必须向保险人对每批货物的运输情况发出起运通知书，也就是将每批货物的名称、数量、保险金额、运输工具的种类和名称、航程起讫点、开航或起运日期等通知保险人，保险人据此签发正式的保险单证。

4．投保单（Insurance Policy）

投保单是投保人申请保险的一种书面形式，是由投保人缮制的用于向保险公司或代理申请购买保险的要约，其内容需要囊括保险单所需反映的项目，包括被保险人的名称、保险标的名称及存放地点（如投保运输工具或运输货物，则还须注明运输工具名称、货物数量及目的地等）、投保的险别、保险期限、保险价值及保险金额等。投保单一经保险人正式接受，保险责任即行开始。

二、投保单的缮制

2018年3月9日，佛山粤运通货代公司通知肖成光其所订舱位已经确认，该批货物将于3月20日装上由广州港开往新西兰奥克兰的"HUA CHENG"轮V.180325船次。在得到了船公司关于确认订舱的配舱回单后，佛山市源发贸易公司即于3月16日按照信用证的有关规定填制投保单，并随附商业发票（见表7-1）向中国人民保险公司佛山分公司办理保险手续。信用证中的保险条款为INSURANCE POLICY OF CERTIFICATE IN DUPLICATE,INDORSED IN BLANK,FOR FULL INVOICE VALUE PLUS 10 PERCENT COVERING FPA AS PER OCEAN MARINE CARGO CLAUSE OF THE PEOPLE'S INSURANCE COMPANY OF CHINA DATED 1/11981.

表 7-1

ISSUER FOSHAN YUAN FA TRADING CO., LTD. NO.125 FENJIANG ROAD, FOSHAN, GUANGDONG,CHINA		商业发票 COMMERCIAL INVOICE			
TO WELMAX CO., LTD. NO.1023 QUEEN STREET. AUCKLAND. NEW ZEALAND		INVOICE NO. 18036637		INVOICE DATE Mar.9,2018		
TRANSPORT DETAILS SHIPMENT FROM GUANGZHOU TO AUCKLAND BY VESSEL		S/C NO. 180034		L/C NO. 18743000891		
^^^		TERMS OF PAYMENT L/C AT SIGHT			
Marks and Numbers	Number and Kinds of Packages, Description of Goods	Quantity	Unit Price	Amount
WELMAX CO., LTD. 180034 18743000891 CTN NO.1-100 AUCKLAND	CIF AUCKLAND, NEW ZEALAND			
^^	LADIES' HAND BAGS (ART.NO. L1835)	5000PCS	USD18.00	USD90 000.00

续表

		Total:	5000PCS	USD90 000.00
SAY TOTAL: USD NINETY THOUSAND ONLY				
SALES CONDITIONS: CIF AUCKLAND NZ				
SALES CONTRACT NO.180034				
LADIES' HAND BAGS				
ART. NO.	QTY/PCS	USD/PC		
L1835	100/5000	18.00		

下面就有关需要填写的内容说明如下。

（1）被保险人（Insured）。如果信用证指定以某银行为抬头，则在此处先填写受益人名称（英文大写），再填写"held to the order of ×××bank"。

如果信用证指定以×××公司为被保险人，则在此处填写该公司名称（英文大写），出口商不需要背书。

如果信用证对保险人无特殊指定，一般应填写受益人名称（英文大写），且出口商需要在保险单背面背书。在本业务中，此栏应填写"FOSHAN YUAN FA TRADING CO., LTD."。

（2）发票号、合同号、信用证号码应严格按照真实的业务情况填写。本业务中发票号为18036637，合同号为180034，信用证号码为18743000891。

（3）投保险别。如果信用证或合同有具体指定，则按指定险别填写；如果合同和信用证都没有指定，则出口商可只投保平安险。但是在书写投保险别时，应该注明险别的来源，如CIC指中国保险条款、PICC指中国人民保险公司。在本业务中，此栏应填写"COVERING FPA OF CIC INCL. WAREHOUSE TO WAREHOUSE AND I.O.P."。

（4）起运地、目的地和转运地。按照业务实际情况填写．本业务中没有转运，因此，在本业务中，起运地栏应填写"GUANGZHOU CHINA"，目的地栏应填写"AUCKLAND NEW ZEALAND"。

（5）唛头及件号（Marks and Numbers）。此栏要求与发票上书写一致，如无特殊要求，也可以写成"as per Invoice No.×××"。在本业务中，此栏应填写：

WELMAX CO., LTD.

180034

18743000891

CTN NO.1-100

AUCKLAND

（6）包装及数量（Packing & Quantity）。此栏要求与发票上书写一致，有包装的填写最大包装的件数；有包装但是以重量计价的，应该把包装重量和计价重量都列明。在本业务中，此栏应填写"100CTNS"。

（7）货物名称（Description of Goods）。此栏与发票或信用证的描述一致，允许统称。在本业务中，此栏应填写"LADIES' HAND BAGS (ART.NO. L1835)"。

（8）保险金额与加成。如果信用证和合同的保险条款对保险金额和加成有指定，则按照指定内容计算得出；如果信用证和合同对保险金额和加成没有具体指定，则按照通常的保险加成10%填写，保险金额为CIF价值×110%。注意保险金额中的币种与信用证中的币种保持一致，数值不要保留小数，遇小数向前进位。在本业务中，此栏应填写的内容为保险金额USD99 000.00；加成10%。

（9）运输工具、航次和开航日期应根据货代提供的内容填写。在本业务中，此栏应填写的内容为运输工具BY SEA；航次HUA CHENG.V.180325；开航日期March.20,2018。

（10）赔付地点。如果信用证有指定赔付地点，则严格按照信用证指定的赔付地点填写；如果信用证无指定赔付地点，则填写目的港。在本业务中，此栏应填写"AUCKLAND NEW ZEALAND"。

（11）正本份数。此栏严格按照信用证的要求填写。在本业务中，此栏应填写"2份"。

（12）费率。此栏由保险公司或代理填写。

（13）投保人签章。此栏通常先用英文大写公司名称，再加手写签名，并加盖单位公章。

根据上述说明，肖成光应向保险代理提交的投保单如表7-2所示。

表 7-2

兹将我公司运输货物向你处投保货物运输保险计开：

被保险人 Insured	\multicolumn{5}{l}{FOSHAN YUAN FA TRADING CO., LTD.}				
发票号	18036637		合同号		180034
结算方式	非信用证 □	信用证 ☑	信用证号码		18743000891
\multicolumn{6}{l}{投保险别（Terms & Conditions）COVERING FPA OF CIC INCL. WAREHOUSE TO WAREHOUSE AND I.O.P.}					
起运地	GUANGZHOU CHINA	目的地	AUCKLAND NEW ZEALAND	转运地	
\multicolumn{2}{c}{唛头及件号 Marks and Numbers}		\multicolumn{2}{l}{包装和数量 Packing & Quantity}		货物名称 Description of Goods
\multicolumn{2}{c}{WELMAX CO., LTD. 180034 18743000891 CTN NO.1-100 AUCKLAND}		\multicolumn{2}{l}{100CTNS}		LADIES HAND BAGS (ART.NO. L1835)
发票金额	USD90 000.00	加成	10%	保险金额	USD99 000.00

续表

运输工具	BY SEA	航次	HUA CHENG. V.180325	开航日期	March.20,2018
赔付地点	AUCKLAND NEW ZEALAND	正本份数	2 份	费率	
保险公司（单选）	中国人保☑	平安保险 □	太平洋保险 □	华泰保险 □	太平保险 □
	美国美亚 □	瑞士丰泰 □	中银保险 □	香港民安 □	□
特别约定：投保人或被保险人于投保日之前发生的货物损失与保险公司无关，即保险公司对于投保日之前发生的货物损失不承担保险责任					
投保人兹声明：上述所填各项内容均属事实，同意按本投保单所列内容和货物运输保险条款及其附加险条款，以及特别约定向贵公司投保货物运输保险。投保人在填写本投保单时，保险人对货物运输保险条款及其附加险条款的内容，其中特别是责任免除条款和被保险人义务条款的内容已向投保人做出了明确说明，投保人确认对上述所有条款内容及特别约定已完全了解，同意以此订立保险合同					
投保单位	略			投保人签章	FOSHAN YUAN FA TRADING CO., LTD. 肖成光
地址	略			
联系人	略	电话	略		
E-mail	略	传真	略		

投保时间：2018 年 3 月 16 日

中国人民保险公司佛山分公司收到保险代理转来的投保单后，经过审核，接受投保，并于 2018 年 3 月 19 日出具保险单，如表 7-3 所示。

表 7-3

PICC	中国人民保险公司 The People's Insurance Company of China 总公司设于北京　一九四九年创立 Head Office Beijing　Established in 1949		
货物运输保险单 CARGO TRANSPORTATION INSURANCE POLICY			
发票号（INVOICE NO.）	18036637	保单号次 POLICY NO.	SZDB 548
合同号（S/C NO.）	180034		
信用证号码（L/C NO.）	18743000891		
被保险人 INSURED	FOSHAN YUAN FA TRADING CO., LTD.		
中国人民保险公司（以下简称本公司）根据被保险人的要求，由被保险人向本公司缴付约定的保险费，按照本保险单承保险别和背面所载条款与下列特款承保下述货物运输保险，特立本保险单 THIS POLICY OF INSURANCE WITNESSES THAT THE PEOPLE'S INSURANCE COMPANY OF CHINA (HEREINAFTER CALLED "THE COMPANY") AT THE REQUEST OF THE INSURED AND IN CONSIDERATION OF THE AGREED PREMIUM PAID TO THE COMPANY BY THE INSURED, UNDERTAKES TO INSURE THE UNDERMENTIONED GOODS IN TRANSPORTATION SUBJECT TO THE CONDITIONS OF THIS POLICY AS PER THE CLAUSES PRINTED OVERLEAF AND OTHER SPECIAL CLAUSES ATTACHED HEREON			

唛头及件号 MARKS AND NUMBERS	包装及数量 PACKING & QUANTITY	保险货物项目 DESCRIPTION OF GOODS	保险金额 AMOUNT INSURED		
WELMAX CO., LTD. 180034 18743000891 CTN NO.1-100 AUCKLAND MADE IN CHINA	100CTNS	LADIES HAND BAGS (ART.NO. L1835)	USD99 000.00		
总保险金额 TOTAL AMOUNT INSURED		SAY USD NINETY NINE THOUSANG ONLY			
保费 PERMIUM	AS ARRANGED	启运日期 DATE OF COMMENCEMENT	March.20, 2018	装载运输工具 PER CONVEYANCE	HUA CHENG. V.180325
自 FROM	GUANGZHOU CHINA	经 VIA	***	至 TO	AUCKLAND NEW ZEALAND
	承保险别：CONDITIONS: COVERING FPA OF CIC INCL. WAREHOUSE TO WAREHOUSE AND I.O.P.				
	所保货物，如发生保险单项下可能引起索赔的损失或损坏，应立即通知本公司下述代理人查勘。如有索赔，应向本公司提交保险单正本（本保险单共有 2 份正本）及有关文件。如一份正本已用于索赔，其余正本则自动失效 IN THE EVENT OF LOSS OR DAMAGE WHICH MAY RESULT IN A CLAIM UNDER THIS POLICY, IMMEDIATE NOTICE MUST BE GIVEN TO THE COMPANY'S AGENT AS MENTIONED HEREUNDER				
CLAIMS, IF ANY, ONE OF THE ORIGINAL POLICY WHICH HAS BEEN ISSUED IN				TWO	ORIGINAL(S)
	TOGETHER WITH THE RELEVANT DOCUMENTS SHALL BE SURRENDERED TO THE COMPANY. IF ONE OF THE ORIGINAL POLICY HAS BEEN ACCOMPLISHED. THE OTHERS TO BE VOID				
赔款偿付地点 CLAIM PAYABLE AT	AUCKLAND NEW ZEALAND	US DOLLARS	中国人民保险公司佛山分公司 The People's Insurance Company of China Foshan Branch		
出单日期 ISSUING DATE	March.19,2018		Authorized Signature; CHINA INSURANCE CO.,LTD.		

任务实训 10　缮制海运货物投保

根据实训要求（见表 7-4），填制空白保险单（见表 7-5）。

表 7-4

实训项目	缮制出口货物投保单
基本要求	根据商业发票内容填写出口货物投保单的内容
业务情况说明	2017 年 11 月 12 日，佛山市宏林进出口有限公司所订舱位已经确认，该批货物将于 11 月 25 日装上由广州港开往英国伦敦的"QINGDAO"轮 V.123 船次。请根据商业发票相关内容于 11 月 20 日填写"投保单"，并随附商业发票向中国人民保险公司佛山分公司（THE PEOPLE'S INSURANCE COMPANY OF CHINA FOSHAN BRANCH）办理保险手续。信用证中保险条款为 COVERING FOR TOTAL INVOICE VALUE PLUS 10% AGAINST INSTITUTE CARGO CLAUSES (A) AND INSTITUTE WAR CLAUSES(CARGO) INCLUDING W/W CLAUSES
附件	商业发票

ISSUER FOSHAN HONGLIN IMP& EXP CORP. NO.1100 LINGNAN ROAD, FOSHAN, GUANGDONG,CHINA	商业发票 COMMERCIAL INVOICE	
TO EASTSUN CO., LTD. NO.123 King STREET. LONDON. U.K.	INVOICE NO. 17FS45678	INVOICE DATE NOV.20,2017
TRANSPORT DETAILS SHIPMENT FROM GUANGZHOU TO LONDON BY VESSEL	S/C NO. 17FS456	L/C NO. 1777382799
	TERMS OF PAYMENT L/C AT SIGHT	

Marks and Numbers	Number and Kinds of Packages, Description of Goods	Quantity	Unit Price	Amount
EASTSUN LONDON 17FS456	CIF AUCKLAND, NEW ZEALAND			
	LED LIGHTS MT-021	6000SETS	USD5.00	USD30 000.00
	Total:	6000SETS		USD30 000.00

SAY TOTAL: USD THIRTY THOUSAND ONLY

SALES CONDITIONS: CIF LONDON
SALES CONTRACT NO.17FS456
LADIES HAND BAGS
ART. NO.　　QTY/SETS　　USD/PC
MT-021　　　200/6000　　　5.00

表 7-5

被保险人 Insured					
发票号			合同号		
结算方式	非信用证 □	信用证 □	信用证号码		
投保险别（Terms & Conditions）					
起运地		目的地		转运地	
唛头及件号 Marks and Numbers		包装及数量 Packing & Quantity		货物名称 Description of Goods	
发票金额		加成		保险金额	
运输工具		航次		开航日期	
赔付地点		正本份数	略	费率	略
保险公司（单选）	中国人保 □	平安保险 □	太平洋保险 □	华泰保险 □	太平保险 □
	美国美亚 □	瑞士丰泰 □	中银保险 □	香港民安 □	□
特别约定：投保人或被保险人于投保日之前发生的货物损失与保险公司无关，即保险公司对于投保日之前发生的货物损失不承担保险责任					
投保人兹声明：上述所填各项内容均属事实，同意按本投保单所列内容和货物运输保险条款及其附加险条款，以及特别约定向贵公司投保货物运输保险。投保人在填写本投保单时，保险人对货物运输保险条款及其附加险条款的内容，特别是责任免除条款和被保险人义务条款的内容已向投保人做出了明确说明，投保人确认对上述所有条款内容及特别约定已完全了解，同意以此订立保险合同					
投保单位		略		投保人签章	
地址		略			
联系人	略	电话	略		
E-mail	略	传真	略		

投保时间： 年 月 日

项目八 商检证书

任务一　了解商品检验的基础知识

任务目标

1. 了解商品检验的基础知识；
2. 掌握商品检验的程序。

知识点列表

序　号	知　识	重　要　性
1	商品检验的含义	★★☆☆☆
2	商品检验的目的	★★☆☆☆
3	商检机构的种类	★★☆☆☆
4	商检的费用	★★☆☆☆
5	需要商检的货物分类	★★☆☆☆
6	商检的流程	★★★★☆
7	买方检验权	★★★☆☆

思维导图

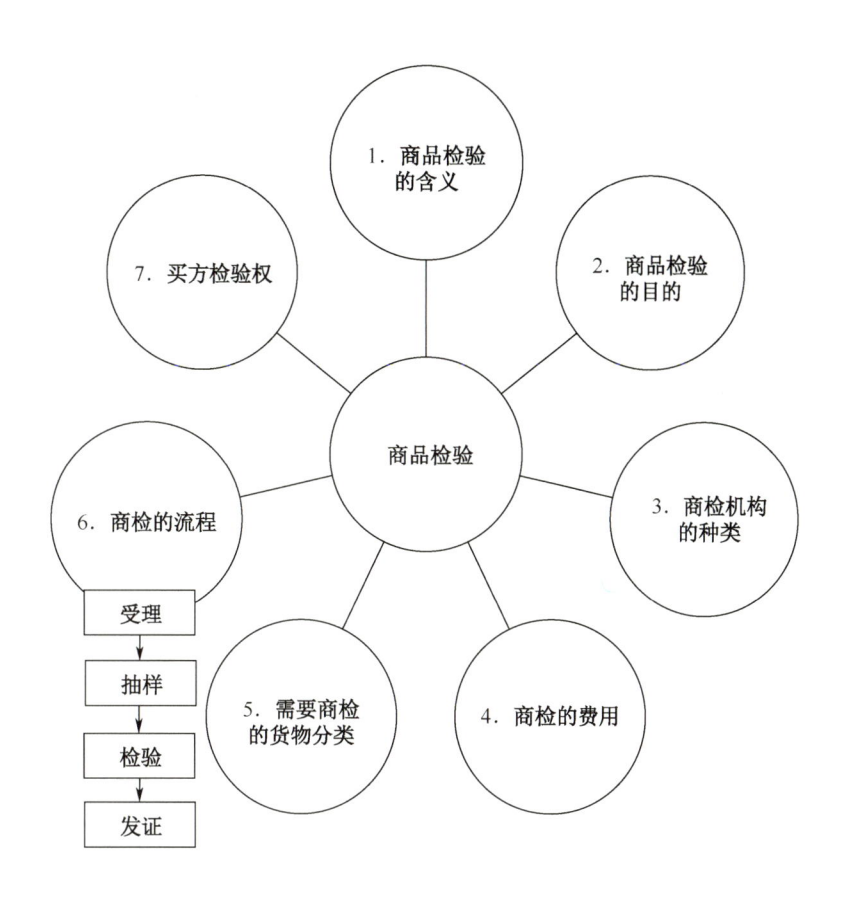

商品检验
1. 商品检验的含义
2. 商品检验的目的
3. 商检机构的种类
4. 商检的费用
5. 需要商检的货物分类
6. 商检的流程
   - 受理
   - 抽样
   - 检验
   - 发证
7. 买方检验权

案例导入

爱佳陶瓷有限公司和一家外商达成了贸易意向，外商要求对将要购买的这批陶瓷进行商品检验，公司安排陈振华跟进这批货的商品检验，但他不知道从何处做起。

案例分析： 这批商品该去哪里检验？怎么收费？检验不合格怎么办？这些问题困扰着陈振华。为了得到这些问题的答案，让我们和陈振华一起来学习商品检验的基础知识吧！

一、商品检验的含义

商品检验（Commodity Inspection）简称商检，指商品的生产方、买方或第三方在一定条件下，借助某种手段和方法，按照合同、标准或国内外有关法律、法规、惯例，对商品的品质、规格、重量、数量、包装、安全及卫生等方面进行检查，并做出合格与否或通过验收与否的判定，或者为维护买卖双方的合法权益，避免或解决各种风险损失和责任划分的争议，便于商品交接、结算而出具各种有关证书的业务活动。

二、商品检验的目的

对进出口商品的品质、规格、重量、数量、包装、安全性能、卫生方面的指标及装运技术和装运条件等项目实施检验和鉴定，以确定其是否与贸易合同、有关标准规定的一致，是否符合进出口国有关法律和行政法规的规定。

在出口贸易中，商检的意义重大。出口货物经过商检程序后，会由商检机构出具商检单证明货物经检验符合怎样的品质和数量。买家凭借卖家出具的商检单可以了解货物的品质与其需求是否一致。商检单有时还会列为议付单据之一。

三、商检机构的种类

在国际贸易中，国内外主要商检机构大致可以分为官方检验机构、半官方检验机构和非官方检验机构3种。

1. 官方检验机构

官方检验机构是指由国家或地方政府投资，按照国家有关法律、行政法规对进出口商品的质量检验工作实施法定检验检疫和监督管理的机构。这是每个主权国家为了保护本国利益而采取强制性措施所设立的，如中华人民共和国国家海关总署（2018年3月，根据第十三届全国人民代表大会第一次会议批准的国务院机构改革方案，将原国家质量监督检验检疫总局的出入境检验检疫管理职责和队伍划入海关总署）、英国标准协会等。

2. 半官方检验机构

半官方检验机构是指由国家批准设立的公证检验机构。它由政府授权，代表政府行使商品检验鉴定或某方面的检验管理，如美国安全实验所。

美国安全实验所又称美国保险人实验室，其宗旨是采用科学测试方法来研究、确定各种材料、装置、产品、建筑等对生命财产有无危害及危害程度，确定编写、发行相应的标准和资料，从而确保安全性和可靠性。其在中国的业务由中国进出口商品检验总公司承办。

3. 非官方检验机构

非官方检验机构是指由私人创办的、具有专业检验鉴定技术能力的公证行或检验公司。在国际上，被世界广泛认可的非官方检验机构有很多。由商会、协会、同业公会或私人设立的半官方或非官方商品检验机构担负着很多检验和鉴定工作，并拥有很高的信誉。随着信誉的提高，它们逐渐成为世界重要的检验机构。下列检验机构为世界知名的非官方检验机构。

（1）瑞士通用公证行。

瑞士通用公证行是当今世界上最大的检验鉴定公司，总部设在日内瓦，是专门从事检验、实验、质量保证和质量认证的国际性检验鉴定公司。

（2）英国英之杰检验集团。

英国英之杰检验集团是一个国际性的商品检验组织，集团主要成员有英国嘉碧集团、中国香港天祥公证行、英特泰克国际服务有限公司、英之杰劳埃德代理公司等。英国英之杰检验集团与我国的商检机构建立了业务合作关系，并签订了委托检验协议。

（3）日本海事鉴定协会。

日本海事鉴定协会是日本最大的综合性商品检验鉴定机构。它与我国的商检机构签订了长期的委托检验协议，相互之间有着密切的合作关系与业务往来。

（4）英国劳氏船级社。

英国劳氏船级社又称英国劳埃德船级社，是世界上成立最早的船级社。其机构庞大，历史悠久，在世界船舶界享有盛名，是国际公认的船舶界权威认证机构。

四、商检费用

商检机构根据申报商检的货物的价值来收取费用，一般为货值的 2‰ 左右。定价依据是用于出口报关的发票上显示的货值。

五、需要商检的货物分类

需要商检的货物，可以分为以下 3 类。

1. 买家需要商检的货物

买家为保证自己收到的货和合同订立的一致，会要求卖家办理商检并出具商检单。

2. 出口国需要法检的货物

有些国家规定出口货物必须在出口前进行商检。

3. 进口国需要法检的货物

进口国可能规定某些进口货物必须进行商检。商检可能在出口国进行，也可能在进口国进行。

六、商检的流程

1. 商检机构受理报验

由报验人填写"出口检验申请书"，并提供相关单证和资料，如外贸合同、信用证、厂检结果单正本等；商检机构在审查上述单证符合要求后，受理该批商品的报验；如不符合要求，则要求申请人补充或修改有关条款。

2. 抽样

抽样由商检机构派员主持进行，根据不同的货物形态，采取随机取样的方式抽取样品。报验人应提供存货地点情况，并配合商检人员做好抽样工作。

3. 检验

检验部门可以使用从感官到化学分析、仪器分析等各种技术手段，对出口商品进行检验。检验的形式有商检自验、共同检验、驻厂检验和产地检验。

4. 签发证书

商检机构对检验合格的商品签发检验证书，或者在"出口货物报关单"上加盖放行章。出口企业在取得检验证书或放行通知单后，在规定的有效期内报运出口。

七、买方检验权

《联合国国际货物销售合同公约》第五十八条明确规定："买方在未有机会检验货物前，无义务支付价款，除非这种机会与双方当事人议定的交货或支付程序相抵触。"买方检验权是一种法定的检验权，它服从于合同的约定，买卖双方通常会在合同中对如何行使检验权做出规定，即规定检验的时间和地点。行使卖方检验权主要有以下 5 种做法。

1. 在出口国产地检验

发货前，由卖方检验人员会同买方检验人员对货物进行检验，卖方只对商品离开产地前的品质负责，而离开产地后运输途中的风险由买方承担。

2. 在装运港（地）检验

货物在装运前或装运时由双方约定的商检机构进行检验，并出具检验证明，作为确认交货品质和数量的依据，这种规定称为以"离岸品质和离岸数量"为准。

3. 目的港（地）检验

货物在目的港（地）卸货后，由双方约定的商检机构进行检验，并出具检验证明，作为确认交货品质和数量的依据，这种规定称为以"到岸品质和到岸数量"为准。

4. 买方营业处所或用户所在地检验

对于密封包装、精密复杂或不宜在使用前拆包检验，或者需要安装调试后才能检验的商品，可在用户所在地由双方认可的检验机构进行检验并出具证明。

5. 出口国检验，进口国复检

按照这种做法，装运前的检验证书作为卖方收取货款的出口单据之一，货物到达目的地后，买方有复验权。如经双方认可的商检机构复验后，发现货物不符合合同规定，且系卖方责任，则买方可在规定时间内向卖方提出异议和索赔，直至拒收货物。

上述 5 种做法各有特点，应视具体的商品交易性质而定。但对大多数商品交易来说，"出口国检验，进口国复验"的做法最为方便且合理，因为这种做法既肯定了卖方的检验证书是有效的交接货物和结算凭证，又确认买方在收到货物后有复检权，这符合各国法律和国际公约的规定。我国企业在对外贸易中大多采用这一做法。

案例回应

通过学习商品检验，陈振华懂得有些进出口商品需要进行商检。经过商检后，会由商检机构出单证明货物经检验符合怎样的品质和数量。买家凭借卖家出具的商检单可以了解货物的品质与其需求是否一致。商检单有时还会列为议付单据之一。一般货物的商检费用为出口报关的发票上显示货值的 2‰左右。

达标检测

单项选择题

1. 法定检验的范围是（　　）。
   A．内销产品　　　　　　　　B．所有进口商品
   C．所有出口商品　　　　　　D．列入必须实施检验的进出口商品目录的商品
2. 瑞士通用公证行属于以下哪种商检机构？（　　）
   A．官方检验机构　　　　　　B．非官方检验机构
   C．半官方检验机构　　　　　D．其他机构
3. 陈振华跟进的陶瓷出口单货值为 22 000 000 元，需要支付的商检费用为（　　）。
   A．22 000 元　　　　　　　　B．33 000 元
   C．4400 元　　　　　　　　　D．44 000 元

二、多项选择题

1. 下列哪些是非官方检验机构？（　　）
   A．英国劳氏船级社
   B．日本海事鉴定协会
   C．英国英之杰检验集团
   D．美国安全实验所
2. 需要商检的货物可以分为（　　）。
   A．进口国需要法检的货物　　B．买家需要商检的货物
   C．中国需要法检的货物　　　D．所有进出口货物

外贸单证

3．出口商品的检验流程包括（　　）。

　　A．检验　　　　B．签发证书

　　C．抽样　　　　D．商检机构受理报验

任务二　缮制出境货物报检单

任务目标

1．看懂出境货物报检单；

2．掌握出境货物报检单的缮制。

知识点列表

序　号	知　识	重　要　性
1	出境货物报检单的含义	★★★☆☆
2	出境货物报检单的样单	★★★★★
3	出境货物报检单的缮制	★★★★★

思维导图

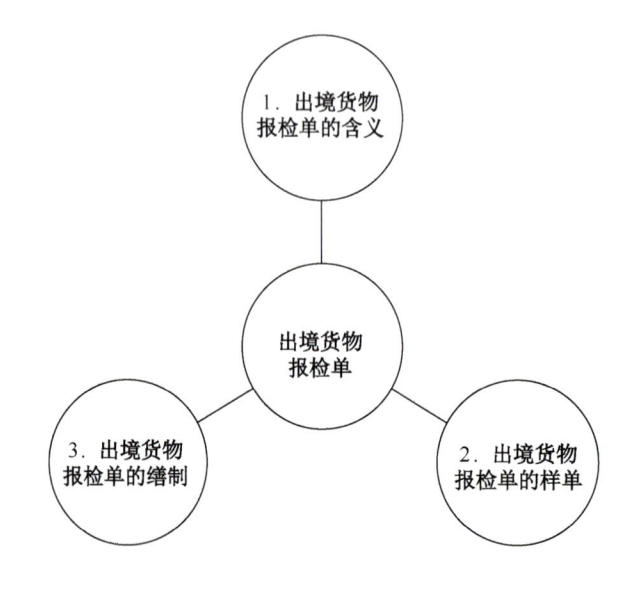

案例导入

陈振华在学习了商品检验的知识后，带着货物前去检验。商检部门给了他一张出境货物报检单，需要他根据之前的单据准确地进行填写。为了不出错误，他还让自己的同学传来一份样单进行参考。

一、出境货物报检单的含义

出境货物报检单是国家检验检疫部门根据检验检疫、鉴定工作的需要，为保证检验检疫工作规范化和程序化而设置的。它是报检人根据有关法律、行政法规或合同约定向检验检疫机构申请对某种货物实施检验检疫、鉴定意愿的书面凭证。它表明了申请人正式向检验检疫机构申请检验检疫、鉴定，以取得该批货物出口的合法凭证。出境货物报检单同时也是检验检疫机构对出入境货物启动检验检疫程序的依据。出境货物报检单的样单如图 8-1 所示。

出境货物报检单

报检单位（加盖公章）：艾格进出口贸易公司　　　　*编　号 EC0000055

报检单位登记号：3200000567　联系人：张艾格　电话：86-21-23501213　报检日期：2017年 08 月 29 日

发货人	（中文）	艾格进出口贸易公司
	（外文）	AIGE IMPORT & EXPORT COMPANY
收货人	（中文）	日清进出口贸易公司
	（外文）	RIQING EXPORT AND IMPORT COMPANY

货物名称（中/外文）	H.S.编码	产地	数量/重量	货物总值	包装种类及数量
荔枝罐头 CANNED LITCHIS	2008991000	中国	1000 箱	JPY 1 200 000	1000 纸箱

运输工具名称号码	TBA	贸易方式	一般贸易	货物存放地点	SHANGHAI,CHINA
合同号	contract01	信用证号	002/0000025	用途	
发货日期	2017-08-29	输往国家(地区)	日本	许可证 / 审批号	
启运地	上海	到达口岸	名古屋	生产单位注册号	
集装箱规格、数量及号码	20' CONTAINER X 1				

合同、信用证订立的检验检疫条款或特殊要求	标记及号码	随附单据（画“√”或补填）	
	CANNED LITCHIS JAPAN C/NO.1-1000 MADE IN CHINA	☑合同	□包装性能结果单
		☑信用证	□许可/审批文件
		☑发票	□
		□换证凭单	□
		☑装箱单	□
		□厂检单	□

需要证单名称（划“√”或补填）		*检验检疫费	
☑品质证书　1 正 3 副 ☑重量证书　1 正 3 副 ☑数量证书　1 正 3 副 □兽医卫生证书　正 副 ☑健康证书　1 正 3 副 □卫生证书　正 副 □动物卫生证书　正 副	☑植物检疫证书　1 正 3 副 □熏蒸/消毒证书　正 副 □出境货物换证凭单 ☑通关单 □ □ □	总金额（人民币元）	
		计费人	
		收费人	

报检人郑重声明： 1. 本人被授权报检。 2. 上列填写内容正确属实，货物无伪造或冒用他人的厂名、标志、认证标志，并承担货物质量责任。 签名：张艾格	领取证单	
	日期	
	签名	

注：有“*”号栏由出入境检验检疫机关填写　　◆国家出入境检验检疫局制

[1-2 (2000.1.1)]

图 8-1

二、"出境货物报检单"的缮制

"出境货物报检单"所列各栏必须填写完整、准确、清晰,没有内容填写的栏目应以斜杠"/"表示,不能留空。

(1)报检单位:指向检验检疫机构申报检验、检疫、鉴定业务的单位。报检单应加盖报检单位公章。

(2)报检单位登记号:指在检验检疫机构登记的号码。

(3)发货人:指本批货物贸易合同中卖方名称或信用证中受益人名称。如果需要出具英文证书,则填写中英文。

(4)收货人:指本批出境货物贸易合同中或信用证中买方名称。如果需要出具英文证书,则填写中英文。

(5)货物名称:按照贸易合同或发票所列的货物名称,根据需要填写型号、规格或牌号。货物名称不得填写笼统的商品类别,如"陶瓷""玩具"等。货物名称必须填写具体的类别名称,如"日用陶瓷""塑料玩具"等。位置不够填写的,可用附页的形式填报。(注:货物名称要填写中英文,按合同、信用证所列名称填写,中英文要一致。)如有多个商品则应分别列出,如表8-1所示。

表 8-1

货物名称(中/英文)	H.S.编码	产地	数量/重量	货物总值	包装种类及数量
巴西咖啡(全咖啡豆,肉桂烘焙) Brazil Coffee (Whole Coffee Beans, Cinnamon Roast)	0901210000	巴西	41 250袋	USD1 072 500	6875纸箱
巴西咖啡(全咖啡豆,城市烘焙) Brazil Coffee (Whole Coffee Beans, City Roast)	0901210000	巴西	13 746袋	USD233 682	2291纸箱

(6)H.S.编码:指货物对应的海关商品代码,填写8位数字或10位数字。

(7)产地:指货物生产/加工的省(自治区、直辖市),以及地区(市)名称。

(8)数量/重量:指报检货物的数量/重量,重量一般填写净重,如填写毛重或以毛重作净重则需注明。

(9)货物总值:按本批货物合同或发票上所列的总值填写(以美元计)。如同一报检单报检多批货物,须列明每批货物的总值。(注意:如果申报货物总值与国内、国际市场价格有较大差异,则检验检疫机构保留核价权力。)

(10)包装种类及数量:指本批货物运输包装的种类及件数。

(11)运输工具名称号码:指货物实际装载的运输工具类别名称(如船、飞机、货柜车、火车等)及运输工具编号(船名、飞机航班号、车牌号码、火车车次等)。报检时,未能确定运输工具编号的，可只填写运输工具类别。

（12）贸易方式：①一般贸易；②来料加工；③进料加工；④其他。

（13）货物存放的地点：指本批货物存放的地点。

（14）合同号：指本批货物贸易合同编号。

（15）信用证号码：指本批货物的信用证编号。

（16）用途：指本批出境货物用途，如种用、食用、奶用、观赏或演艺、伴侣、实验、药用、饲用等。

（17）发货日期：按本批货物信用证或合同上所列的出境日期填写。

（18）输往国家（地区）：指贸易合同中买方（进口方）所在的国家或地区。

（19）许可证/审批号：对实施许可证制度或审批制度管理的货物，报检时应填写许可证编号或审批单编号。

（20）启运地：指装运本批货物离境的交通工具的启运口岸/地区/城市名称。

（21）到达口岸：指装运本批货物的交通工具最终抵达目的地停靠的口岸名称。

（22）生产单位注册号：指生产/加工本批货物的单位在检验检疫机构的注册登记编号。

（23）集装箱规格、数量及号码：指装载本批货物的集装箱规格（如40英尺、20英尺等）及分别对应的数量和集装箱号码。若集装箱太多，则可用附单形式填报。

（24）合同、信用证订立的检验检疫条款或特殊要求：指贸易合同或信用证中贸易双方对本批货物特别约定而订立的质量、卫生等条款和报检单位对本批货物检验检疫的特别要求。

（25）标记及号码：按出境货物实际运输包装标记填写。如果没有标记，则填写"N/M"。当标记栏的位置不够填写时，可用附页填写。

（26）随附单据：按实际提供的单据，在对应的"□"内打"√"。对报检单上未标出的，须自行填写提供的单据名称。

（27）所需证单名称：按需要检验检疫机构出具的证单，在对应的"□"内打"√"，并对应注明所需证单的正副本的数量。对于报检单上未标出的，如"通关单"等，须自行填写所需证单的名称和数量。

（28）报检人郑重声明：必须有报检人的亲笔签名。

案例回应

在对出口商品进行检验前需要缮制出境货物报检单，陈振华需要仔细对照填写要点规范，填写内容必须准确无误。

外贸单证

任务三 缮制商检证书

任务目标

1. 了解商检证书的基础知识；
2. 掌握商检证书的缮制。

知识点列表

序　号	知　识	重　要　性
1	商检证书的含义	★★★☆☆
2	商检证书的作用	★★★☆☆
3	商检证书的种类	★★★☆☆
4	商检证书的填写内容及缮制	★★★★★

思维导图

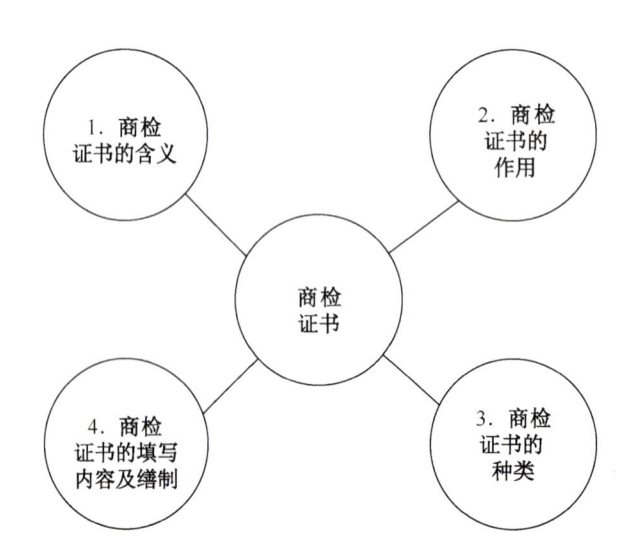

案例导入

报检单对于陈振华这个新人来说难度有点大,虽然重新学习过商检知识,但他对于报检单的缮制还是没有太大把握。经理要求他快点攻克报检单的缮制,因为他还需要在货物装运前7天内办理另一个事项:商检证书。

案例分析:商检证书是什么样的?怎样取得呢?让我们一起来学习任务三:缮制商检证书。

一、商检证书的含义

进出口商品经过商检机构检验或鉴定后,由该检验机构出具的书面证明称为商品检验证书(简称商检证书)。此外,在交易中如果买卖双方约定由生产单位或使用单位出具检验证明,则该证明也可起到商检证书的作用。

案例回应

商检证书是由检验机构出具的,陈振华并不需要做很多工作,只要按发票规范填写部分内容即可。

二、商检证书的作用

(1)作为议付货款的一种单据。如果商检证书中所列项目或检验结果和信用证规定的不符,则有关银行可以拒绝议付货款。

(2)作为证明交货的品质、数量、包装及卫生条件等是否符合合同规定的依据。

(3)如交货品质、数量、包装及卫生条件与合同规定的不符时,买卖双方可以将商检证书作为拒收、索赔或理赔的依据。

三、商检证书的种类

常用的商检证书有以下几种。

(1)品质检验证书(Inspection Certificate of Quality)。品质检验证书是在进出口贸易中经常用到的证明文件,一般情况下可分为以下两种证书。

一种是出口商/生产厂出具的"品质证书"。其中列明与客户约定的货物品质、规格项目,数据根据工厂检验结果填写,下方是出口商/生产厂签章。这种证书不是很正规,特别是在工厂不具备相关检测能力时,检验数据的可信度不强。

另一种是第三方检验机构出具的"品质证书"。这种证书比较规范，货物要经过第三方检验机构的检验，一般根据抽样标准抽取代表性样品，然后进行检验。货物的外观、尺寸等可现场检验的即在现场完成，检测项目需要在工厂完成的，须进行监督测试。不同产品的侧重点不同。

（2）重量/体积检验证书（Inspection Certificate of Weight/ Measurement）。

（3）数量检验证书（Inspection Certificate of Quantity）。数量检验证书有时和重量检验证书合并为重量或数量检验证书。重量或数量检验证书是商品交货结汇、签发提单和进口商品的有效凭证；商品的重量检验证书也是国外征税和计算运费、装卸费用的证件。

（4）兽医检验证书（Veterinary Certificate）

（5）卫生（健康）检验证书（Inspection Certificate of Sanitary or Certificate of Health）。

（6）消毒检验证书（Inspection Certificate of Disinfection）。

（7）产地检验证书（Certificate of Origin）。

（8）温度检验证书（Inspection Certificate of Temperature）。

（9）验舱证书（Inspection Certificate of Hold）。

在国外商人要求提供其他名称的证明时，可建议对方采用上述证书，不另提供其他名称的证书。

四、商检证书的填写内容及缮制

1. 商检证书的填写内容

公司和厂家出具的商检证书，其具体的填写内容如下。

（1）出口厂家或出口公司的名称和地址。

（2）商检证书的名称，如品质检验证书、数量检验证书等。

（3）发票号。

（4）不迟于提单签发期的日期。

（5）商品名称。

（6）在填写唛头时，如无唛头则填写"N/M"。

（7）计算单价时使用的计量单位的数量，可以填写与提单或其他运输单据相同栏目中最大包装的件数。

（8）净重和毛重。

（9）按已检验的结果填写详细内容。

（10）经办人签字并加盖公章。

海关总署商品检验司（简称商检司）的商检证书的大部分栏目的填写方法和上述基本一

致，但有以下几点不同。

（1）商检证书的编号由商检司编制。

（2）增加发货人和收货人两个栏目，发货人栏目填写受益人名称，收货人栏目与发票抬头人相同。

（3）由商检司相关负责人员签字并加盖商检司公章。

2. 缮制商检证书的注意事项

（1）出证机关、地点及证书名称。

如来证未规定出具证书的机关，则由出口人决定；如信用证规定由"有关当局"（Competent Authority）出具证书，则应根据实际情况由有关机构出具。出证地除信用证有特别规定外，原则上应为装船口岸。证书名称应与信用证的规定相符。

（2）证书日期。商检证书（产地证除外）的签发日期最好与提单日期相同；个别商品，如食盐，由于食盐在装船之后进行公估，证书日期可迟于提单日期；其他商品的证书不能过早于提单日期，以免收货人因从检验到装运的时间太长而质疑货物质量是否仍符合证书中的检验结果。信用证如规定在装船时出证（Issued at the Time of Shipment），则商检证书的签发日期原则上应与提单日期相同，若证书日期与提单日期相差超过 3 天，则易遭到开证行或开证人拒付，议付时也会发生困难。

（3）证书内容。证书所表示的商检结果要与信用证上的要求和发票等单据所列商品的规格、状况等信息一致。如检验结果所列明的规格项目超过来证规定的，则应以该货物本身的正常规格为限。

（4）单证的份数。检验、检疫证份数通常为一正三副，如合同或 L/C 要求两份正本，则可以在证书上注明"本证书是×××号证书正本重本"，并在证书号前加注"D"。

案例回应

商检证书的知识全部学完了，陈振华长舒了一口气："缮制商检证书的难度不大，需要出口商填写的内容有限。"陈振华要把攻克出口报检单的填制作为近期的工作重点。

达标检测

单项选择题

1. 商检机构在接受出口单位的报检申请后，对所申请的检验商品根据申报资料进行检验和查验，检验合格后签发（　　）。

  A．出境货物报检单　　　　B．出境货物通关单

  C．出口货物报关单　　　　D．入境货物报检单

2. 商检机构根据申报商检的货物价值来收取费用，一般为货值的（　　），定价依据为

用于出口报关的发票上显示的货值。

  A．2‰左右 B．2% C．2‰ D．2%左右

  3．出境货物的报检最迟应于货物报关或装运出口前（ ）天办理。

  A．7 B．10 C．15 D．30

  4．如果商品是在出口国产地检验的，需要在发货前，由卖方检验人员会同买方检验人员对货物进行检验，卖方只对商品离开产地前的品质负责。离开产地后运输途中的风险由（ ）承担。

  A．卖方 B．买方 C．买卖双方 D．出证机关

  5．缮制"出境货物报检单"时，货物名称要填写（ ），按合同、信用证所列名称填写，中英文要一致。

  A．日文 B．英文 C．中文 D．中英文

任务实训 11　缮制出境货物报检单

请根据国内某食品进出口公司出口一批食品的发票（见表 8-2），缮制出境货物报检单（见图 8-2）。

表 8-2

CONSIGNOR: SHANXI FOODSTUFFS IMP/EXP CO., LTD. NO. 345ZHONGSHAN ROAD, TAIYUAN, CHINA		NO.: ZW780321	DATE: JAN.25,2005	
CONSIGNEE: VICTOR CO., LTD. LONG BEACH, USA		L/C NO.: LC584076584 BANK OF CHINA SHANGHAI BRANCH	DATE: JAN.20,2005	
PORT OF LOADING: DALIAN CHINA	VESSEL: STAR RIVER V.092			
PORT OF DISCHARGE: LONG BEACH		S/C NO. GHRU2908		
MARKS AND NUMBERS	DESCRIPTON OF GOODS	QUANTITY/UNIT	UNIT PRICE(USD)	AMOUNT(USD)
GHRU2908 SHANXI CHINA	PACKING: IN BAG 300BAGS/50KGS EACH PACKAGE ORICIN: SHANXI CHINA S/C NO.: GHRU2908		400.00/TON	6000.00
SHANXI FOODSTUFFS IMP/EXP CO., LTD. SIGNED BY…				

项目八　商检证书

中华人民共和国出入境检验检疫
出境货物报检单

报检单位（加盖公章）：　　　　　　　　　　　　　　　　　*编　　号_____

报检单位登记号：　　　　联系人：　　　　电话：　　　　报检日期：　　年　月　日

发货人	（中文）	
	（外文）	
收货人	（中文）	
	（外文）	

货物名称(中/外文)	H.S. 编码	产地	数量/重量	货物总值	包装种类及数量

运输工具名称号码		贸易方式		货物存放地点	
合同号		信用证号		用途	
发货日期		输往国家(地区)		许可证/审批号	
启运地		到达口岸		生产单位注册号	
集装箱规格、数量及号码					

合同、信用证订立的检验检疫条款或特殊要求	标　记　及　号　码	随附单据（划"√"或补填）
		□合同　　　　□包装性能结果单 □信用证　　　□许可/审批文件 □发票　　　　□ □换证凭单　　□ □装箱单　　　□ □厂检单　　　□

需要证单名称(划"√"或补填)		*检验检疫费	
□品质证书　　　　正__副__ □重量证书　　　　正__副__ □数量证书　　　　正__副__ □兽医卫生证书　　正__副__ □健康证书　　　　正__副__ □卫生证书　　　　正__副__ □动物卫生证书　　正__副__	□植物检疫证书　　正__副__ □熏蒸/消毒证书　　正__副__ □出境货物换证凭单 □通关单 □ □ □	总金额 （人民币元）	
		计费人	
		收费人	

报检人郑重声明： 　1. 本人被授权报检。 　2. 上列填写内容正确属实，货物无伪造或冒用他人的厂名、标志、认证标志，并承担货物质量责任。 　　　　　　　　签名：_____	领　取　证　单	
	日期	
	签名	

注：有"*"号栏由出入境检验检疫机关填写　　　　　　　　◆国家出入境检验检疫局制

[1-2(2000.1.1)]

图 8-2

项目九
原产地证书

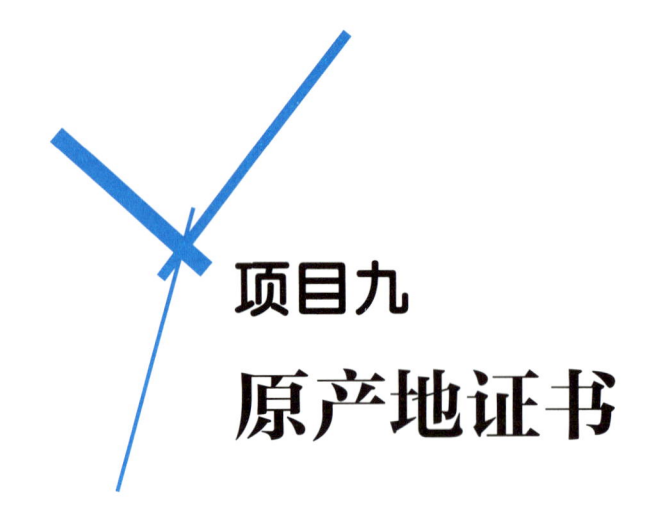

任务一 了解原产地证书的基础知识

任务目标

1. 了解原产地证书的含义；
2. 了解原产地证书的作用；
3. 了解原产地证书的种类。

知识点列表

序　号	知　识	重　要　性
1	原产地证书的含义	★★★★☆
2	原产地证书的作用	★★★☆☆
3	原产地证书的种类	★★★★★

思维导图

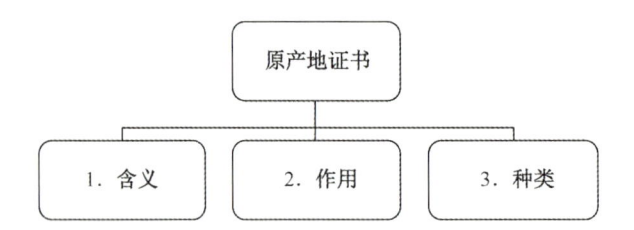

```
          原产地证书
              |
   ┌──────────┼──────────┐
 1. 含义    2. 作用    3. 种类
```

> **案例导入**
>
> 广州好朋友工艺品进出口贸易有限公司出口一批货物到美国西雅图大西洋贸易公司，在备货的过程中，单证员陈丽发现信用证中有这样一句话——G.S.P. Form A issued by China Council for the Promotion of International Trade，这是要求广州好朋友工艺品进出口贸易有限公司出具原产地证书。陈丽确认了本次交易需要的是G.S.P. Form A，即普惠制原产地证书后，便着手缮制相应的文件，并向有关签证机构申请办理该原产地证书。
>
> **案例分析**：在进出口贸易中，进口商经常要求出口商出具原产地证书，如果不按要求出具，则出口商将面临不能成功议付的风险。那么，什么是原产地证书？它的主要作用是什么？它分为几类？

一、原产地证书的含义

原产地证书是指出口商应进口商要求，根据原产地规则和有关要求，由政府机构、公证机构或出口商出具的证明货物原产地或制造地的一种证明文件。

二、原产地证书的作用

原产地证书有以下3个作用。

（1）原产地证书供进口国海关掌握进出口货物的原产地国别，从而确定货物的税率待遇，是进口国海关对不同出口国实行不同贸易政策的凭证。

（2）原产地证书是进口国进行贸易统计的依据。

（3）原产地证书是某些国家实行数量控制（如进口配额、许可证等）的依据。

三、原产地证书的种类

原产地证书一般分为三大类。第一类是普惠制原产地证书（Generalized System of Preference Certificate of Origin）；第二类是一般原产地证书（Certificate of Origin）；第三类是某些专业性原产地证书，如欧洲经济共同体纺织品专用产地证（Europe Economic Community Certificate of Origin）等。本项目将着重分析普惠制原产地证书和一般原产地证书。

> **案例回应**
>
> 原产地证书就是证明货物原产地或制造地的一种证明文件，它一般可以分为三大类，而本案例中陈丽所要缮制的G.S.P. Form A就是其中的普惠制原产地证书。为了避免遇到不能成功议付的情况，出口商必须按信用证的要求缮制或提供相应的单据。

外贸单证

达标检测

多项选择题

1. 原产地证书的种类有哪些？（　　）

   A．一般原产地证书　　　　　　B．普惠制原产地证书

   C．区域性原产地证书　　　　　D．国家性原产地证书

2. 原产地证书的作用有哪些？（　　）

   A．是证明产品原产于某国（地区）的书面证明文件

   B．是受惠国的原产品出口到给惠国时享受关税优惠的凭证

   C．是进口货物是否适用反倾销、保障措施等贸易政策的凭证

   D．是关税减免的凭证

任务二　了解普惠制原产地证书

任务目标

1. 了解普惠制原产地证书的含义；
2. 了解普惠制原产地证书的申领流程；
3. 掌握普惠制原产地证书的内容和缮制要求。

知识点列表

序　号	知　　识	重　要　性
1	普惠制原产地证书的含义	★★★☆☆
2	普惠制原产地证书的申领流程	★★★☆☆
3	普惠制原产地证书的内容和缮制要求	★★★★★

思维导图

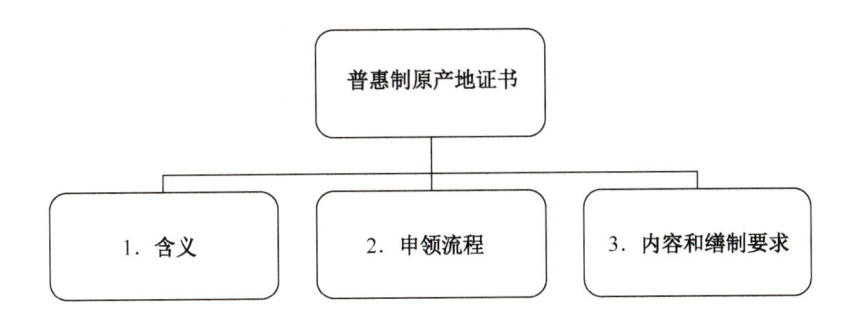

```
                    普惠制原产地证书
                          |
        ┌─────────────────┼─────────────────┐
     1. 含义          2. 申领流程      3. 内容和缮制要求
```

案例导入

深圳新奇服装有限公司向德国 SANGYA 贸易公司出口一批服装。在备货过程中，单证员李莹发现信用证中有这样一句话——G.S.P. Form A issued by the customs，这是要求深圳新奇服装有限公司出具原产地证书。李莹确认本次交易需要的是 G.S.P. Form A，即普惠制原产地证书后，便着手缮制相应的文件，并向有关签证机构申请办理该原产地证书。那么普惠制原产地证书具体指的是什么呢？让我们一起学习普惠制原产地证书的内容及缮制要求吧！

一、普惠制原产地证书的含义

普惠制原产地证书（Generalized System of Preference Certificate of Origin，简称 G.S.P. 产地证）又称 FORM A。普遍优惠制度（简称普惠制）是发达国家给予发展中国家和地区输入的商品（特别是出口制成品和半制成品）普遍的、非歧视性的、非互惠的关税优惠的一种制度。

1. 普惠制的给惠国

普惠制的给惠国有：欧盟 27 国（法国、爱尔兰、德国、丹麦、意大利、比利时、荷兰、卢森堡、希腊、西班牙、葡萄牙、奥地利、芬兰、瑞典、爱沙尼亚、立陶宛、塞浦路斯、拉脱维亚、波兰、匈牙利、斯洛文尼亚、捷克、斯洛伐克、马耳他、罗马尼亚、保加利亚、克罗地亚）、英国[1]、瑞士、挪威、日本、加拿大、澳大利亚、新西兰、俄罗斯、白俄罗斯、哈萨克斯坦、乌克兰、土耳其、保加利亚、列支敦士登公国，共 41 个国家。

2. 普惠制的受惠国

曾经享受普惠制待遇的有 170 多个发展中国家和地区，我国是其中之一，一直享受着除美国外的 40 个给惠国的关税优惠政策。但随着我国经济的发展，我国的给惠国范围发生了

1　2020 年 1 月 31 日，英国正式脱离欧盟，过渡期为 2020 年 2 月 1 日—12 月 31 日。

较大的变化。自 2014 年以来，欧盟各国、加拿大和日本等国相继终止了对中国的普惠制待遇。根据《中华人民共和国普遍优惠制原产地证明书签证管理办法》，我国海关总署决定，从 2021 年 12 月 1 日起，对输往欧盟成员国、英国、加拿大、土耳其、乌克兰和列支敦士登等已不再给予中国普惠制关税优惠待遇国家的货物，海关不再签发普惠制产地证书。目前，还有 7 个国家给予我国普惠制关税，但由于我国签订了中国 - 新西兰、中国 - 澳大利亚、中国 - 瑞士等自贸协定，出口到这 3 个国家可以享受更优惠的自贸区关税，所以，目前我国适用普惠制优惠关税的国家只有 4 个，即俄罗斯、白俄罗斯、哈萨克斯坦、挪威。这也意味着，只有出口到上述 4 个国家的商品，才需要签发普惠制原产地证。

二、普惠制原产地证书的申领流程

1. 申领时间

根据有关规定，出口企业最迟应于货物出运 5 天前，持相关文件申请办理普惠制原产地证书。

2. 申领程序

（1）注册登记。由申请签发普惠制原产地证书的企业事先向当地商检机构办理注册登记手续。

（2）申请出证。申请人一般持以下资料申请办理普惠制原产地证书。

① 普惠制原产地证书申请书一份。

② 商业发票一份。

③ 装箱单一份。

④ 普惠制原产地证书 FORM A 一套（一正两副）。

⑤ 对含有进口成分的出口商品申请普惠制原产地证书时，还应提交"含进口成分受惠商品成本明细单"。

（3）签证机构签发证书。签证机构逐一审核申请单位提交的资料，确认无误后签发普惠制原产地证书。

3. 签证机构

根据大多数给惠国的规定，享受普惠制必须申领受惠国政府指定的机构签发的普惠制原产地证书。我国政府指定各地海关签发普惠制原产地证书。

三、普惠制原产地证书的内容和缮制要求

普惠制原产地证书共包括 12 项内容及表格右上角的 Reference No.（此栏填写由签证机构编制的号码，不能留空，否则无效），详见普惠制原产地证书空白样单（见图 9-1）及参考

样单（见图 9-2）。

1. Goods Consigned From (Exporter's business name, address, country)	*Reference No.:
	GENERALIZED SYSTEM OF PREFERENCES **CERTIFICATE OF ORIGIN** (Combined declaration and certificate) **FORM A** Issued in THE PEOPLE'S REPUBLIC OF CHINA (country)
2. Goods Consigned To (Consignee's name, address, country)	
	See Notes, overleaf
3. Means of Transport and Route(as far as known)	4. For Official Use

5. Item Number	6. Marks and Numbers of Packages	7. Number and Kinds of Packages, Description of Goods	8. Origin Criterion (See Notes Overleaf)	9. Gross Weight or Other Quantity	10. Number and Date of Invoices

| 11. Certification
It is hereby certified, on the basis of control carried out, that the declaration by the exporter is correct

----
Place and date, signature and stamp of certifying authority | 12. Declaration By The Exporter
The undersigned hereby declares that the above details and statements are correct; that all the goods were produced in
----
(country)
and that they comply with the origin requirements specified for those goods in the Generalized System of Preferences for goods exported to
----
(importing country)

Place and date, signature of authorized signatory |

图 9-1

1. Goods Consigned From (Exporter's business name, address, country) SHENZHEN XINQI GARMENT CO., LTD. NO. 12 FUTIAN ROAD SHENZHEN CHINA	*Reference No.: ××× **GENERALIZED SYSTEM OF PREFERENCES** **CERTIFICATE OF ORIGIN** (Combined declaration and certificate) **FORM A** Issued in THE PEOPLE'S REPUBLIC OF CHINA (country) See Notes, overleaf

图 9-2

2. Goods consigned to(Consignee's name, address, country) SANGYA CORPORATION NUERTINGER STR. 7 METZINGEN, HAMBURG, GERMANY	
3. Means of transport and route(as far as known) FROM SHENZHEN CHINA TO HAMBURG GERMANY BY SEA ON OCT.10,2017	4. For Official Use

5. Item Number	6. Marks and Numbers of Packages	7. Number and Kinds of Packages, Description of Goods	8. Origin Criterion (See Notes Overleaf)	9. Gross Weight or Other Quantity	10. Number and Date of Invoices
1	SANGYA IN2017105021 HAMBURG C/NO.1-200	TWO HUNDRED(200) CARTONS OF MAN'S T-SHIRT ********************	"P"	10 000PCS	IN2017105021 AUG.25,2017

11. Certification It is hereby certified, on the basis of control carried out, that the declaration by the exporter is correct （海关签字、盖章） SHENZHEN CHIAN SEP.15,2017 邓明 Place and date, signature and stamp of certifying authority	12. Declaration By The Exporter The undersigned hereby declares that the above details and statements are correct; that all the goods were produced in -------------------------------CHINA------------------------------- (country) and that they comply with the origin requirements specified for those goods in the Generalized System of Preferences for goods exported to -------------------------------GERMANY------------------------------- (importing country) -------------SHENZHEN CHINA SEP.10,2017 李莹------------- Place and date, signature of authorized signatory SHENZHEN XINQI GARMENT CO., LTD.

图 9-2（续）

下面将详细分析应如何正确填写这 12 项内容。

1. Goods Consigned From (Exporter's business name, address, country)（出口商的名称、地址、国别）

此栏具有强制性，必须填写出口商的详细地址，包括街道名、门牌号、邮编、城市、国别。在信用证项下，一般按信用证规定的受益人名称、地址、国别填写。

2. Goods Consigned To(Consignee's name, address, country)（收货人的名称、地址、国别）

此栏一般填写给惠国最终收货人的名称、地址、国别。收货人通常是指合同中的买方（Buyer），在信用证项下，一般指开证申请人（Applicant）。如果最终收货人不明确，则可填写提单通知人或发票抬头人，但不能填写中间商。

3. Means of Transport and Route(as far as known)（运输方式及路线，就所知而言）

此栏一般填写该批货物的装运地（如果是海运则填写装运港）和到货地点（如果是海运则填写目的港），并说明运输方式、离境日期。格式为 FROM…（装运港）TO…（目的港）BY…（运输方式）ON…（离境日期），如"FROM SHANGHAI TO TOKYO BY SEA ON OCT.8, 2017"。

4. For Official Use（供官方使用）

此栏由签证机构填写，申请人不用填写。

5. Item Number（商品顺序号）

同批出口货物中有不同商品品种的，可按顺序用阿拉伯数字"1""2""3"…表示，只有一种商品即可用"1"表示，也可留空。

6. Marks and Numbers of Packages（唛头及件号）

此栏填写的内容须与发票提单的唛头一致。如无唛头，则填写"N/M"或"No Marks"。

7. Number and Kinds of Packages, Description of Goods（包装数量、种类及货物名称）

此栏应填写与发票所述货物一致的商品名称，可采用统称。包装件数和种类应填写与货运单据一致的最大包装件数及相应的包装种类，必须用英文大写和阿拉伯数字同时表示，如"ONE HUNDRED (100) CARTONS OF PHONE CASES"。若该批货物为散装货，则用"IN BULK"表示。全部填写完毕后，在下一行加上表示结束的符号"******************"，以防伪造。

8. Origin Criterion（See Notes Overleaf）（原产地标准）

此栏的文字最少，却是国外海关审核的核心项目，具体填写如表 9-1 所示。

表 9-1

填报代码	出口国家	原产地标准
"P"	所有给惠国	货物完全是出口国自产的，不含有任何进口成分
"W"	欧盟、英国、挪威、瑞士、日本	属于给惠国成分的进口原料部分可视作本国原料
"F"	加拿大	有进口成分，但进口成分价值未超过产品出厂价的 40%
"Y"	俄罗斯、乌克兰、哈萨克斯坦、捷克、斯洛伐克	有进口成分，但进口成分价值未超过离岸价的 50%
空白	澳大利亚、新西兰	本国原料和劳务不低于产品出厂成本的 50%

9. Gross Weight or Other Quantity（毛重或其他数量）

若货物的计量单位为重量，则此栏填写毛重（Gross Weight，G.W.）；若只有净重，则可填写净重，但需标明该重量为"Net Weight/N.W."，如"N.W.:4200KGS"。若货物的计量单位是其他，则用规范的英文或缩写来表示，如件（Piece/PC）、打（Dozen/DOZ）等。

10. Number and Date of Invoices（发票号及日期）

此栏按发票实际的号码及日期填写，一般分两行填写，第一行填写发票号，第二行按"OCT.12,2017"的日期格式填写。

11. Certification（签证机构证明）

签证机构证明已事先印制好，具体内容为"兹证明出口商的声明是正确无误的，本批货物已由承运人运出"。

此栏先由签证申请单位填写签证的地点和日期，签证机构的签证人经审核无误后在正本上的此栏内签名，并加盖签证机构的印章。此栏填写的日期不得早于第十栏中的发票日期和第十二栏中的申报日期，但应早于第三栏中的货物出运日期。

12. Declaration By The Exporter（出口商声明）

在此栏中，应在第一条生产国横线上填写"CHINA"（中国），在第二条进口国横线上填写进口国国别，如"JAPAN"（日本），在第三条横线上填写申报的日期、地点，加盖申请单位的中英文印章，同时需要经办人签名。

案例回应

通过学习，李莹掌握了普惠制原产地证书的含义、申领的流程以及内容和缮制要求。深圳新奇服装有限公司只需要提供符合要求的普惠制原产地证书，并携带符合信用证要求的其他单据去银行议付，即可保证顺利收回货款。

达标检测

单项选择题

1. 发达国家给予发展中国家出口制成品和半制成品的普遍的、非歧视的、非互惠的优惠关税待遇的是哪种原产地证书？（ ）

    A．一般原产地证书　　　　　　　　B．普惠制原产地证书

    C．区域性原产地证书

2. 在中国，普惠制原产地证书（Form A）的签证机构一般是（ ）。

    A．中国国际贸易促进委员会　　　　B．生产厂家

    C．出口公司　　　　　　　　　　　D．中华人民共和国各地海关

项目九　原产地证书

3. 不含任何进口成分的完全原产品,出口到所有给惠国,在普惠制原产地证书中"ORIGIN CRITERION"(原产地标准)一栏填写(　　)。

A．"P"　　　　　B．"W"　　　　　C．"F"　　　　　D．"Y"

任务三　了解一般原产地证书

任务目标

1. 了解一般原产地证书的含义；
2. 了解一般原产地证书的申领流程；
3. 掌握一般原产地证书的内容和缮制要求。

知识点列表

序　号	知　识	重　要　性
1	一般原产地证书的含义	★★★☆☆
2	一般原产地证书的申领流程	★★★☆☆
3	一般原产地证书的内容和缮制要求	★★★★★

思维导图

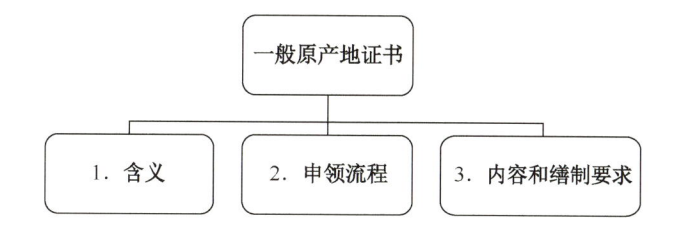

```
            一般原产地证书
      ┌──────────┼──────────┐
   1.含义    2.申领流程   3.内容和缮制要求
```

案例导入

距上次发货两个月后,深圳新奇服装有限公司又收到了德国 SANGYA 贸易公司的订单。在备货过程中,单证员李莹发现信用证中有这样一句话——Certificate of Origin

163

issued by CCPIT。李莹确认本次交易需要的是 Certificate of Origin，即一般原产地证书后，便着手缮制相应的文件，并向有关签证机构申请办理该原产地证书。

案例分析：通过学习任务二，大家知道了什么是普惠制原产地证书及其缮制办法。而本任务案例中深圳新奇服装有限公司单证员李莹需要缮制的是一般原产地证书，其具体指的是什么呢？让我们一起来学习一般原产地证书的内容和缮制要求吧！

一、一般原产地证书的含义

一般原产地证书（简称产地证 CO），又称普通产地证书，是指中华人民共和国出口货物原产地证书。不使用海关发票或领事发票的国家要求提供产地证明书以确定对货物征税的税率。

二、一般原产地证书的申领流程

1. 申领时间

根据我国的规定，出口企业最迟应于货物出运 3 天前，持相关资料向签证机构申请办理一般原产地证书。

2. 申领程序

（1）注册登记。由申请签发一般原产地证书的企业事先向签证机构办理注册登记手续。

（2）申请出证。申请人一般持以下资料申请办理一般原产地证书。

① 一般原产地证书申请书一份。

② 商业发票一份。

③ 装箱单一份。

④《中华人民共和国原产地证书》一套（一正三副）。

⑤ 必要的其他证明文件。

（3）签证机构签发证书。签证机构逐一审核签证申请单位提交的资料，确认无误后签发一般原产地证书。

3. 签证机构

根据进口商的不同要求，进口国海关除认可由中国海关或中国国际贸易促进委员会（China Council for the Promotion of International Trade，CCPIT）签发的原产地证书外，有时也认可由出口商、生产厂商等单位出具的证明货物原产地的文件。因此，一般原产地证书可分为以下 4 种。

（1）中国海关签发的原产地证书。

（2）中国国际贸易促进委员会签发的原产地证书。

（3）出口商自己出具的原产地证书。

（4）生产厂商出具的原产地证书。

其中，中国海关和中国国际贸易促进委员会签发的原产地证书更具权威性。

三、一般原产地证书的内容和缮制要求

一般原产地证书共包括12项内容及表格右上角的Reference No.（此栏填写由出证机关编制的号码），详见一般原产地证书空白样单（见图9-3）及参考样单（见图9-4）。

1. Exporter(full name and address)	*Reference No.: CERTIFICATE OF ORIGIN OF THE PEOPLE'S REPUBLIC OF CHINA
2. Consignee(full name, address, country)	
3. Means of Transport and Route(as far as known)	5. For Certifying Authority Use Only
4. Country/Region of Destination	

6. Marks and Number of Packages	7. Number and Kinds of Packages, Description of Goods	8. H.S. Code	9. Quantity	10. Number and Date of Invoices

11. Declaration By The Exporter The undersigned hereby declares that the above details and statements are correct, that they comply with the Rules of Origin of the People's Republic of China -- Place and date, signature of authorized signatory	12. Certification It is here by certified that declaration by the exporter is correct -- Place and date, signature and stamp of certifying authority

图 9-3

1. Exporter (full name and address) SHENZHEN XINQI GARMENT CO., LTD. NO. 12 FUTIAN ROAD SHENZHEN CHINA	*Reference No.: ××× CERTIFICATE OF ORIGIN OF THE PEOPLE'S REPUBLIC OF CHINA
2. Consignee(full name, address, country) SANGYA CORPORATION NUERTINGER STR. 7 METZINGEN, HAMBURG, GERMANY	
3. Means of Transport and Route(as far as known) FROM SHENZHEN CHINA TO HAMBURG GERMANY BY SEA ON OCT.10,2017	5. For Certifying Authority Use Only
4. Country/Region of Destination HAMBURG GERMANY	

6. Marks and Number of Packages	7. Number and Kinds of Packages, Description of goods	8. H.S. Code	9. Quantity	10. Number and Date of Invoices
SANGYA IN2017105021 HAMBURG C/NO.1-200	TWO HUNDRED(200) CARTONS OF MAN'S T-SHIRT *****************************	6109100021	10 000PCS	IN2017105021 AUG.25,2017

11. Declaration By The Exporter The undersigned hereby declares that the above details and statements are correct, that they comply with the Rules of Origin of the People's Republic of China. SHENZHEN XINQI GARMENT CO., LTD. SHENZHEN CHINA SEP.5,2017 李莹 Place and date, signature of authorized signatory	12. Certification It is here by certified that declaration by the exporter is correct. CHINA COUNCIL FOR THE PROMOTION OF INTERNATIONAL TRADE 黄世杰 SHENZHEN CHINA SEP.10,2017 Place and date, signature and stamp of certifying authority

图 9-4

下面将详细分析应如何正确填写这 12 项内容。

1. Exporter(full name and address)（出口商名称、地址、国家）

此栏须填写出口商的详细地址，包括街道名、门牌号、邮编、城市、国别。在信用证项下，一般按信用证规定的受益人名称、地址、国别填写。

2. Consignee(full name, address, country)（收货人名称、地址、国家）

此栏一般填写最终收货人的名称、地址、国别。收货人通常是指合同中的买方，在信用证项下，一般指开证申请人。如最终收货人不明确，则可填写提单通知人或发票抬头人，但不能填写中间商。

3. Means of Transport and route(as far as known)（运输方式和路线）

此栏一般填写该批货物的装运地（如果是海运则填写装运港）和到货地点（如果是海运则填写目的港），并说明运输方式、离境日期（若有提供）。格式为 FROM…（装运港）TO…（目的港）BY…（运输方式）ON…（离境日期），如"FROM SHANGHAI TO TOKYO BY SEA ON OCT.8,2017"。

4. Country/Region of Destination（运抵国/地区）

此栏一般填写信用证或合同规定的目的港和国家，如"OSAKA.""JAPAN"。

5. For Certifying Authority Use Only（供签证机构使用）

此栏由签证机构填写，申请人不用填写，主要是供签证机构在后发证书、补发证书、签发副本或其他事宜加注声明时使用。

6. Marks and Number of Packages（唛头及件号）

此栏填写的内容须与发票提单的唛头一致。如无唛头，则填写"N/M"或"No Marks"。

7. Number and Kinds of Packages, Description of Goods（包装数量、种类及货物名称）

此栏填写与发票所述货物一致的商品名称，可采用统称。包装件数和种类应填写与货运单据一致的最大包装件数及相应的包装种类，必须用英文大写和阿拉伯数字同时表示，如"ONE HUNDRED (100) CARTONS OF PHONE CASES"。若该批货物为散装货，则用"IN BULK"表示。全部填写完毕后，在下一行加上表示结束的符号"******************"，以防伪造。

8. H.S. Code（商品编码）

此栏填写商品的商品编码，即海关编码。根据《中华人民共和国海关进出口商品规范申报目录》规定的商品名称和编码填写，一般为 8 位数字或 10 位数字。

9. Quantity（数量）

此栏填写出口货物的数量及计量单位，如 2000PCS。如果货物是散装货，则可填写其毛重或净重，但须具体说明，如"G.W.:5500KGS"或"N.W.:5000KGS"。

10. Number and Date of Invoices（发票号及日期）

此栏按发票实际的号码及日期填写，一般分两行填写，第一行填写发票号，第二行按"OCT.12,2017"的日期格式填写。

11. Declaration By The Exporter（出口商声明）

此栏填写出口商的名称、申报地点及日期，并加盖出口公司的中英文印章。此栏填写的日期不得早于第十栏中的发票日期，但应早于第三栏中的货物出运日期。

12. Certification（签证机构证明）

此栏填写签证地点和签证日期，并加盖签证机构的印章。此栏填写的日期不得早于第十栏中的发票日期和第十一栏中的申报日期，但应早于第三栏中的货物出运日期。

案例回应

作为出口商，要认真查看信用证的要求，按要求准备相应的单据，否则可能导致不能顺利收回货款。学习完本任务，李莹发现一般原产地证书和普惠制原产地证书在内容缮制要求上有所区别，因此，她认真查看信用证，按其要求做准备。

达标检测

一、单项选择题

1. 出口企业应最迟于货物出运（　　）天前向签证机构申请一般原产地证书。
   A. 1　　B. 3　　C. 5　　D. 7

2. 出口企业应最迟于货物出运（　　）天前向当地商检机构申请普惠制原产地证书。
   A. 1　　B. 3　　C. 5　　D. 7

3. Form A 指的是（　　）。
   A. 一般原产地证书　　　　　　B. 普通产地证书
   C. 对欧盟纺织品原产地证书　　D. 普惠制原产地证书

二、判断题

1. 一般原产地证书只能由中国国际贸易促进会出具，其他签证机构出具的都是无效的。（　　）

2. 在我国，出具普惠制原产地证书的机构一般是我国海关。（　　）

3. 在出具普惠制原产地证书时，商品的名称必须和发票的名称一致，不能使用统称。（　　）

4. 在一般原产地证书中，出口商声明的日期应晚于发票日期和提单日期。（　　）

5. 在出具普惠制原产地证书时，填写完商品名称、包装、种类及件数后应在下一行加

上表示结束的符号"**************",以防伪造。(　　)

任务实训 12　缮制普惠制原产地证书

阅读以下合同及补充资料,缮制一份完整的普惠制原产地证书。

合同:

SALES CONTRACT

The Seller: GOOD FRIEND ARTS AND CRAFTS IMP.& EXP. CO.
Contract No.03 CAN-1109 80 ZHONGSHAN ROAD, GUANGZHOU,CHINA　　　**Date:** July.10,2016
The Buyer: THE ATLANTIC TRADING CO.
　　　　　　NO.845 PACIFIC STREET SEATTLE, USA

Shipping Marks	Description of Goods	Quantity	Unit Price	Amount
TATC. 03-CAN-1109 SEATTLE NO.1-104	CUSHION AND PILLOW FEATHER CUSHION 45×45 DOUBLE DOWN PROOF PILLOW 43×63 REGULAR PIPE CHIP PILLOW 43×63	450PCS 2250PCS 2500PCS	CIF SEATTLE USA USD1.65/PC USD2.19/PC USD2.74/PC	USD742.50 USD4927.50 USD6850.00
	TOTAL:	5200PCS		USD12 520.00

Packing: 50pcs are packed in one export standard carton
Time of Shipment: During OCT,2016
Loading Port and Destination: From GuangZhou, China to Seattle, USA
Partial Shipment: Prohibited　　　　**Transshipment:** Prohibited
Insurance: To be effected by the seller for 110% invoice value covering W.P.A. and War Risk
Terms of Payment: By irrevocable L/C at 30 days after B/L date, reaching the seller 30 days before the month of shipment and to remain valid for negotiation in China until the 15th day after the foresaid time of shipment.
Documents:
+ Signed commercial invoice in duplicate certifying that the country of origin of the goods is China.
+Full set of clean on board ocean Bill of Lading marked "Freight Prepaid" made out to order blank Endorsed notify the applicant.
+Insurance Policy in duplicate endorsed in blank.
+Packing List in triplicate.
+G.S.P. Form A issued by the local customs.

Signed by:
　　　　THE SELLER　　　　　　　　　　　　　　　　THE BUYER
GOOD FRIEND ARTS AND CRAFTS IMP.& EXP. CO.　　THE ATLANTIC TRADING CO.
　　　　　王红　　　　　　　　　　　　　　　　　　　ALICE

外贸单证

补充资料：

INVOICE NO.: DH53475

INVOICE DATE: AUG.15,2017

B/L DATE: OCT.15,2017

B/L NO.: COSU958435

VESSEL NAME: OOCL V.678

ISSUING BANK: BANK OF AMERICA

L/C NO.: SHJI2098

L/C DATE: AUG.10,2017

G.W: 20KGS/CTN N.W.: 18KGS/CTN MEAS: 0.5CBM/CTN

产地证编号：066554356

产地证申办人：陈丽

请根据上述合同和相关补充资料，缮制普惠制原产地证书。

项目十 汇票

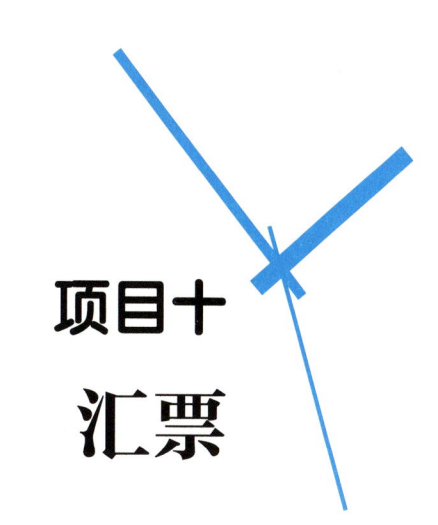

任务一　了解汇票的基础知识

任务目标

1．了解汇票的含义；
2．了解汇票的当事人；
3．掌握汇票的内容；
4．掌握汇票的票据行为。

知识点列表

序　号	知　识	重　要　性
1	汇票的含义	★★★★★
2	汇票的当事人	★★★★☆
3	汇票的内容	★★★★☆
4	汇票的票据行为	★★☆☆☆

外贸单证

思维导图

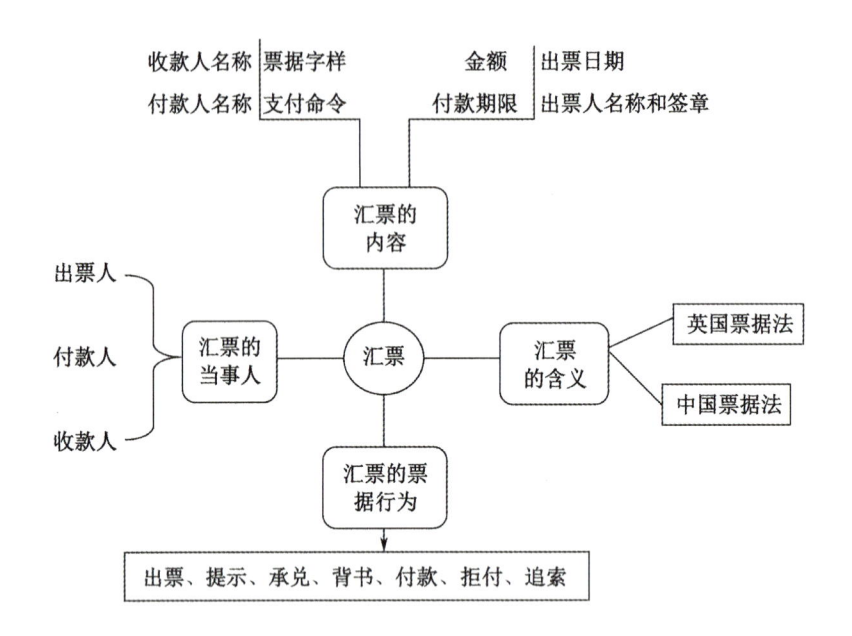

```
收款人名称  票据字样        金额      出票日期
付款人名称  支付命令        付款期限  出票人名称和签章
                    │
                 汇票的
                 内容
                    │
出票人 ┐         ┌──┴──┐         ┌ 英国票据法
付款人 ─ 汇票的 ─ 汇票 ─ 汇票 ─┤
收款人 ┘ 当事人   └──┬──┘  的含义 └ 中国票据法
                    │
                 汇票的票
                 据行为
                    │
        出票、提示、承兑、背书、付款、拒付、追索
```

案例导入

陈振华代表公司和外商 A 进行数轮磋商后签订了出口合同，将信用证作为结算方式，并签发了汇票，然而因为没有签章，所以汇票无效。

案例分析： 汇票是国际贸易的一种结算票据，票据形式要符合规定，票据上记载的要项必须完整，否则会导致汇票无效。作为公司的单证员，陈振华必须十分熟悉汇票的基础知识，掌握汇票所包含的必要内容。

一、汇票的含义

英国票据法对汇票的定义为"汇票是由出票人向另一人签发的要求即期、定期或在可以确定的将来时间向指定人或根据其指令向来人无条件支付一定金额的书面命令。"

《中华人民共和国票据法》第十九条对汇票的定义为"汇票是出票人签发的，委托付款人在见票时或者在指定日期无条件支付确定的金额给收款人或者持票人的票据。"

汇票作为常见的国际贸易结算票据，一般有两张正本，即 First Bill of Exchange 和 Second Bill of Exchange，这两张正本具有同等效力，一张生效，则另一张自动作废。在信用证和托收方式下，经常使用出口商开具的商业汇票。

二、汇票的当事人

依据汇票的定义可知，汇票有出票人、付款人和收款人这 3 个基本的当事人。

1. 出票人（Drawer）

出票人是签发汇票并将其交付他人的人。在进出口业务中，出票人通常为出口商。

2. 付款人（Payer）

付款人就是受票人（Drawee），是指接受汇票并支付的人。在进出口业务中，付款人通常为进口商或其指定的银行。

3. 收款人（Payee）

收款人也称抬头人，是汇票规定的可受领票款的人。在进出口业务中，收款人通常为出口商或其指定的银行。

三、汇票的内容

根据《中华人民共和国票据法》的规定，汇票必须记载以下事项。

（1）表明"汇票"字样。汇票可以用 Bill of exchange、Bill、Exchange、Draft 等英文表示。

（2）无条件支付的委托。汇票是一个支付命令，不能在上面记载支付条件。

（3）确定的金额。汇票金额要写明确的数和货币名称，包括大写金额（Amount in Words）和小写金额（Amount in Figure），大小写金额必须一致。

（4）出票日期。

（5）付款期限。

（6）收款人名称。

（7）付款人名称。

（8）出票人签章。

汇票上未记载前款规定事项之一的，汇票无效。

> **案例回应**
>
> 汇票必须记载的一个要项就是出票人的签章，回顾本任务中的案例，陈振华代表公司签发的汇票之所以无效，就是因为汇票上没有签章。汇票上缺少以上任何一个要项都会导致汇票无效。因此，只有牢记汇票的内容，才能不在工作中犯错误。

四、汇票的票据行为

汇票在使用中的票据行为包括出票、提示、承兑、背书、付款、拒付、追索等。

1. 出票（Issue）

出票是指出票人签发汇票并将其交付给收款人的票据行为。出票人要保证汇票的内容和格式正确。

2. 提示（Presentation）

提示是指持票人将汇票提交付款人要求其承兑或付款的票据行为，分为付款提示和承兑提示两种。付款提示是持票人向付款人出示汇票并要求其付款的票据行为；承兑提示是持票人向付款人出示汇票并要求其承诺到期付款的票据行为。

3. 承兑（Acceptance）

承兑是指汇票付款人承诺在汇票到期日支付汇票金额的票据行为。付款人在汇票正面记载"承兑"字样，注明承兑日期并签章，再将汇票交还给持票人。这时，付款人就成了承兑人，需要承担汇票到期付款的责任。

4. 背书（Endorsement）

背书是指在汇票背面或者粘单上记载有关事项并签章的票据行为。背书行为只适用于指示性抬头的汇票，汇票可以经过背书将权利转让给他人。背书包括记名背书、空白背书、限制性背书等类型。

5. 付款（Payment）

付款是指付款人向持票人支付票款的票据行为。付款后，汇票上的债权债务关系终止。

6. 拒付（Dishonor）

拒付是指持票人遭到拒绝承兑或拒绝付款的票据行为。如果承兑人或付款人死亡、逃匿或宣告破产，也属于拒付。

7. 追索（Recourse）

追索是持票人在遭到拒付时，对背书人、出票人、承兑人等相关债务人要求偿还票款的票据行为。

汇票的业务流程图如图 10-1 所示。

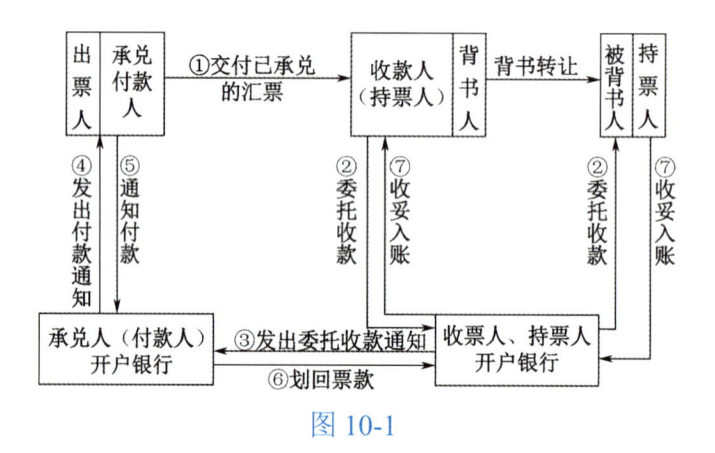

图 10-1

达标检测

一、单项选择题

1. 汇票的抬头人是汇票的（　　）。

   A．出票人　　　　B．受票人　　　　C．付款人　　　　D．收款人

2. 下列不属于汇票必须记载的内容的是（　　）。

   A．汇票字样　　　B．背书人　　　　C．大写金额　　　D．出票人签章

3. 汇票有几张正本？（　　）。

   A．一张　　　　　B．两张　　　　　C．三张　　　　　D．四张

二、多项选择题

1. 下列情况属于拒付的是（　　）。

   A．付款人破产　　　　　　　　　　B．付款人拒绝付款
   C．付款人避而不见　　　　　　　　D．付款人死亡或逃匿

2. 汇票的票据行为包括（　　）。

   A．出票　　　　　B．承兑　　　　　C．背书　　　　　D．追索

3. 汇票的当事人有（　　）。

   A．出票人　　　　B．付款人　　　　C．收款人　　　　D．议付行

任务二　汇票的阅读与缮制

任务目标

1. 掌握汇票的阅读；
2. 掌握汇票的缮制。

知识点列表

序　号	知　识	重　要　性
1	汇票的阅读	★★★★★
2	信用证项下汇票的缮制	★★★★★
3	托收项下汇票的缮制	★★★★☆

外贸单证

思维导图

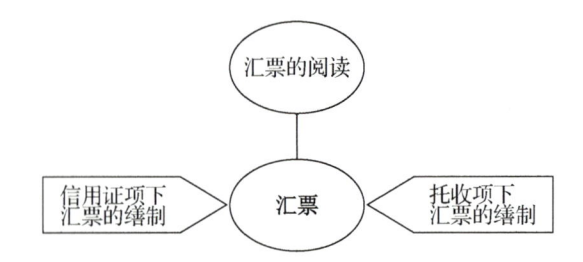

- 汇票的阅读
- 信用证项下汇票的缮制
- 汇票
- 托收项下汇票的缮制

案例导入

陈振华的失误幸好被及时发现，他开始缮制新的汇票，但是在填写时遇到了新的问题，他不知道信用证项下汇票的出票条款到底应该填写什么。怎么才能让交易顺利进行下去呢？

案例分析：一名合格的单证员必须能够独立完成汇票的缮制，包括信用证项下汇票的缮制和托收项下汇票的缮制。在熟悉了汇票基础知识后，陈振华对自己提出了进一步的要求。他应先阅读汇票，再学习汇票缮制的方法。

一、汇票的阅读

阅读汇票样单，如图 10-2、图 10-3 所示。

BILL OF EXCHANGE				
No.	CW36740	Date	Jun.15,2016	
For	USD75 600.00			
At	******		sight of this FIRST Bill of exchange (SECOND being unpaid)	
Pay to	Bank of China GuangZhou Branch			the order of
The sum of SAY U.S. DOLLARS SEVENTY-FIVE THOUSAND SIX HUNDRED ONLY				
Drawn under	The Bank of Tokyo			
L/C No.	153567	Dated	May.17,2016	
To	The Bank of Tokyo, New York Agency, New York, N.Y.			
			GuangZhou Huixin Trade Corporation 王琳	

1. 发票号：CW36740
2. 出票日期：Jun.15,2016

图 10-2

3. 小写金额：USD75 600.00
4. 付款期限：******
5. 收款人：Bank of China GuangZhou Branch
6. 大写金额：SAY U.S. DOLLARS SEVENTY-FIVE THOUSAND SIX HUNDRED ONLY
7. 开证行名称：The Bank of Tokyo
8. 信用证号码：153567
9. 开证日期：May.17,2016
10. 付款人 The Bank of Tokyo, New York Agency, New York, N.Y.
11. 出票人签章：GuangZhou Huixin Trade Corporation 王琳

图 10-2（续）

F14

凭
Drawn under　BANK OF FUKUOKA LIMITED TOKYO
信用证 第　　　　号
L/C No.　S100-108085
日 期　　年　　月　　日
Dated　FEB.14,2004

按息　　　付款
Payable with interest @_____% per annum　　　　　ORIGINAL

号码　　汇票金额　　　　　中国　　年 月 日
No.　04J-020　Exchange　for　USD66 744.80　China.　March.18,2004
见 票　　　　　日 后（本汇票之副本未付）付
At　******　sight of this FIRST of Exchange (Second of exchange being unpaid)
pay to the order of　BANK OF CHINA, SHANGHAI BRANCH
金　额
the sum of SAY U.S. DOLLARS SIXTY-SIX THOUSAND SEVEN HUNDRED AND FORTY-FOUR CENTS EIGHTY ONLY.

此致
To　BANK OF FUKUOKA LIMITED
　　TOKYO
　　　　　　　　　　SHANGHAI GUNFL AK FTREWORKS I/E CORP
　　　　　　　　　　　　　　　张华东

图 10-3

二、信用证项下汇票的缮制

缮制信用证的汇票需填写以下内容。

1. 编号（No.）

填写商业发票的号码。

2. 出票日期（Date of Issue）

出票日期一般是议付日期，由议付行议付时代填。汇票的出票日期不能早于其他各种单据的出单日期，也不能晚于信用证的有效期。

3. 小写金额

汇票的小写金额由货币的缩写和阿拉伯数字组成，填写在"Exchange for"后，保留到小数点后两位，如 USD8425.36。汇票使用的货币要与发票使用的货币一致。通常情况下，汇票金额要与发票金额一致，除非信用证另有规定。

4. 付款期限

在缮制汇票时，付款期限必须按照信用证的规定填写。

如果是即期汇票（Sight Draft），出票人在向银行提交汇票时，银行要立即付款。即期汇票要在"at""sight"之间填写"******""------"等符号，表示见票即付。

如果是远期汇票（Time Draft），则表明在将来的某个时间付款。

根据起算日期的不同，汇票付款期限有以下几种填写方法。

（1）以见票日期为起算日期。

如信用证规定"Draft at 90 days sight"，缮制汇票时就在"at""sight"之间填写"90 days"。

（2）以发票日期为起算日期。

如信用证规定"Draft at 30 days from invoice date"，制单时就填写"30 days from invoice date"。

（3）以装船日期为起算日期。

如信用证规定"We hereby issue our irrevocable documentary letter of credit No.×××available, at 30 days after B/L date by draft"，制单时就填写"30 days after B/L date"。

（4）以收到全套单据为起算日期。

如信用证规定"This L/C is available with us by payment at 30 days after receipt of full set of documents at our counters"，制单时就填写"30 days after receipt of full set documents at your counters"。

5. 收款人

汇票的收款人也称抬头人，在实际业务中，收款人一般将银行指示为抬头人，通常有以下3种表示方法。

（1）记名式抬头。在"收款人"一栏填写"Pay to the order of ..."，这是最普遍的一种方式。

（2）限制性抬头。在"收款人"一栏填写"Pay to ... only"或"Pay to ...not transferable"。

（3）持票人抬头。在"收款人"一栏填写"Pay to bearer"，这种方式极少使用。

6. 大写金额

"大写金额"填写在"The sum of"后，通常以"SAY"开头，以"ONLY"结尾，小数点用"POINT"或"CENTS"表示。例如，SAY U.S. DOLLARS EIGHT THOUSAND FOUR HUNDRED AND TWENTY FIVE POINT THIRTY SIX ONLY。

7. 出票条款

"出票条款"填写在"Draw under"后，要分别填写开证行的名称和地址、信用证号码及开证日期等内容。

8. 付款人

按照规定，信用证项下的付款人为开证行，汇票的付款人填写在"To"后。如信用证规定"Draft drawn on applicant"或"Drawn on us"，则"付款人"栏应填写开证行的名称和地址。

9. 出票人

"出票人"填写在汇票右下角的空白处。在实际操作中，"出票人"栏通常填写出口商的名称，并加盖经办人印章或由经办人签名。

10. 年息

按合同规定填写年息。

三、托收项下汇票的缮制

阅读托收项下的汇票样单，如图 10-4 所示。

\multicolumn{4}{c	}{BILL OF EXCHANGE}
No.	CM2568		Date: Sep.06,2016
For	USD43 260.00		
At	D/P 90 DAYS	\multicolumn{2}{l	}{Sight of THIS FIRST BILL OF EXCHANGE}
(First of the tenor and date being unpaid) Pay to		CHINA CONSTRUCTION BANK SHANGHAI BRANCH	or order
\multicolumn{4}{l	}{The sum of SAY U.S. DOLLARS FORTY-THREE THOUSAND TWO HUNDRED AND SIXTY ONLY}
\multicolumn{4}{l	}{Drawn under COVERING 10 000 CARTONS OF COTTON TOWELS SHIPPED FROM SHANGHAI TO LONDON UNDER CONTRACT NO.302P46 FOR COLLECTION}
To	\multicolumn{3}{l	}{Midland Bank PLC London}
	\multicolumn{3}{c	}{SHANGHAI XIANQUAN CO., LTD.　　　　　　李明}

图 10-4

托收项下的汇票和信用证项下的汇票是相似的，只是在填写方式上有一些区别。

1. 出票条款

在此栏不用填写开证行、信用证号码和开证日期等内容，而应填写商品名称、数量和合同号等，有时还要填写起运港和目的港。同时，还应在"出票条款"栏或其他位置加注"FOR COLLECTION"字样。

2. 付款期限

在此栏中填写"D/P AT SIGHT"（即期付款交单）或"D/P××DAYS"（××天远期付款交单）或"D/A××DAYS"（××天承兑交单）。

3. 收款人

在"收款人"栏中填写托收行名称。

> **案例回应**
>
> 在缮制汇票时，必须区分汇票是信用证项下的汇票还是托收项下的汇票，两类汇票的出票条款的填写方式是不同的。案例中陈振华所在的公司和外商签订的合同是以信用证为结算方式的，所以在缮制汇票时，要按照信用证项下汇票的要求填写，"出票条款"栏填写开证行的名称和地址、信用证号码及开证日期等内容。

达标检测

一、单项选择题

1. 汇票的号码一般填写（　　）。
   A．合同号　　　B．发票号　　　C．提单号　　　D．装箱单号

2. 托收汇票一般应在"出票条款"栏内标明（　　）。
   A．COLLECTION　　　　　　B．FOR COLLECTION
   C．D/P　　　　　　　　　　D．AT SIGHT

3. 下列关于汇票的表述正确的是（　　）。
   A．大写金额和小写金额可以不一致
   B．信用证项下的汇票和托收项下的汇票没有区别
   C．"付款人"一栏可以直接填写"draw on us"
   D．出票人名称填写在汇票后下角的空白处

二、多项选择题

1. 信用证项下的汇票和托收项下的汇票在填写上的区别有（　　）。
   A．出票条款　　B．发票号　　C．付款期限　　D．出票日期

2. 抬头人的表示方法有（　　）。

　　A．记名式抬头　　B．限制性抬头　　C．持票人抬头　　D．/

3. 根据付款期限的不同，信用证项下的汇票分为（　　）。

　　A．即期汇票　　B．商业汇票　　C．远期汇票　　D．托收汇票

任务实训 13　缮制汇票

根据以下内容，缮制一份汇票。

INVOICE NO.: TD3652

ISSUING BANK: KUWAIT REAL ESTATE BANK

L/C NO.: NP002367   DATED SEP.20,2017

INVOICE AMOUNT: USD873 670.00

BENEFICIARY: FOSHAN SHANFANG IMP.& EXP. CORPORATION

APPLICANT: HAMEED ALI AL TUHOO CO., KUWAIT

NEGOTIATING BANK: THE BANK OF CHINA

DATE OF NEGOTIATION: OCT.19,2017

…AVAILABLE WITH YOUR DRAFT AT SIGHT DRAWN ON US FOR THE FULL INVOICE VALUE. ALL DRAFTS MUST BE MARKED "DRAWN UNDER KUWAIT REAL ESTATE BANK".

BILL OF EXCHANGE

凭———　　　　　　　不可撤销信用证
Drawn under _____ Irrevocable L/C No. _____

日　期
Dated _____ 支 取 Payable with interest@　　　％按息付款

号　码　　汇票金额　　　　　　　　　　　　　　　　　中国佛山　年　月　日
No. _____ Exchange for　　　　　　　　　　　Foshan, China_____

见 票　　　日后（本汇票之正本未付）付交
at_____sight of this SECOND of Exchange（First of Exchange being unpaid）

Pay to the order of _____

金　额
the sum of

此 致
To _____　　_____

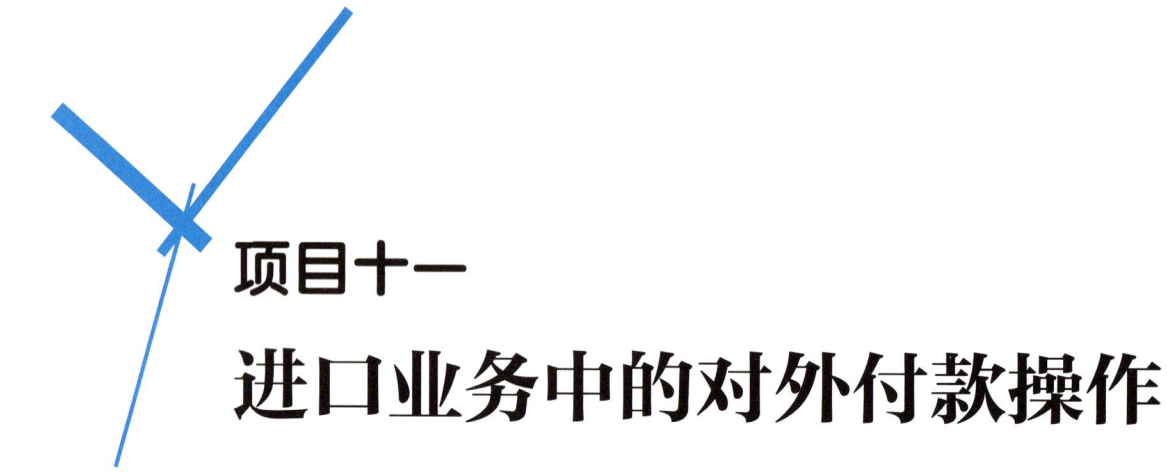

项目十一
进口业务中的对外付款操作

任务一 了解 T/T 条件的对外付款操作

任务目标

1. 了解汇付的含义及种类；
2. 掌握境外汇款申请书的缮制。

知识点列表

序 号	知 识	重 要 性
1	汇付的含义	★★☆☆☆
2	汇付的当事人	★★★☆☆
3	汇付的种类	★★★☆☆
4	进口汇付业务操作	★★★★☆

思维导图

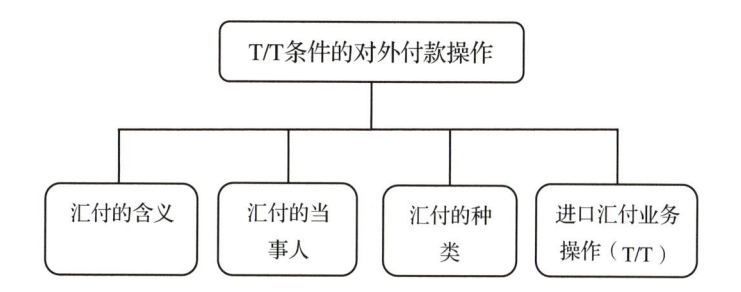

```
            T/T条件的对外付款操作
        ┌───────┬───────┬───────┐
      汇付的    汇付的    汇付的    进口汇付业务
      含义      当事人    种类      操作（T/T）
```

案例导入

广州的 CHINA THECO TRADE CO., LTD. 公司与美国的 MODERN METALS CO., LTD. 公司在 2018 年 5 月 5 日达成一份进口合同，合同总金额为 120 万美元，支付条款为 T/T: 30% IN ADVANCE AND, 70% WITH 30 DAYS AFTER SHIPMENT DATE。业务员小张于 5 月 10 日，在中国银行办理汇款业务，填写境外汇款申请书的时候，对于申请书的填写及汇款金额有些犹豫。这是他第一次接触部分前 T/T、部分后 T/T 的业务，他应如何完成这笔业务的境外汇款申请书的填写呢？

案例分析：要正确填写境外汇款申请书，首先要了解汇付的原理及方法，其次要掌握境外汇款申请书的填写要求。在这个基础上，小张再根据双方签署的合同等资料，完成这笔业务的境外汇款申请书的填写。

一、汇付概述

1. 汇付的含义

汇付又称汇款，是指付款人（通常为进口商）主动将货款通过银行付给收款人（通常为出口商）的一种业务处理方式。

2. 汇付的当事人

汇付的当事人有 4 个，分别为汇款人、收款人、汇出行、汇入行。

3. 汇付的种类

汇付分为 3 种，分别为电汇（T/T）、信汇（M/T）、票汇（D/D）。其中，电汇使用得最为普遍。

二、进口汇付业务操作（以 T/T 为例）

1. 申请汇出汇款

汇出汇款需要向银行提供的单证包括汇出汇款申请书、现汇账户的支款凭证、用于购汇的人民币支票、外汇管理办法要求的有效凭证等。

2. 境外汇款申请书的要项及其填写规范

（1）致（To）：填写汇出行的中文与英文名称。

（2）日期：填写汇款当天的日期，应符合日期格式且不能在合同日期之前。

（3）银行业务编号、收电行/付款行：申请人可以不填写。

（4）汇款币种及金额：大小写金额必须一致。

（5）汇款人名称和地址：填写汇款人全称及地址。

（6）收款银行之代理行名称和地址：如无，则可以不填写。

（7）收款人开户银行名称及地址：填写收款人开户银行的全称及地址，最好有该银行的 SWIFT 代码。

（8）收款人开户银行在其代理行账号：如无，则可以不填写。

（9）收款人名称及地址：填写收款人全称及地址。

（10）收款人账号：填写收款人账号。

（11）汇款附言：用英文及阿拉伯数字填写附言内容，限 140 个字位。

（12）国内外费用承担：费用选择方式有汇款人 OUR、收款人 BEN、共同 SHA 这 3 种。其中，OUR 表示由汇款人承担；BEN 表示由收款人承担；SHA 表示国内银行费用由汇款人支付，国外银行费用由收款人支付。

（13）收款人常驻国家（地区）名称及代码：填写实际收款人常驻的国家或地区。

（14）请选择：选择预付货款、货到付款、退款、其他，根据汇款用途选择支付方式。

（15）最迟装运日期：填写货物的实际装运日期。

（16）交易编码：根据"国际收支交易编码表（支出）"中与本笔对境外付款的交易性质对应的编码填写。

（17）相应币种及金额：根据填报的交易编码填写。

（18）交易附言：根据交易编码，按规定对本笔对境外付款的交易性质进行详细描述。

（19）本笔款项是否为保税货物项下付款：根据本笔交易是否为保税货物进行填写。

（20）外汇局批件号/备案表号/业务编号：填写国家外汇管理局签发的，银行凭此对外付款的各种批件号、备案表号、业务编号。

（21）申请人姓名、电话：填写汇款人公司的英文名称及电话号码。

境外汇款申请书如图 11-1 所示。

项目十一 进口业务中的对外付款操作

境外汇款申请书
APPLICATION FOR FUNDS TRANSFERS (OVERSEAS)

致：中国银行
TO: BANK OF CHINA

日期 Date

□ 电汇 T/T □ 票汇 D/D □ 信汇 M/T 发电等级 Priority □ 普通 Normal □ 加急 Urgent

申报号码 BOP Reporting No.	□□□□□□ □□□□ □□ □□□□□□ □□□□		
20	银行业务编号 Bank Transac. Ref. No.		收电行/付款行 Receiver / Drawn on
32A	汇款币种及金额 Currency & Interbank Settlement Amount		金额大写 Amount in Words
其中	现汇金额 Amount in FX		账号 Account No./Credit Card No.
	购汇金额 Amount of Purchase		账号 Account No./Credit Card No.
	其他金额 Amount of Others		账号 Account No./Credit Card No.
50a	汇款人名称及地址 Remitter's Name & Address		

□对公 组织机构代码 Unit Code □□□□□□□-□   □对私 个人身份证件号码 Individual ID No.
□中国居民个人 Resident Individual □中国非居民个人 Non-Resident Individual

54/56a	收款银行之代理行名称及地址 Correspondent of Beneficiary's Bank Name & Address	
57a	收款人开户银行名称及地址 Beneficiary's Bank Name & Address	收款人开户银行在其代理行账号 Bene's Bank A/C No.
59a	收款人名称及地址 Beneficiary's Name & Address	收款人账号 Bene's A/C No.
70	汇款附言 Remittance Information	只限140个字位 Not Exceeding 140 Characters
71A	国内外费用承担 All Bank's Charges If Any Are To Be Borne By □汇款人OUR □收款人BEN □共同SHA	

收款人常驻国家（地区）名称及代码 Resident Country/Region Name & Code □□□
请选择：□ 预付货款 Advance Payment □ 货到付款 Payment Against Delivery □ 退款 Refund □ 其他 Others 最迟装运日期

交易编码 BOP Transac. Code	□□□□□□	相应币种及金额 Currency & Amount		交易附言 Transac. Remark	
本笔款项是否为报税货物项下付款	□是 □否	合同号		发票号	

外汇局批件号/备案表号/业务编号

银行专用栏 For Bank Use Only	申请人签章 Applicant's Signature	银行签章 Bank's Signature
购汇汇率 @ Rate	请按照贵行背页所列条款代办以上汇款并进行申报 Please Effect The Upwards Remittance, Subject To The Conditions Overleaf:	
等值人民币 RMB Equivalent		
手续费 Commission		
电报费 Cable Charges		
合计 Total Charges		
支付费用方式 In Payment of the Remittance	□ 现金 by Cash □ 支票 by Check □ 账户 from Account	申请人姓名 Name of Applicant	核准人签字 Authorized Person
		电话 Phone No.	日期 Date
核印 Sig. Ver.		经办 Maker	复核 Checker

填写前请仔细阅读各联背面条款及填报说明
Please read the conditions and instructions overleaf before filling in this application

图 11-1

外贸单证

案例回应

通过学习，业务员小张了解了汇付的原理及方法，掌握了境外汇款申请书的缮制。

达标检测

单项选择题

1. 汇票的当事人有汇款人、收款人、（   ）、汇入行。

   A．托收行　　　　　　B．代收行

   C．开证行　　　　　　D．汇出行

2. 汇付分为电汇、信汇、票汇 3 种，其中（   ）使用得最为普遍。

   A．顺汇　　　　　　　B．电汇

   C．信汇　　　　　　　D．票汇

任务实训 14　寻找境外汇款申请的相关信息

某公司收到的客户传真原文如下，请找出境外汇款申请书的填写信息。

PAP　EURO BANK

Contona Branch 66,Stadiou Eolou 98St.,108 Athens-Greece

Account Number:03606202000098107154

IBAN No.GR 67026006200001502000098207 Swift Code:PAPEURBA

To the order of BTIANNA TISER TRADE CO., LTD.

收款人开户行地址：_____

收款人账号：_____

Swift Code:_____

收款人名称：_____

任务二　了解 L/C 条件的对外付款操作

任务目标

1．了解开立信用证的流程；
2．掌握信用证开证申请书的缮制方法。

知识点列表

序　号	知　　识	重　要　性
1	开立信用证的流程	★★★☆☆
2	信用证开证申请书的缮制方法	★★★★☆

思维导图

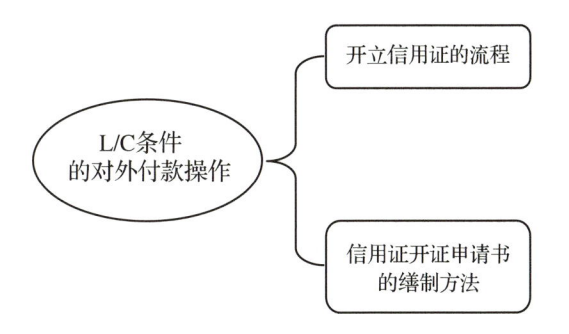

L/C 条件的对外付款操作
- 开立信用证的流程
- 信用证开证申请书的缮制方法

案例导入

2018 年 6 月，国内 A 公司与国外客户签订一笔进口合同，A 公司业务员小李之前从事出口业务，而对于进口业务，他没有接触过，但合同要求 A 公司开立信用证。作为业务员的小李该如何开立信用证呢？

案例分析：信用证是根据合同开立的。在以前，作为卖家，小李需要根据合同审核收到的信用证，而现在作为买家，小李需要根据合同向开证行申请开立信用证。

> 外贸单证

一、开立信用证的流程

（1）签订贸易合同。

（2）获得进口许可。

（3）落实外汇。

（4）进口商申请开证。

（5）银行开证。

二、信用证开证申请书的缮制方法

缮制信用证开证申请书需要填写以下内容。

（1）申请开证日期：填写在申请书的右上角，必须在规定期限内开立信用证。

（2）传递方式：申请书有 SWIFT、简电、信开（航空邮寄）等传递方式。申请人在选择传递方式前的方框中打"×"即可，应尽量选用 SWIFT 方式。

（3）信用证性质：不可撤销跟单信用证开证申请书已列明，不必重新填写，如增加保兑或可转让等内容，则须自己加上，同时填写信用证的有效期及到期地点。信用证号码由开证行填写。

（4）通知行：由开证行填写。

（5）申请人：填写开证申请人的全称及详细地址，并注明联系电话、传真号码等。

（6）受益人：填写受益人的全称及详细地址，并注明联系电话、传真号码等。

（7）信用证金额：填写合同规定的总值，应分别用大、小写形式表示，并表明币种。如有上下浮动幅度，则要明确地表示出来。

（8）分批装运与转运：根据合同规定，在选择项目的方框中打"×"。

（9）装运条款。根据合同规定填写装运地（港）及目的地（港）的名称、最迟装运日如有转运地（港）则应列明。

（10）贸易术语：如果信用证开证申请书上有 FOB、CFR、CIF 及其他条件等备选项，则在选择项前的方框中打"×"，若选择其他条件，则在其后填写其他贸易术语。

（11）支付方式：一般有 4 种信用证兑付方式可供选择，即期支付、承兑支付、议付和延期支付。根据合同规定的支付方式，在选择的支付方式对应的方框中打"×"。

（12）汇票金额：根据合同规定填写信用证项下应支付汇票金额、支付期限及付款人。

（13）单据条款：信用证开证申请书已印制具体的单据要求，先在所选单据前的括号中打"×"，然后在该单据条款后填写份数、出票人及措辞等具体要求。

（14）合同项下的货物：包括品名、规格、数量、包装、单价、唛头等。所有内容须与合同中的一致。如有特殊要求，如包装规格、包装物的要求等，则应具体、明确地表示出来。

（15）附加条款：①已印制，其中前几条是具体的条款要求，如需要则在括号中打"×"，内容不完整的，可根据合同规定和买方的需要填写；②对上述没有的条款，可填写在"其他条款"中。

（16）其他应填内容：申请书下面或背面应填写申请人的开户银行名称、账户号码、执行人联系电话、申请人（法人代表）签字等内容。

信用证开证申请书如图 11-2 所示。

IRREVOCABLE DOCUMENTARY CREDIT APPLICATION

TO	BANK OF CHINA BEIJING BRANCH		Date	
☐ Issue by airmail ☐ With brief advice by teletransmission		Credit No.		
☐ Issue by express delivery		☐		
☐ Issue by teletransmission (which shall be the operative instrument)		Date and place of expiry		
Applicant		Beneficiary (Full name and address)		
Advising Bank		Amount		
☐	☐	Credit available with		
Partial shipments	Transhipment			
☐ allowed ☐ not allowed	☐ allowed ☐ not allowed	By		
Loading on board/dispatch/taking in charge at/from ☐		☐ sight payment ☐ acceptance ☐ negotiation		
		☐ deferred payment at		
not later than		against the documents detailed herein		
For transportation to:		☐ and beneficiary's draft(s) for % of invoice value		
☐ FOB ☐ CFR ☐ CIF		at sight		
☐ or other terms		drawn on		
Documents required: (marked with ×)				
1. ( ) Signed commercial invoice in copies indicating L/C No. and S/C No.				
2. ( ) Full set of clean on board Bills of Lading made out to order and blank endorsed, marked "freight [ ] to collect / [ ] prepaid [ ] showing freight amount" notifying .				
( ) Airway bills/cargo receipt/copy of railway bills issued by showing "freight [ ] to collect/[ ] prepaid [ ] indicating freight amount" and consigned to_____.				
3. ( ) Insurance Policy/Certificate in copies for % of the invoice value showing claims payable in currency of the draft, blank endorsed, covering All Risks, War Risks and .				
4. ( ) Packing List/Weight Memo in copies indicating quantity, gross and weights of each package.				
5. ( ) Certificate of Quantity/Weight in copies issued by _____.				
6. ( ) Certificate of Quality in copies issued by [ ] manufacturer/[ ] public recognized surveyor_____.				
7. ( ) Certificate of Origin in copies .				
8. ( ) Beneficiary's certified copy of fax / telex dispatched to the applicant within days after shipment advising L/C No., name of vessel, date of shipment, name, quantity, weight and value of goods.				

图 11-2

Other documents, if any
Description of goods:
Additional instructions:
1. (　) All banking charges outside the opening bank are for beneficiary's account.
2. (　) Documents must be presented within ___ days after date of issuance of the transport documents but within the validity of this credit.
3. (　) Third party as shipper is not acceptable, Short Form/Blank back B/L is not acceptable.
4. (　) Both quantity and credit amount _____ % more or less are allowed.
5. (　) All documents must be sent to issuing bank by courier/speed post in one lot.
(　) Other terms, if any

图 11-2（续）

案例回应

业务员小李梳理了进口业务的流程，按照签订贸易合同、获得进口许可、落实外汇、进口商申请开证、银行开证的流程开展进口工作，并根据合同等资料填写信用证开证申请书，完成信用证开证工作。

达标检测

单项选择题

1. 若在信用证开证申请书中的金额前加上 About、Approximately、Circa 等词语，则按照《UCP600》的规定，允许金额的增减幅度为（　　）。

　　A．3%　　B．5%　　C．10%　　D．15%

2. 若规定货物装船后 30 天付款，则在信用证开证申请书中汇票的付款期限应填写（　　）。

　　A．AT 30 DAYS SIGHT

　　B．AT 30 DAYS AFTER B/L DATE

　　C．AT 30 DAYS FROM INVOICE DATE

　　D．AT*** SIGHT

任务实训 15　缮制信用证开证申请书

根据以下资料，缮制一份信用证开证申请书

DATE: MAY.25,2018

THE BUYER: SHANGHAI NEW DRAGON CO., LTD.

ADDRESS: ROOM 2401,WORLDTRADE MANSION, SANHUAN ROAD 47#, SHANGHAI, P.R.CHINA

THE SELLER: CIECH INTERNATION CORPORATION

ADDRESS: 433 BARRON BLVD. , INGLESIDE , ILLINOIS (UNITED STATES)

NAME OF COMMODITY: MEN'S DENIM UTILITY SHORT

SPECIFICATIONS: COLOR: MEDDEST SANDBLAS

FABRIC CONTENT: 100% COTTON

QUANTITY: 2000 CARTONS

PRICE TERM: FOB NEW YORK

USD285/ CARTON

TOTAL AMOUNT: USD570 000.00

COUNTRY OF ORIGIN AND MANUFACTURERS: UNITED STATES OF AMERICA, VICTORY FACTORY

PARTIAL SHIPMENT AND TRANSSHIPMENT ARE PROHIBITED

SHIPPING MARKS: ST

NO.1...UP

TIME OF SHIPMENT: BEFORE JULY.15,2018

PLACE AND DATE OF EXPIRY: CHINA, JULY.30,2018

PORT OF SHIPMENT: NEW YORK

PORT OF DESTINATION: XINGANG PORT, TIANJING OF CHINA

INSURANCE: TO BE COVERED BY BUYER.

PAYMENT: BY IRREVOCABLE FREELY NEGOTIABLE L/C AGAINST SIGHT DRAFTS FOR 100PCT OF INVOICE VALUE AND THE DOCUMENTS DETAILED HEREUNDER.

DOCUMETNS:

1. INVOICES IN TRIPLICATE

2. PACKING LIST IN TRIPLICATE

3. FULL SET OF CLEAN ON BOARD BILLS OF LADING MADE OUT TO ORDER AND BLANK ENDORSED NOTIFYING THE APPLICANT WITH FULL NAME AND ADDRESS MARKED FREIGHT COLLECT.

4. CERTIFICATE OF ORIGIN IN DUPLICATE

5. BENEFICIARY'S CERTIFIED COPY OF FAX TO THE APPLICANT WITHIN 1 DAY AFTER SHIPMENT ADVISING GOODS NAME OF VESSEL, INVOICE VALUE, DATE OF

SHIPMENT, QUANTITY AND WEIGHT.

OTHER TERMS AND CONDITIONS:

1. L/C TO BE ISSUED BY TELETRANSMISSION.

2. THE BUYER SHALL BEAR ALL BANKING CHARGES INCURRED INSIDE THE ISSUING BANK.

3. ALL DOCUMENTS MUST BE MAILED IN ONE LOT TO THE ISSUING BANK BY COURIER SERVICE.

4. PRESENTATION PERIOD:WITHIN 10 DAYS AFTER THE DATE OF SHIPMENT.

项目十二 综合实训

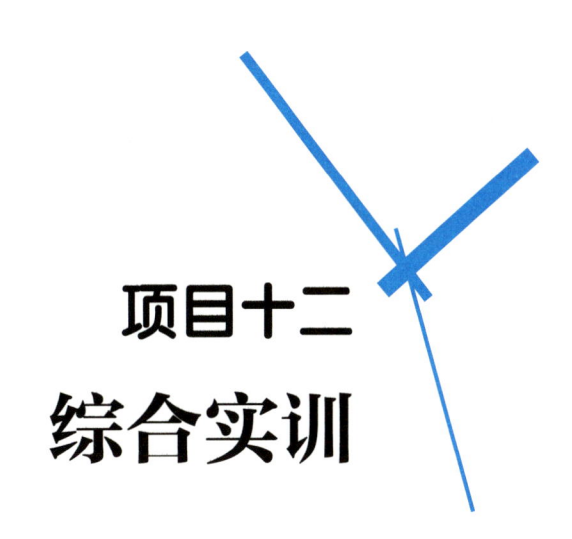

任务目标

1. 掌握 T/T 方式下出口业务单证的缮制；
2. 掌握 L/C 项下 CIF 贸易方式出口业务单证的缮制。

案例导入

圣托进出口贸易公司是一家专门从事小家电出口业务的企业，有着广泛的外销渠道和众多的国外客户，每年出口的小家电数量巨大。该公司的跟单员每天都要处理很多外贸单据。本项目针对该公司的不同贸易方式业务制作相应的出口单证。

任务一 T/T 方式下的出口业务单证的缮制

任务目标

掌握根据销售合同和其他资料缮制以下 T/F 方式下的出口业务单证的方法。

（1）商业发票。

（2）装箱单。

（3）海运提单。

（4）保险单。

（5）原产地证书。

一、合同资料

销售合同

SALES CONTRACT

（合同号）S/C No.: SC2018-012

（签约日期）Date: Feb.12,2018

SELLER（卖方）

SANTOP IMPORT & EXPORT TRADING CO., LTD.

Address:15/F GUANGZHOU BUILDING 1201-1202,DONGFENG RD. GUANGZHOU, CHINA

Tel: 86-020-22331168;　Fax: 86-020-22331101

(*Hereinafter called THE SELLER*)

BUYER（买方）

KARRIC TRADING CO., LTD.

Address: 1-4-14 KORAKU BUNKYYO-KU TOKYO JAPAN

Tel: 81-3-6891-7521;　Fax: 81-3-6891-7641

(*Hereinafter called THE BUYER*)

兹经买卖双方同意由卖方出售买方购进下列货物，按下列条款签订合同：

This contract is made by and between the buyer and the seller whereby the buyer agrees to buy and the seller agrees to sell the under-mentioned commodity according to the terms and conditions stipulated below：

1. COMMODITY AND AMOUNT DETAILS（商品和金额资料）

商品名称 Designation: Halogen Air Roaster			数量 Quantity		单价 Unit Price (USD/ PC)	总值 Total Amount (USD)
Model No.	Voltage (V)	Power (W)	R.N	MT		
HT-D12D	220~240V	5000m	150	1.8	25	7500.00
HA-01	220~240V	5000m	150	1.8		
CIF NAGOYA JAPAN			300	3.6		
Origin 原产地	P.R.China.					
Plus and minus 5% of quantity and respectively amount acceptable.							

2．PACKING（包装）

2.1 Packing: Master Carton Box, Export standard packing

2.2 Shipping Marks: HALOGEN AIR ROASTER

ITEM NO.

2.3 Estimated loading volume: 1×20'GP container

3．TRANSSHIPMENT（装运）

Shipment Time:	On or before Mar.15,2018
Port of loading:	Any port of China
Port of delivery:	Nagoya, Japan
Partial shipment:	Not Allowed
Trans shipment:	Allowed

4．PAYMENT（支付方式）

4.1 USD2250.00 shall be remitted to Seller's account before Feb.20,2018 as deposit.

4.2 Balance shall be settled within two days at receipt of shipping note issued by Seller. Goods will be delivered against receipt of payment.

4.3 Banking charges occurred in Seller's country shall be borne by Seller; charges occurred outside Seller's country shall be borne by Buyer.

5．SELLER SHALL SEND TO BUYER DOCUMENTS AS BELOW, AND COMMIT TO CONTRACT TERMS（卖方需交付的单证及承诺合同条款）

5.1 Full set (3/3) of original clean on board Bill of Lading marked "freight prepaid", and free from irregular contents like " Free detention/demurrage", or any other words that unnecessary for B/L effectiveness.

5.2 Original commercial invoice in two originals.

5.3 Packing List in two originals.

5.4 Insurance Policy in two originals and two copies. Insurance to be covering **ALL RISKS** for C.I.F. invoice value plus 10%, claims payable in **Japanese**.

6．FORCE MAJEURE（不可抗力）

The Seller shall not be held responsible for the delay of shipment or non-delivery of the goods due to Force Majeure such as War, Serious Fire, Flood, Typhoon, Earthquake and other cases. The Seller shall advise the Buyer immediately of the occurrence mentioned above and within fourteen days thereafter, with a certificate of the accident issued by the Competent Government Authorities or the Chamber of Commerce where the accident occurs as evidence thereof if available. Under such circumstances the Seller, however, is still under the obligation to take all necessary measures to hasten the delivery of the goods. In case the accident lasts for more than six (6) months, the Buyer shall have the right to cancel the contract.

7. CLAIMS（索赔）

The Seller accepts claims no longer than six month from BOL date. However, Buyer still has obligation to finish inspection of Quality, Specifications and Quantity within fifteen (15) days after the goods' arrival at the destination. Should the Quality, Specifications or Quantity be found not in conformity with the stipulation in the contract except those claims for which the Insurance Company or the owner of the vessel are liable, the Buyer shall, on the strength of the Inspection Certificate issued by the Competent Inspection Bureau, have the right to claim for replacement with new goods or for compensation.

8. RETENTION OF TITLE（所有权保留）

The title of any goods shipped will be retained by the Seller and not be passed to Buyer until payment has been made of the full contract price; and in case of non-payment Seller shall be entitled to repossess or trace the goods or the proceeds of sale in Buyer's hands or in the hands of any liquidator or receiver.

9. ARBITRATION（仲裁）

All disputes in connection with the execution of this contract shall be settled friendly through negotiations. In case no settlement can be reached, the case may then be submitted for arbitration. The arbitration shall take place in Hong Kong, China, according to the Rules of Arbitration and Conciliation of the International Chamber of Commerce. The decision of the said Arbitration Committee shall be accepted as final and binding upon both parties. Neither party shall seek recourse to a law court or other authorities to appeal for revision of the decision.　Arbitration fee shall be borne by the losing party.

10. EFFECTIVENESS（效能）

This Contract is made out in two (2) original copies, one (1) copy to be held by each party. This Contract comes into force after signatures by the contracted parties within SEVEN days after receipt of contract by fax or email.

11. FINAL TERMS （最终条款）

Both sides undertake to execute strictly in compliance with terms and conditions of this contract. All amendments, supplements and alterations to this contract shall be explicitly specified as such and be made in writing and signed by authorized representatives of both sides. They shall form integral parts of the present Contract and have the same force as the Contract itself.

SELLER: BUYER:

_____   _____

(Authorized Signatory)   *(Authorized Signatory)*

二、其他资料

发票号：INV2018012

发票日期：2018 年 2 月 26 日

数量：300PCS

包装：2PCS/CTN

毛重：12KGS/PCS   净重：11KGS/PCS

体积：0.15CBM/CTN

出运日期：2018 年 3 月 6 日

起运港：广州黄埔港

柜号：MAKU256341/20'GP   封条号（SEAL NO.）：CN1042216

VESSEL: COSCO GREEN V.009W

任务实施

以该公司单证员刘正的身份完成商业发票、装箱单、海运提单、保险单、原产地证书的缮制。

一、商业发票的填写

缮制商业发票需要填写以下内容。

（1）出票人（Issuer）。此栏填写卖方名称（英文大写）。在本业务中，此栏应填写"SANTOP IMPORT & EXPORT TRADING CO., LTD."。

（2）受益人（To）。此栏填写买方名称（英文大写），在本业务中，此栏应填写"KARRIC TRADING CO., LTD."。

（3）发票号（Invoice No.）。此栏应严格按照真实的业务情况填写。本业务中的发票号为"INV2018012"。

（4）发票日期（Innovice Date）。此栏应严格按照真实业务情况填写。本业务中的发票日期为"2018 年 2 月 26 日"。

（5）合同号（S/C No.）。S/C No. 为 Sales Contract No. 的简写，此栏应严格按照真实业

务情况填写。本业务中的合同号为"SC2018-012"。

（6）信用证号码（L/C No.）。如果支付方式为信用证，则此栏应填写对应的信用证号码。由于本次业务付款方式为T/T，因此此栏不用填写任何资料。

（7）运输事项（Transport Details）。此栏应严格遵守合同要求填写。在本业务中，此栏应填写的内容为起运地"GUANGZHOU CHINA"，目的地："NAGOYA JAPAN"，可以转运，不可分装，最迟装运期为2018年3月15日，即

"FROM GUANGZHOU CHINA TO NAGOYA JAPAN BY SEA

PARTIAL SHIPMENT：NOT ALLOWED

TRANSHIPMENT：ALLOWED

SHIPMENT AT THE LATEST MAR.15,2018"

（8）支付方式（Terms of Payment）。此栏应填写合同规定的支付方式。本业务为T/T条款，因此此栏应填写"T/T"。

（9）唛头及件号（Marks and Numbers）。如果合同注明"N/M"，则根据合同要求填写"N/M"。在本业务中，根据合同要求，此栏应填写"HALOGEN AIR ROASTER ITEM NO."。

（10）包装数量、种类及货物名称（Number and Kinds of Packages, Description of Goods）。此栏填写货物名称和实际包装数量。根据本业务的实际情况，共生产300PCS，纸箱包装，2PCS一箱，因此，此栏应填写"HALOGEN AIR ROASTER, 150CTNS"。

（11）数量（Quantity）。此栏填写货物的实际数量，填写内容必须按照每个型号分别列明。本业务中有两个型号，因此，此栏应填写"HT-D12D 150PCS"和"HA-01 150PCS"。

（12）单价（Unit Price）。此栏根据合同对应每个产品的单价填写。在本业务中，根据合同要求此栏应填写"USD25"。

（13）货值（Amount）。此栏为货物数量乘单价的货值，该货值为每个型号货物的货值。

（14）货值总计（Total）。此栏填写本业务的总货值。

（15）出票人签章（Signature）。

通过学习，刘正完成缮制商业发票，如表12-1所示。

表 12-1

ISSUER（1） SANTOP IMPORT & EXPORT TRADING CO., LTD. R15/F GUANGZHOU BUILDING 1201-1202,DONGFENG RD. GUANGZHOU,GUANGDONG P.R.CHINA		商业发票 COMMERCIAL INVOICE	
TO（2） KARRIC TRADING CO., LTD. 1-4-14 KORAKU BUNKYYO-KU TOKYO JAPAN		INVOICE NO.（3） INV2018012	INVOICE DATE（4） FEB.26,2018

续表

TRANSPORT DETAILS（7） FROM GUANGZHOU CHINA TO NAGOYA JAPAN BY SEA PARTIAL SHIPMENT：NOT ALLOWED TRANSHIPMENT：ALLOWED SHIPMENT AT THE LATEST MAR.15,2018		S/C NO.（5） SC2018-012	L/C NO.（6）
^^			TERMS OF PAYMENT（8） T/T
MARKS AND NUMBERS （9）	NUMBER AND KINDS OF PACKAGES, DESCRIPTION OF GOODS（10）	QUANTITY （11）	UNIT PRICE （12）	AMOUNT CIF NAGOYA JAPAN（13）
Halogen Air Roaster ITEM NO.	Halogen Air Roaster 150CTNS HT-D12D HA-01	150PCS 150PCS	USD25.00 USD25.00	USD3750.00 USD3750.00
	（14）TOTAL	300PCS		USD7500.00
TOTAL		SAY SEVEN THOUSAND AND FIVE HUNDRED ONLY
	（15）SIGNATURE：SANTOP IMPORT & EXPORT TRADING CO., LTD. R15/F GUANGZHOU BUILDING 1201-1202,DONGFENG RD. GUANGZHOU,GUANGDONG P.R.CHINA

二、装箱单的缮制

缮制装箱单需填写以下内容。

（1）出票人（Issuer）。此栏填写卖方名称（英文大写）。在本业务中，此栏应填写"SANTOP IMPORT & EXPORT TRADING CO., LTD."。

（2）受益人（To）。此栏填写买方名称（英文大写）。在本业务中，此栏应填写"KARRIC TRADING CO., LTD."。

（3）发票号（Invoice No.）。此栏应严格按照真实的业务情况填写。本业务中的发票号为"INV2018012"。

（4）发票日期（Invoice Date）。此栏应严格按照真实的业务情况填写。本业务中的发票日期为"2018年2月26日"。

（5）唛头及件号（Marks and Numbers）。如果合同注明"N/M"，则根据合同要求填写"N/M"。在本业务中，根据合同要求，此栏应填写"HALOGEN AIR ROASTER ITEM NO."。

（6）货物名称（Description of Goods）。此栏填写货物名称。在本业务中，此栏应填写"HALOGEN AIR ROASTER HT-D12D HA-01"。

（7）数量（Quantity）。此栏填写货物的实际数量，且必须按照每个型号分别列明。本业务中有两个型号，因此此栏应填写"HT-D12D 150PCS"和"HA-01 150PCS"。

（8）包装（Package）。此栏根据合同包装要求填写。本业务根据合同要求应为纸箱包装，每箱装两件，每个型号对应均为"75CTNS"。

（9）毛重（G.W.）。此栏按真实的业务情况填写。

（10）净重（N.W.）。此栏按真实的业务情况填写。

（11）体积（Meas）。此栏按真实的业务情况填写。

（12）合计（Total）。此栏按真实的业务情况填写。

（13）出票人签章（Signature）。

通过学习，刘正完成缮制装箱单，如表 12-2 所示。

表 12-2

ISSUER（1） SANTOP IMPORT & EXPORT TRADING CO., LTD. R15/F GUANGZHOU BUILDING 1201-1202, DONGFENG RD. GUANGZHOU,GUANGDONG P.R.CHINA			装箱单 PACKING LIST		
TO（2） KARRIC TRADING CO., LTD. 1-4-14 KORAKU BUNKYYO-KU TOKYO JAPAN			INVOICE NO.（3） INV2018012		INVOICE DATE（4） FEB.26,2018
MARKS AND NUMBERS（5）	DESCRIPTION OF GOODS（6）	QUANTITY（7）	PACKAGE（8）	G. W (KG)（9）	N. W (KG)（10）	Meas.（11）
Halogen Air Roaster ITEM NO.	Halogen Air Roaster HT-D12D HA-01	150PCS 150PCS	75CTNS 75CTNS	1800 KGS 1800 KGS	1650 KGS 1650 KGS	11.25CBM 11.25CBM
（12）TOTAL			300PCS	150CTNS	3600 KGS	3300 KGS	22.5CBM
（13）SIGNATURE: SANTOP IMPORT & EXPORT TRADING CO., LTD. R15/F GUANGZHOU BUILDING 1201-1202,DONGFENG RD. GUANGZHOU,GUANGDONG P.R.CHINA						

三、海运提单的缮制

缮制海运提单需填写以下内容。

（1）发货人资料（Shipper's Name, Address and Phone）。此栏填写卖方名称（英文大写）。在本业务中，此栏应填写"SANTOP IMPORT & EXPORT TRADING CO., LTD."。

（2）收货人资料（Consignee's Name, Address and Phone）。此栏填写买方名称（英文大写）。

在本业务中，此栏应填写"KARRIC TRADING CO., LTD."。

（3）被收货通知人资料（Notify Party's Name, Address and Phone）。此栏填写被通知人的资料，如没有特殊说明，收货通知人应与收货人一致。在本业务中，此栏应填写"SAME AS CONSIGNEE."。

（4）收货地（Place of Receipt）。此栏填写收货的地点，一般可不填或与启运港一致。

（5）运输工具的船名和航次（Ocean Vessel Voy. No.）。此栏填写配载运输工具的名称和航次名称，由船公司提供。

（6）装货港口（Port of Loading）。此栏根据合同的要求选定货物的装运港口。

（7）卸货港（Port of Discharge）。此栏根据合同的要求选定货物的装卸港口。

（8）送货地（Place of Delivery）。此栏填写货物最终到达目的地，通常与卸货港一致。

（9）唛头和柜号、封条号资料（Marks and Numbers / Container Nos. / Seal Nos.）。此栏标注货物的唛头、货柜的柜号及封条号资料，作为货物装运的身份识别。

（10）货柜数量和货物数量（Number of Containers or Packages）。此栏填写货柜的数量和货物包装的总数量。

（11）货物名称（Description of Goods）。此栏填写货物名称，在本业务中，此栏应填写"HALOGEN AIR ROASTER"。同时，在此栏应注明运费的支付情况，如在运费预付的情况下应标注"FREIGHT PREPAID"、在运费到付的情况下应标注"FREIGHT COLLECT"。

（12）毛重（Gross Weight）。此栏根据本业务的实际情况填写。

（13）体积（Measurement）。此栏根据本业务的实际情况填写。

（14）出单地和出单日期（Place and Date of Issue）。此栏根据本业务的实际情况填写。

通过学习，刘正完成了海运提单的缮制，如表 12-3 所示。

表 12-3

.SHIPPER's NAME, ADDRESS AND PHONE （1）			B/L NO.	
SANTOP IMPORT & EXPORT TRADING CO., LTD. Address:15/F GUANGZHOU BUILDING 1201-1202, DONGFENG RD. GUANGZHOU, CHINA Tel:86-020-22331168; Fax:86-020-22331101			CSC020867 中远集装箱运输有限公司 COSCO CONTAINER LINES TLX: 33057 COSCO CN FAX: +86(021) 6545 8984 ORIGINAL	
CONSIGNEE's NAME, ADDRESS AND PHONE （2）				
KARRIC TRADING CO., LTD. Address: 1-4-14 KORAKU BUNKYYO-KU TOKYO JAPAN Tel: 81-3-6891-7521; Fax:81-3-6891-7641			Port-to-Port or Combined Transport BILL OF LADING RECEIVED in external apparent good order and condition except as other-Wise noted. The total number of packages or unites stuffed in the container. The description of the goods and the weights shown in this Bill of Lading are furnished by the Merchants, and which the carrier has no reasonable means of checking and is not a part of this Bill of Lading contract. The carrier has issued the number of Bills of Lading stated below, all of this tenor and date,one of the original Bills of Lading must be surrendered and endorsed or signed against the delivery of the shipment and whereupon any other original Bills of Lading shall be void. The Merchants agree to be bound by the terms and conditions of this Bill of Lading as if each had personally signed this Bill of Lading SEE clause 4 on the back of this Bill of Lading (Terms continued on the back here of, please read carefully) *Applicable Only When Document Used as a Combined Transport Bill of Lading	
CONSIGNEE's NAME, ADDRESS AND PHONE （3） (It is agreed that no responsibility shall attach to the Carrier or his agents for failure to notify)				
SAME AS CONSIGNEE				
Combined Transport *	Combined Transport*			
Pre - carriage by	Place of Receipt	（4）GUANGZHOU CHINA		
OCEAN VESSEL VOY. NO. （5）	PORT OF LOADING （6）			
COSCO GREEN V.009W	GUANGZHOU CHINA			
PORT OF DISCHARGE （7）	Combined Transport *			
NAGOYA JAPAN	PLACE OF DELIVERY （8）	NAGOYA JAPAN		
MARKS NUMBERS, CONTAINER NOS. / SEAL NOS. （9）	NUMBER OF CONTAINERS OR PACKAGES （10）	DESCRIPTION OF GOODS (IF DANGEROUS GOODS, SEE CLAUSE) （11）	GROSS WEIGHT （12）	MEASUREMENT （13）
HALOGEN AIR ROASTER ITEM NO. MAKU256341/20'GP SEAL NO.:CN1042216	1 × 20'GP 150CTNS	HALOGEN AIR ROASTER FREIGHT PREPAID	3300KGS	22.5CBM

续表

		Description of Contents for Shipper's Use Only (Not part of This B/L Contract)			
10. Total Number of containers and/or packages (in words)					
Subject to Clause 7 Limitation					
11. Freight & Charges		Revenue Tons	Rate	Per	Prepaid	Collect
Declared Value Charge					V	
Ex. Rate	Prepaid at		Payable at	PLACE AND DATE OF ISSUE（14）	
	CHINA			MAR.06,2018 GUANGZHOU CHINA	
	Total Prepaid		Number of Original Bs/L	Signed for the Carrier, COSCO CONTAINER LINES	
			THREE		
LADEN ON BOARD THE VESSEL					
DATE	MAR.06,2018	BY	COSCO GREEN V.009W		
ENDORSED IN BLANK ON THE BACK					

四、保险单的缮制

缮制保险单需要填写以下内容。

（1）发票号（Invoice No.）。此栏应严格按照真实的业务情况填写。本业务中的发票号为"INV2018012"。

（2）保单号次（Plicy No.）。此栏为保险公司的自定保单号，不需要填写。

（3）合同号（S/C No.）。S/C No. 为 Sales Contract No. 的简写，此栏应严格按照真实的业务情况填写。本业务中的合同号为"SC2018-012"。

（4）信用证号码（L/C No.）。如果支付方式为信用证，则此栏应填写对应的信用证号码。由于本次业务支付方式为 T/T，因此此栏不用填写任何资料。

（5）被保险人（Insured）。此栏填写保险的受益人名称，在信用证方式下应按照信用证的要求填写，在 T/T 方式下应填写投保人的资料。本业务的贸易方式为 CIF，应由卖方投保，因此填写卖方名称"SANTOP IMPORT & EXPORT TRADING CO., LTD."。

（6）唛头及件号（Marks and Numbers）。此栏应根据合同要求填写，如果合同注明"N/M"，则根据合同要求填写"N/M"。在本业务中，根据合同要求，此栏应填写"HALOGEN AIR ROASTER ITEM NO."。

（7）包装种类及数量（Number and Kinds of Packages）。此栏填写货物名称和实际包装数量。根据本业务的实际情况，共有两个型号，因此此栏应填写"HT-D12D, 75CTNS"和"HA-01, 75CTNS"。

（8）货物名称（Description of Goods）。此栏填写货物名称。在本业务中，此栏应填写

"HALOGEN AIR ROASTER"。

（9）保险金额（Amount Insured）。此栏为货物的保险金额，除合同有特殊情况说明外，一般的保险金额=货物价值×110%。本业务的保险金额为"USD7500×110%=USD8250.00"。

（10）启运日期（Date of Commencement）。此栏为大船的开船日期，必须与海运提单中的一致。在本业务中，此栏应填写"MAR.06,2018"。

（11）装载运输工具（Per Conveyance）。此栏根据海运提单的运输工具名称填写。在本业务中，此栏应填写"COSCO GREEN V.009W"。

（12）起运港。

（13）转运港。如果没有转运则此栏不需要填写。

（14）目的港。

（15）承保险别（Conditions）。此栏填写保险的承包条款，在信用证条款下应按照信用证的要求填写，在 T/T 条款下一般填写"COVERING ALL RISKS AND WAR RISKS"，表示涵盖所有风险和战争风险。

（16）赔款偿付地点（Claim Payable At）。此栏表示出现货损后理赔的地点，一般填写目的地。

（17）出单日期（Issuing Date）。此栏的日期必须早于出运日期，通常与发票上的日期一致。

通过学习，刘正完成了保险单的缮制，如表 12-4 所示。

表 12-4

	中国人民保险公司 The People's Insurance Company of China		
货物运输保险单 CARGO TRANSPORTATION INSURANCE POLICY			
发票号（INVOICE NO.）（1）	INV2018012	保单号次（2）POLICY NO.	******
合同号（S/C NO.）（3）	SC2018-012		
信用证号码(L/C NO.)（4）			
被保险人 INSURED（5）	SANTOP IMPORT & EXPORT TRADING CO., LTD.		
中国人民保险公司（以下简称本公司）根据被保险人的要求，由被保险人向本公司缴付约定的保险费，按照本保险单承保险别和背面所载条款与下列特款承保下述货物运输保险，特立本保险单 THIS POLICY OF INSURANCE WITNESSES THAT THE PEOPLE'S INSURANCE COMPANY OF CHINA (HEREINAFTER CALLED "THE COMPANY") AT THE REQUEST OF THE INSURED AND IN CONSIDERATION OF THE AGREED PREMIUM PAID TO THE COMPANY BY THE INSURED, UNDERTAKES TO INSURE THE UNDERMENTIONED GOODS IN TRANSPORTATION SUBJECT TO THE CONDITIONS OF THIS POLICY AS PER THE CLAUSES PRINTED OVERLEAF AND OTHER SPECIAL CLAUSES ATTACHED HEREON			

续表

唛头及件号 MARKS AND NUMBERS（6）	包装及数量 PACKING & QUANTITY（7）	保险货物项目 DESCRIPTION OF GOODS（8）	保险金额 AMOUNT INSURED（9）
HALOGEN AIR ROASTER ITEM NO.	HT-D12D 75CTNS HA-01 75CTNS	HALOGEN AIR ROASTER	USD8250.00
总保险金额 TOTAL AMOUNT INSURED		SAY EIGHT THOUSAND TWO HUNDRED AND FIFTY ONLY	
保费 PERMIUM	AS ARRANGED	启运日期（10） DATE OF COMMENCEMENT	MAR.06,2018	装载运输工具（11） PER CONVEYANCE	COSCO GREEN V.009W

自 FROM	GUANGZHOU CHINA（12）	经 VIA	（13）*****	至 TO	NAGOYA JAPAN（14）

承保险别（15）
CONDITIONS: COVERING ALL RISKS AND WAR RISKS

所保货物，如发生保险单项下可能引起索赔的损失或损坏，应立即通知本公司下述代理人查勘。如有索赔，应向本公司提交保险单正本（本保险单共有2份正本）及有关文件。如一份正本已用于索赔，其余正本自动失效

IN THE EVENT OF LOSS OR DAMAGE WHICH MAY RESULT IN A CLAIM UNDER THIS POLICY, IMMEDIATE NOTICE MUST BE GIVEN TO THE COMPANY'S AGENT AS MENTIONED HEREUNDER

CLAIMS, IF ANY, ONE OF THE ORIGINAL POLICY WHICH HAS BEEN ISSUED IN	TWO	ORIGINAL(S)

TOGETHER WITH THE RELEVANT DOCUMENTS SHALL BE SURRENDERED TO THE COMPANY. IF ONE OF THE ORIGINAL POLICY HAS BEEN ACCOMPLISHED. THE OTHERS TO BE VOID

赔款偿付地点 CLAIM PAYABLE AT	NAGOYA（16）	中国人民保险公司 The People's Insurance Company of China ANDYLVKING
出单日期 ISSUING DATE	FEB.26,2018（17）	Authorized Signature ***

五、原产地证书的缮制

缮制原产地证书需要填写以下内容。

（1）出口人（Exporter）。此栏填写卖方名称（英文大写）。在本业务中，此栏应填写"SANTOP IMPORT & EXPORT TRADING CO., LTD."。

（2）收货人（Consignee）。此栏填写买方名称（英文大写）。在本业务中，此栏应填写"KARRIC TRADING CO., LTD."。

（3）运输路径（Means of Transport and Route）。此栏必须注明货物的运输路径和运输方式。在本业务中，此栏应填写"FROM GUAGNZHOU CHINA TO NAGAYA JAPAN BY SEA"。

（4）目的港（Country / Region of Destination）。此栏填写货物的最终到达目的地。在本业务中，此栏应填写"NAGOYA JAPAN"。

（5）唛头及件号（Marks and Numbers）。此栏应根据合同要求填写，如果合同注明"N/M"，则根据合同要求填写"N/M"。在本业务中，根据合同要求，此栏应填写"Halogen Air Roaster ITEM NO."。

（6）包装数量、种类及货物名称（Number and Kind of Packages, Description of Goods）。此栏填写货物名称和实际的包装数量。根据本业务的实际情况，共生产300PCS，纸箱包装，2PCS一箱，因此此栏应填写"Halogen Air Roaster,150CTNS"。

（7）海关编码（H.S.Code）。此栏填写产品对应的海关编码。在本业务中，此栏应填写"8516.60.6000"。

（8）数量（Quantity）。此栏为货物的实际数量，填写内容必须按照每一型号分别列明。在本业务中，此栏应填写"150CTNS"。

（9）发票资料（Number and Date of Invoices）。此栏填写商业发票的号码和日期。在本业务中，此栏应填写"INV2018012 FEB.26,2018"。

（10）此栏应填写生产商的信息并加盖公章。在本业务中，此栏应填写"SANTOP IMPORT & EXPORT TRADING CO., LTD."。

（11）此栏填写签署日期，通常与商业发票上的一致。

（12）此栏为单证员手签位置。

通过学习，刘正完成了原产地证书的缮制，如表12-5所示。

表12-5

1. Exporter（1）	Certificate No.
SANTOP IMPORT & EXPORT TRADING CO., LTD. R15/F GUANGZHOU BUILDING 1201-1202, DONGFENG RD. GUANGZHOU,GUANGDONG P.R.CHINA	CERTIFICATE OF ORIGIN OF THE PEOPLE'S REPUBLIC OF CHINA
2. Consignee（2）	
KARRIC TRADING CO., LTD. 1-4-14 KORAKU BUNKYYO-KU TOKYO JAPAN	

续表

3. Means of Transport and Route（3） FROM GUAGNZHOU CHINA TO NAGAYA JAPAN BY SEA					5. For Certifying Authority Use Only
4. Country / Region of Destination（4） NAGOYA JAPAN				
6. Marks and Numbers（5） Halogen Air Roaster ITEM NO.	7. Number and Kinds of Packages, Description of Goods（6） Halogen Air Roaster, 150CTNS	8. H.S.Code（7） 8516.60.6000	9. Quantity（8） 150CTNS	10. Number and Date of Invoices（9） INV2018012 FEB.26,2018
11. Declaration By The Exporter The undersigned hereby declares that the above details and statements are correct, that all the goods were produced in China and that they comply with the Rules of Origin of the People's Republic of China.				12. Certification It is hereby certified that the declaration by the exporter is correct.
SANTOP IMPORT & EXPORT TRADING CO., LTD. R15/F GUANGZHOU BUILDING 1201-1202, DONGFENG RD. GUANGZHOU,GUANGDONG P.R.CHINA （10）				
GUANGZHOU CHINA FEB.26,2018（11） -- Place and date, signature and stamp of authorized signatory				ANDYLVKING（12） -- Place and date, signature and stamp of certifying authority
IN 2 COPIES				

任务二　L/C 项下 CIF 贸易方式的出口业务单证的缮制

任务目标

掌握根据信用证、销售合同及其他资料缮制以下 L/C 项下 CIF 贸易方式的出口业务单证的方法。

1．商业发票；

2．装箱单；

3．海运提单；

4．保险单；

5．受益人证明；

6．汇票。

一、信用证资料

信用证如表 12-6 所示。

表 12-6

Sequence of Total	27	1/1
Form of Doc. Credit	40A	IRREVOCABLE
Doc. Credit Number	20	FGK200824596
Date of Issue	31C	180310
Applicable Rules	40E	UCP LATEST VERSION
Expiry	31D	Date 180930 Place CHINA
Applicant	50	GALAS HOLDING CO., LTD.
		AUSTRAK STREET, SOMERTON, AUSTRALIA
Beneficiary	59	SANTOP IMPORT & EXPORT TRADING CO., LTD.
	15/F	GUANGZHOU BUILDING 1201-1202
		DONGFENG RD. GUANGZHOU,CHINA
Amount	32B	Currency USD Amount 20 750
Pos./Neg. Tol. (%)	39A	10/10
Available with/by	41D	ANY BANK
		BY NEGOTIATION
Drafts at…	42C	AT SIGNT FOR FULL INVOICE VALUE
Drawee	42D	NATIONAL AUSTRALIA BANK LTD.
Partial Shipments	3P	NOT ALLOWED
Transshipment	43T	ALLOWED
Port of Loading/airport of departure	44E	GUANGZHOU CHINA
Port of Discharge/airport of destination	44F	MELBOURNE AUSTRALIA
Latest Date of Shipment	44C	180420
Description of Goods	45A	
HALOGEN AIR ROASTER		

续表

CIF MELBOURNE, AUSTRALIA		
Documents required	46A	
+FULL SET OF CLEAN ON BOARD MARINE BILL OF LADING MADE OUT TO THE ORDER OF SHIPPER BLANK ENDORSED AND MARKED FREIGHT PREPAID NOTIFYING THE APPLICANT		
+INSURANCE POLICY OR CERTIFICATE BLANK ENDORSED BY INSURED FOR 110 PERCENT OF THE CIF INVOICE VALUE COVERING INSTITUTE CARGO CLAUSES A INSTITUTE STRIKE CLAUSES INSTITUTE WAR CLAUSES WITH CLAIMS PAYABLE IN AUSTRALIA		
+COMMERCIAL INVOICE IN TWO COPIES		
+PACKING LIST IN TWO ORIGINALS		
+BENEFICIARY'S CERTIFICATE CERTIFYING THAT ONE SET OF COPIES OF SHIPPING DOCUMENTS HAS BEEN SENT TO APPLICANT AFTER SHIPMENT		
Additional Condition	47A	
+ALL DOCUMENTS IN DUPLICATE UNLESS OTHERWISE STIPULATED		
+DOCUMENTS NEGOTIATED WITH OR SUBJECT TO ACCEPTANCE OF ANY DISCREPANCY WILL ATTRACT A HANDLING FEE OF USD65		
+DISCOUNT/INTEREST CHARGES, TERM STAMP DUTY (IF ANY) AND ACCEPTANCE COMMISSION ARE FOR ACCOUNT OF THE BENEFICIARY		
+DRAFTS MUST INDICATE MARINE BILL OF LADING DATE		
+ON PRESENTATION OF DOCUMENTS THIS L/C, THE NEGOTIATING BANK(S) PRESENTATION SCHEDULE MUST INDICATE THE NUMBER AND DATE OF ANY AMENDMENTS THAT HAVE BEEN AVAILED/REJECTED UNDER THEIR NEGOTIATION		
Details of Charges	71B	
ALL BANK COMMISSIONS AND CHARGES OUTSIDE AUSTRALIA, PLUS ADVISING AND REIMBURSING COMMISSIONS, ARE FOR ACCOUNT OF BENEFICIARY		
Confirmation	49	WITHOUT
Presentation Period	48	
DOCUMENTS TO BE PRESENTED WITHIN 10 DAYS AFTER THE DATE OF SHIPMENT INDICATED ON TRANSPORT DOCUMENT(S) BUT WITHIN THE VALIDITY OF THE CREDIT		
Instructions	78	
(1) WE HEREBY UNDERTAKE THAT DOCUMENTS IN COMPLIANCE WITH L/C TERMS WILL BE HONOURED UPON PRESENTATION AND PAID AT MATURITY AT THIS OFFICE		
(2) DOCUMENTS ARE TO BE FORWARDED TO NATIONAL AUSTRALIA BANK INTERNATIONAL TRADE NORTHERN L3/BLGD B RHODES CORPORATE PARK, 1 HOMEBUSH BAY DR, RHODES NSW 2138 ORIGINALS BY AIR COURIER OR REGISTERED AIRMAIL, DUPLICATES BY AIRMAIL		
Advise Through	57A	
BANK OF CHINA, GUANGDONG BRANCH SWIFT: BKCHCNBJ400		
Send. To Rec. Info.	72	
PLEASE ACKNOWLEDGE RECEIPT BY SWIFT		

二、合同资料

销售合同

SALES CONTRACT

（合同号）S/C No.: SC2018-054

（签约日期）Date: MAR.01, 2018

SELLER（卖方）

SANTOP IMPORT & EXPORT TRADING CO., LTD.

Address:15/F GUANGZHOU BUILDING 1201-1202, DONGFENG RD. GUANGZHOU, CHINA

Tel:86-020-22331168;　Fax:86-020-22331101

(*Hereinafter called THE SELLER*)

BUYER（买方）

GALAS HOLDING CO., LTD.

Address: 785 AUSTRAK STREET, SOMERTON, AUSTRALIA

Tel: 61(0)2 4774 1320;　Fax:61(0)2 4774 18501

(*Hereinafter called THE BUYER*)

兹经买卖双方同意由卖方出售买方购进下列货物，按下列条款签订合同：

This contract is made by and between the buyer and the seller whereby the buyer agrees to buy and the seller agrees to sell the under-mentioned commodity according to the terms and conditions stipulated below：

1. COMMODITY AND AMOUNT DETAILS（商品和金额资料）

商品名称 Designation: Halogen Air Roaster		数量 Quantity		单价 Unit Price (USD/ PC)	总值 Total Amount (USD)
Model No.	Voltage (V)	Power (W)	R.N	MT	CIF MELBOURNE AUSTRALIA	
HT-D12D	220~240V	5000m	350	4.9	25	8750.00
HA-01	220~240V	5000m	400	5.6	30	12 000.00
Total			750	10.5		20 750.00

2. PACKING（包装）

2.1 Packing: Master Carton Box, Export standard packing

2.2 Shipping Marks: HALOGEN AIR ROASTER

　　　　　　　ITEM NO.

2.3 Estimated loading volume: 1×40'HQ container

3. DELIVERY（装运）

Shipment Time:	On or before Apr.20,2018
Port of loading:	Any port of China
Port of delivery:	Melbourne Australia
Partial shipment:	Not Allowed
Trans shipment:	Allowed

4. PAYMENT(支付方式)

4.1 Full invoice value shall be paid by a L/C at sight, payable in USD for 100% amount of invoice value in favor of SANTOP IMPORT & EXPORT TRADING CO., LTD., opening before Mar.10,2018, and expiring not earlier than Sep.30,2018.

4.2 Banking charges occurred in Seller or beneficiary's country shall be borne by beneficiary, charges occurred outside beneficiary's country shall be borne by Buyer or applicant.

4.3 Charges of L/C amendment shall be borne by the mistake party.

5. SELLER SHALL SEND TO BUYER DOCUMENTS AS BELOW, AND COMMIT TO CONTRACT TERMS（卖方需交付的单证及承诺合同条款）

5.1 Full set (3/3) of original clean on board Bill of Lading marked "freight prepaid", and free from irregular contents like " Free detention/demurrage", or any other words that unnecessary for B/L effectiveness.

5.2 Original commercial invoice in two originals.

5.3 Packing List in two originals.

5.4 Insurance Policy in two originals and two copies. Insurance to be covering **ALL RISKS** for C.I.F. invoice value plus 10%, claims payable in **Japanese**.

6. FORCE MAJEURE（不可抗力）

The Seller shall not be held responsible for the delay of shipment or non-delivery of the goods due to Force Majeure such as War, Serious Fire, Flood, Typhoon, Earthquake and other cases. The Seller shall advise the Buyer immediately of the occurrence mentioned above and within fourteen days thereafter, with a certificate of the accident issued by the Competent Government Authorities or the Chamber of Commerce where the accident occurs as evidence thereof if available. Under such circumstances the Seller, however, is still under the obligation to take all necessary measures to hasten the delivery of the goods. In case the accident lasts for more than six (6) months, the Buyer shall have the right to cancel the contract.

7. CLAIMS（索赔）

The Seller accepts claims no longer than six months from BOL date. However, Buyer still has obligation to finish inspection of Quality, Specifications and Quantity within fifteen (15) days after the goods' arrival at the destination. Should the Quality, Specifications or Quantity be found not in conformity with the stipulation in the contract except those claims for which the Insurance Company or the owner of the vessel are liable, the Buyer shall, on the strength of the Inspection Certificate issued by the Competent Inspection Bureau, have the right to claim for replacement with new goods or for compensation.

8. Retention of Title（所有权保留）

The title of any goods shipped will be retained by the Seller and not be passed to Buyer until payment has been made of the full contract price; and in case of non-payment Seller shall be entitled to repossess or trace the goods or the proceeds of sale in Buyer's hands or in the hands of any liquidator or receiver.

9. ARBITRATION（仲裁）

All disputes in connection with the execution of this contract shall be settled friendly through negotiations. In case no settlement can be reached, the case may then be submitted for arbitration. The arbitration shall take place in Hong Kong, China, according to the Rules of Arbitration and Conciliation of the International Chamber of Commerce. The decision of the said Arbitration Committee shall be accepted as final and binding upon both parties. Neither party shall seek recourse to a law court or other authorities to appeal for revision of the decision. Arbitration fee shall be borne by the losing party.

10. EFFECTIVENESS（效能）

This Contract is made out in two (2) original copies, one (1) copy to be held by each party. This Contract comes into force after signatures by the contracted parties within SEVEN days after receipt of contract by fax or email.

11. FINAL TERMS（最终条款）

Both sides undertake to execute strictly in compliance with terms and conditions of this contract. All amendments, supplements and alterations to this contract shall be explicitly specified as such and be made in writing and signed by authorized representatives of both sides. They shall form integral parts of the present Contract and have the same force as the Contract itself.

SELLER: BUYER:

_____   _____

(Authorized Signatory)   *(Authorized Signatory)*

三、其他资料

发票号：INV2018054

发票日期：2018年4月2日

数量：750PCS

包装：2PCS/CTN

毛重：14KGS/PCS 净重：13KGS/PCS

体积：0.15CBM/CTN

出运日期：2018年4月5日

起运港：广州黄埔港

柜号：COSU8881251/40'HQ 封条号（SEAL NO.）：CN2150026

VESSEL: COSCO FLAG V.010W

任务实施

请以该公司单证员刘正的身份完成商业发票、装箱单、海运提单、保险单、受益人证明、汇票的缮制。

一、商业发票的缮制

缮制商业发票需填写以下内容。

（1）出票人（Issuer）。此栏填写卖方名称（英文大写）。在本业务中，此栏应填写"SANTOP IMPORT & EXPORT TRADING CO., LTD."。

（2）受益人（To）。此栏填写买方名称（英文大写）。在本业务中，此栏应填写为"GALAS HOLDING CO., LTD."。

（3）发票号（Invoice No.）。此栏应严格按照真实的业务情况填写。本业务中的发票号为"INV2018054"。

（4）发票日期（Invoice Date）。此栏应严格按照真实的业务情况填写。本业务中的发票日期为"2018年4月2日"。

（5）合同号（S/C No.）。S/C No. 为Sales Contract No.的简写，此栏应严格按照真实的业务情况填写。本业务中的合同号为"SC2018-054"。

（6）信用证号码（L/C No.）。如果支付方式为信用证，则此栏应填写对应的信用证号码。本业务中的信用证号码为"FGK200824596"。

（7）运输详细资料（Transport Details）。此栏应严格遵守合同要求填写。根据合同要求，在本业务中此栏应填写的内容为起运地："GUANGZHOU CHINA"，目的地"MELBOURNE AUSTRALIA"，可以转运，不可分装，最迟装运期为2018年4月20日，即

"FROM GUANGZHOU CHINA TO MELBOURNE AUSTRALIA BY SEA

PARTIAL SHIPMENT: NOT ALLOWED

TRANSHIPMENT: ALLOWED

SHIPMENT AT THE LATEST APR.20,2018"

（8）支付方式（Terms of Payment）。此栏应填写合同规定的支付方式。本业务为L/C条款，因此此栏应填写"L/C"。

（9）唛头及件号（Marks and Numbers）。如果合同注明"N/M"，则根据合同要求填写"N/M"。在本业务中，根据合同要求，此栏应填写"HALOGEN AIR ROASTER ITEM NO."。

（10）包装数量、种类及货物名称（Number and Kinds of Package, Description of Goods）。此栏填写货物名称和实际包装数量。根据本业务的实际情况，共生产750PCS，纸箱包装，2PCS一箱，因此此栏应填写"HALOGEN AIR ROASTER, 375CTNS"。

（11）数量（Quantity）。此栏填写货物的实际数量，填写内容必须按照每个型号分别列明。本业务中有两个型号，因此此栏应填写"HT-D12D 350PCS"和"HA-01 400PCS"。

（12）单价（Unit Price）。此栏根据合同对应每个产品的单价填写。在本业务中，根据合同要求，此栏应填写"HT-D12D USD25"和"HA-01 USD30"。

（13）货值（Amount）。此栏为货物数量乘单价的货值，该货值为每个型号货物的货值。

（14）货值总计（Total）。此栏填写本业务的总货值。

（15）出票人签章（Signature）。

通过学习，刘正完成了商业发票的缮制，如表12-7所示。

表 12-7

ISSUER（1） SANTOP IMPORT & EXPORT TRADING CO., LTD. R15/F GUANGZHOU BUILDING 1201-1202, DONGFENG RD. GUANGZHOU,GUANGDONG P.R.CHINA	商业发票 COMMERCIAL INVOICE	
TO（2） GALAS HOLDING CO., LTD. 785 AUSTRAK STREET, SOMERTON, AUSTRALIA	INVOICE NO.（3） INV2018054	INVOICE DATE（4） APR.02,2018

续表

TRANSPORT DETAILS（7） FROM GUANGZHOU CHINA TO MELBOURNE AUSTRALIA BY SEA PARTIAL SHIPMENT: NOT ALLOWED TRANSHIPMENT: ALLOWED SHIPMENT AT THE LATEST APR.20,2018		S/C NO.（5） SC2018-054	L/C NO.（6） FGK200824596
^^			TERMS OF PAYMENT（8） L/C
MARKS AND NUMBERS （9）	NUMBER AND KINDS OF PACKAGES, DESCRIPTION OF GOODS （10）	QUANTITY （11）	UNIT PRICE （12）	AMOUNT CIF MELBOURNE AUSTRALIA （13）
HALOGEN AIR ROASTER ITEM NO.	HALOGEN AIR ROASTER 750CTNS HT-D12D HA-01	350PCS 400PCS	USD25.00 USD30.00	USD8750.00 USD12 000.00
	（14）TOTAL	750PCS		USD20 750.00
SAY TOTAL	TWENTY THOUSAND SEVEN HUNDRED AND FIFTY ONLY			
	（15）SIGNATURE: SANTOP IMPORT & EXPORT TRADING CO., LTD. R15/F GUANGZHOU BUILDING 1201-1202,DONGFENG RD. GUANGZHOU,GUANGDONG P.R.CHINA

二、装箱单的缮制

（1）出票人（Issuer）。此栏填写卖方名称（英文大写）。在本业务中，此栏应填写"SANTOP IMPORT & EXPORT TRADING CO., LTD."。

（2）受益人（To）。此栏填写买方名称（英文大写）。在本业务中，此栏应填写"GALAS HOLDING CO., LTD."。

（3）信用证号码（L/C No.）。如果支付方式为信用证，则此栏应填写对应的信用证号码，本业务中的信用证号码为"FGK200824596"。

（4）合同号（S/C No.）。S/C No. 为 Sales Contract No. 的简写，此栏应严格按照真实的业务情况填写，本业务中的合同号为"SC2018-054"。

（5）发票号（Invoice No.）。此栏应严格按照真实的业务情况填写，本业务中的发票号为"INV2018054"。

（6）发票日期（Invoice Date）。此栏应严格按照真实的业务情况填写，本业务中的发票日期为"2018年4月2日"。

（7）唛头及件号（Marks and Numbers）。如果合同注明"N/M"，则根据合同要求填写"N/M"。在本业务中，根据合同要求，此栏应填写"HALOGEN AIR ROASTER ITEM NO."。

（8）货物名称（Description of Goods）。此栏填写货物名称。在本业务中，此栏应填写"HALOGEN AIR ROASTER HT-D12D HA-01"。

（9）数量（Quantity）。此栏填写货物的实际数量，填写内容必须按照每个型号分别列明，本业务中有两个型号，因此应填写"HT-D12D 350PCS"和"HA-01 400PCS"。

（10）包装（Package）。此栏根据合同包装要求填写，本业务根据合同要求应为纸箱包装，每箱装两件，每个型号对应填写"HT-D12D 175CTNS"和"HA-01 200CTNS"。

（11）毛重（G.W.）。此栏根据本业务的实际情况填写。

（12）净重（N.W.）。此栏根据本业务的实际情况填写。

（13）体积（Meas）。此栏根据本业务的实际情况填写。

（14）总计（Total）。此栏根据本业务的实际情况填写。

（15）出票人签章（Signature）。

通过学习，刘正完成缮制装箱单，如表12-8所示。

表12-8

ISSUER（1） SANTOP IMPORT & EXPORT TRADING CO., LTD. R15/F GUANGZHOU BUILDING 1201-1202,DONGFENG RD. GUANGZHOU,GUANGDONG P.R.CHINA					装箱单 PACKING LIST		
TO（2） KARRIC TRADING CO., LTD. 1-4-14 KORAKU BUNKYYO-KU TOKYO JAPAN			L/C NO.（3） FGK200824596		S/C NO.（4） SC2018-054	
^^^			INVOICE NO.（5） INV2018054		INVOICE DATE（6） APR.02,2018	
MARKS AND NUMBERS（7）	DESCRIPTION OF GOODS（8）	QUANTITY（9）	PACKAGE（10）	G.W（11）	N.W（12）	Meas.（13）
HALOGEN AIR ROASTER	HALOGEN AIR ROASTER HT-D12D	350PCS	175CTNS	4900KGS	4550KGS	27.30CBM
ITEM NO.	HA-01	400PCS	200CTNS	5600KGS	5200KGS	31.20CBM
（14）TOTAL		750PCS	375CTNS	10 500 KGS	9750KGS	58.5CBM
（15）SIGNATURE: SANTOP IMPORT & EXPORT TRADING CO., LTD. R15/F GUANGZHOU BUILDING 1201-1202,DONGFENG RD. GUANGZHOU,GUANGDONG P.R.CHINA						

三、海运提单的缮制

缮制海运提单需要填写以下内容。

（1）发货人资料（Shipper's Name, Address and Phone）。此栏填写卖方名称（英文大写）。

在本业务中，此栏应填写"SANTOP IMPORT & EXPORT TRADING CO., LTD."。

（2）收货人资料（Consignee's Name, Address and Phone）。此栏应根据信用证的要求填写收货人的资料。在本业务中，此栏应填写"TO THE ORDER OF SHIPPER"。

（3）被通知人资料（Notify Party's Name, Address and Phone）。此栏应填写被通知人的资料，根据本业务信用证的要求此栏应填写买方的资料。在本业务中，此栏应填写"GALAS HOLDING CO., LTD."。

（4）收货地（Place of Receipt）。此栏填写收货的地点，一般可不填写或与启运港一致。

（5）运输工具的船名和航次（Ocean Vessel Voy. No.）。此栏填写配载运输工具的名称和航次名称，由船公司提供。

（6）装货港口（Port of Loading）。此栏根据合同的要求选定货物的装运港口。

（7）卸货港（Port of Discharge）。此栏根据合同的要求选定货物的装卸港口。

（8）送货地（Place of Delivery）。此栏填写货物最终到达目的地，通常与卸货港一致。

（9）唛头和柜号、封条号资料（Marks and Numbers / Container Nos. / Seal Nos.）。此栏标注货物的唛头、货柜的柜号及封条号资料，作为货物装运的身份识别。

（10）货柜数量和货物数量（Number of Containers or Packages）。此栏填写货柜的数量和货物包装的总数量。

（11）货物名称（Description of Goods）。此栏填写货物名称。在本业务中，此栏应填写"HALOGEN AIR ROASTER"，同时注明运费的支付情况。在运费预付的情况下，此栏应标注"FREIGHT PREPAID"；在运费到付的情况下，此栏应标注"FREIGHT COLLECT"。

（12）毛重（Gross Weight）。此栏根据本业务的实际情况填写。

（13）体积（Measurement）。此栏根据本业务的实际情况填写。

（14）出单地和出单日期（Place and DAte of Issue）。此栏根据本业务的实际情况填写。

通过学习，刘正完成了提单缮制，如表12-9所示。

表 12-9

SHIPPER's NAME, ADDRESS AND PHONE（1） SANTOP IMPORT & EXPORT TRADING CO., LTD. Address:15/F GUANGZHOU BUILDING 1201-1202, DONGFENG RD. GUANGZHOU ,CHINA Tel : 86-020-22331168 ; Fax : 86-020-22331101		B/L NO. CSC020867	
CONSIGNEE's NAME, ADDRESS AND PHONE（2） TO THE ORDER OF SHIPPER		中远集装箱运输有限公司 COSCO CONTAINER LINES TLX: 33057 COSCO CN FAX: +86(021) 6545 8984 ORIGINAL	
NOTIFY PARTY's NAME, ADDRESS AND PHONE（3） (It is agreed that no responsibility shall attach to the Carrier or his agents for failure to notify)		Port-to-Port or Combined Transport BILL OF LADING RECEIVED in external apparent good order and condition except as otherwise noted	
GALAS HOLDING CO., LTD. Address: 785 AUSTRAK STREET, SOMERTON, AUSTRALIA Tel: 61(0)2 4774 1320; Fax:61(0)2 4774 18501		The total number of packages or unites stuffed in the container, the description of the goods and the weights shown in this Bill of Lading are furnished by the Merchants, and which the carrier has no reasonable means of checking and is not a part of this Bill of Lading contract. The carrier has issued the number of Bills of Lading stated below, all of this tenor and date, one of the original Bills of Lading must be surrendered and endorsed or signed against the delivery of the shipment and whereupon any other original Bills of Lading shall be void. The Merchants agree to be bound by the terms and conditions of this Bill of Lading as if each had personally signed this Bill of Lading SEE clause 4 on the back of this Bill of Lading (Terms continued on the back hereof, please read carefully) *Applicable Only When Document Used as a Combined Transport Bill of Lading	
Combined Transport *	.Combined Transport*		
Pre-carriage by	Place of Receipt	（4） GUANGZHOU CHINA	
Ocean Vessel Voy. No.（5） COSCO FLAG V.010W	Port of Loading（6） GUAGNZHOU CHINA		
Port of Discharge（7）	Combined Transport *		
MELBOURNE AUSTRALIA	Place of Delivery（8） MELBOURNE AUSTRALIA		
Marks and Numbers/ Container Nos. / Seal Nos.（9）	Number of Containers or Packages（10）	Description of Goods (If Dangerous Goods, See Clause （11）	Gross Weight （12）	Measurement（13）

续表

HALOGEN AIR ROASTER ITEM NO. COSU8881251/40'HQ SEAL NO.CN2150026	1 X 40'HQ 375CTNS	HALOGEN AIR ROASTER L/C NO.: FGK200824596 FREIGHT PREPAID	10 500KGS	58.5CBM
		Description of Contents for Shipper's Use Only (Not part of This B/L Contract)		
10. Total Number of containers and/or packages (in words)				
Subject to Clause 7 Limitation				
11. Freight & Charges	Revenue Tons	Rate	Per	Prepaid	Collect
Declared Value Charge			V		
Ex. Rate:	Prepaid at	Payable at	Place and date of issue（14）		
	CHINA		APR.05,2018 GUANGZHOU CHINA.		
	Total Prepaid	Number of Original Bs/L	Signed for the Carrier, COSCO CONTAINER LINES		
		THREE			
LADEN ON BOARD THE VESSEL					
DATE	APR.05, 2018	BY	COSCO FLAG V.010W		
ENDORSED IN BLANK ON THE BACK					

四、保险单的缮制

缮制保单需要填写以下内容。

（1）发票号（Invoice No.）。此栏应严格按照真实的业务情况填写。本业务中的发票号为"INV2018054"。

（2）保单号次（Policy No.）。此栏为保险公司的自定保单号，不需要填写。

（3）合同号（S/C No.）。S/C No. 为 Sales Contract No. 的简写，此栏应严格按照真实的业务情况填写。本业务中的合同号为"SC2018-054"。

（4）信用证号码（L/C No.）。在支付方式为信用证的情况下，此栏应填写对应的信用证号码。在本业务中，此栏应填写"FGK200824596"。

（5）被保险人（Insured）。此栏填写保险的受益人名称，在信用证方式下应按照信用证的要求填写。本业务的信用证没有做出特别说明且贸易方式为CIF，应由卖方投保，因此此栏应填写卖方名称"SANTOP IMPORT & EXPORT TRADING CO., LTD."。

（6）唛头及件号（Marks and Numbers）。此栏应根据合同要求填写，如果合同注明"N/

M"，则根据合同要求填写"N/M"。在本业务中，根据合同要求，此栏应填写"HALOGEN AIR ROASTER ITEM NO."。

（7）包装种类及数量（Number and Kinds of Packages）。此栏描述货物名称和实际包装数量。根据本业务的实际情况，共有两个型号，因此此栏应填写"HT-D12D, 175CTNS"和"HA-01, 200CTNS"。

（8）货物名称（Description of Goods）。此栏填写货物名称。在本业务中，此栏应填写"HALOGEN AIR ROASTER"。

（9）保险金额（Amount Insured）。信用证已经做出明示，保额必须在发票金额的基础上加成10%，因此保险金额=货物价值×110%。本业务的保险金额为"USD20 750×110%=USD22 825.00"。

（10）启运日期（Date of Commencement）。此栏为大船的开船日期，必须与海运提单上的一致。在本业务中，此栏应填写"APR.05,2018"。

（11）装载运输工具（Per Conveyance）。此栏根据海运提单的运输工具名称填写。在本业务中，此栏应填写"COSCO FLAG V.010W"。

（12）填写起运港。

（13）填写转运港，如果没有转运则不需要填写。

（14）填写目的港。

（15）承保险别（Conditions）。此栏填写保险的承包条款。本业务的信用证条款要求填写"INSTITUTE CARGO CLAUSES A INSTITUTE STRIKE CLAUSES INSTITUTE WAR CLAUSES"，此栏填写上述内容即可。

（16）赔款偿付地点（Claim Payable At）。本业务的信用证条款要求在澳大利亚理赔，因此此栏应填写"AUSTRALIA"。

（17）出单日期（Issuing Date）。此栏的日期必须在出运前投保，因此必须早于出运日期，通常与发票上的日期一致。

通过学习，刘正完成了保险单的缮制，如表12-10所示。

表12-10

	中国人民保险公司 The People's Insurance Company of China		
货物运输保险单 CARGO TRANSPORTATION INSURANCE POLICY			
发票号（INVOICE NO.）（1）	INV2018054	保单号次（2） POLICY NO.	******
合同号（S/C NO.）（3）	SC2018-054		
信用证号码（L/C NO.）（4）	FGK200824596		

续表

被保险人 INSURED（5）	SANTOP IMPORT & EXPORT TRADING CO., LTD.

中国人民保险公司（以下简称本公司）根据被保险人的要求，由被保险人向本公司缴付约定的保险费，按照本保险单承保险别和背面所载条款与下列特款承保下述货物运输保险，特立本保险单

THIS POLICY OF INSURANCE WITNESSES THAT THE PEOPLE'S INSURANCE COMPANY OF CHINA (HEREINAFTER CALLED "THE COMPANY") AT THE REQUEST OF THE INSURED AND IN CONSIDERATION OF THE AGREED PREMIUM PAID TO THE COMPANY BY THE INSURED, UNDERTAKES TO INSURE THE UNDERMENTIONED GOODS IN TRANSPORTATION SUBJECT TO THE CONDITIONS OF THIS POLICY AS PER THE CLAUSES PRINTED OVERLEAF AND OTHER SPECIAL CLAUSES ATTACHED HEREON

唛头及件号 MARKS AND NUMBERS（6）	包装及数量 PACKING & QUANTITY（7）	保险货物项目 DESCRIPTION OF GOODS（8）	保险金额 AMOUNT INSURED（9）
HALOGEN AIR ROASTER ITEM NO.	HT-D12D 175CTNS HA-01 200CTNS	HALOGEN AIR ROASTER	USD22 825.00
总保险金额 TOTAL AMOUNT INSURED	SAY TWENTY-TWO THOUSAND EIGHT HUNDRED AND TWENTY-FIVE ONLY		

保费 PERMIUM	AS ARRANGED	启运日期 （10）DATE OF COMMENCEMENT	APR.05, 2018	装载运输工具 （11）PER CONVEYANCE	COSCO FLAG V.010W
自 FROM	GUANGZHOU CHINA （12）	经 VIA	（13）*****	至 TO	MELBOURNE AUSTRALIA（14）

承保险别（15）
CONDITIONS: COVERING INSTITUTE CARGO CLAUSES A INSTITUTE STRIKE CLAUSES INSTITUTE WAR CLAUSES

所保货物，如发生保险单项下可能引起索赔的损失或损坏，应立即通知本公司下述代理人查勘。如有索赔，应向本公司提交保险单正本（本保险单共有2份正本）及有关文件。如一份正本已用于索赔，其余正本自动失效

IN THE EVENT OF LOSS OR DAMAGE WHICH MAY RESULT IN A CLAIM UNDER THIS POLICY, IMMEDIATE NOTICE MUST BE GIVEN TO THE

COMPANY'S AGENT AS MENTIONED HEREUNDER. CLAIMS, IF ANY, ONE OF THE ORIGINAL POLICY WHICH HAS BEEN ISSUED IN	TWO	ORIGINAL(S)

TOGETHER WITH THE RELEVANT DOCUMENTS SHALL BE SURRENDERED TO THE COMPANY. IF ONE OF THE ORIGINAL POLICY HAS BEEN ACCOMPLISHED. THE OTHERS TO BE VOID

赔款偿付地点 CLAIM PAYABLE AT	AUSTRALIA（16）	中国人民保险公司 The People's Insurance Company of China
出单日期 ISSUING DATE	APR.02,2018（17）	Authorized Signature ***

五、受益人证明的缮制

受益人证明一般的行文规则以信用证所提要求为准，直接照搬内容即可。刘正完成了受益人证明的缮制，如表 12-11 所示。

表 12-11

```
              15/F GUANGZHOU BUILDING 1201-1202,DONGFENG RD. GUANGZHOU ,CHINA
                           Tel:86-020-22331168; Fax:86-020-22331101
                                   BENEFICIARY'S CERTIFICATE
                                         受益人证明

MESSRS: GALAS HOLDING CO., LTD.
L/C NO.: FGK200824596     DATED:MAR.10,2018
S/C NO.: SC2018-054       DATED:MAR.01,2018

WE SANTOP IMPORT & EXPORT TRADING CO., LTD. CERTIFYING THAT ONE SET OF COPIES OF SHIPPING
DOCUMENTS HAS BEEN SENT TO APPLICANT AFTER SHIPMENT.

                                              SANTOP IMPORT & EXPORT TRADING CO., LTD.
                                                                    Authorized Signature
```

六、汇票的缮制

缮制汇票需填写以下内容。

（1）出票根据（Draw Under）。此栏一般填写开证行名称。在本业务中，此栏应填写"NATIONAL AUSTRALIA BANK LTD."。

（2）信用证号码（L/C No.）。在本业务中，此栏填写的信用证号码为"FGK200824596"。

（3）年息（interest @ %）。此栏由结汇银行填写，用以清算企业与银行之间的利息费用。

（4）号码（No.）。此栏填写发票号，也可留空不填。在本业务中，此栏应填写"INV2018054"。

（5）小写金额。此栏填写发票金额。在本业务中，此栏应填写"USD20 750.00"。

（6）出票地点与日期。此栏出票地点应填写出票人的所在地，出票日期一般由银行填写，出票日期不得晚于信用证规定的有效期。

（7）付款期限。本业务信用证即期信用证，因此在"At"和"Sight"之间填写"***"，即 At *** Sight，表示见票即付。

（8）收款人银行（Pay To The Order of）。此栏填写收款人的银行。在本业务中，此栏应填写"BANK OF CHINA, GUANGDONG BRANCH"。

（9）付款人银行（Payer）。此栏填写开证行。在本业务中，此栏应填写"NATIONAL AUSTRALIA BANK LTD."。

（10）出票人（Drawer）。此栏填写受益人即出口商。在本业务中，此栏应填写"SANTOP

IMPORT & EXPORT TRADING CO., LTD."。

通过学习，刘正完成了汇票的缮制，如表 12-12 所示。

表 12-12

汇票 BILL OF EXCHANGE
凭
Draw under（1）　NATIONAL AUSTRALIA BANK LTD.
信用证　第　号
L/C No.（2）　FGK200824596
日期　年　月　日
Dated　MAR.10,2018
按　息　付　款
Payable with interest @（3）_____% per annum
号码　　汇票金额　　　　　中国，广州　年　月　日
No.（4）INV2018054 **Exchange** for（5）　USD20 750.00　（6）GuangZhou, China 2018.04, 05
见票　　　　日后(本汇票之副本未付)付
At ___（7）_____***_____ sight of this **FIRST** of Exchange (Second of exchange being unpaid)
Pay to the order of ___（8）　BANK OF CHINA, GUANGDONG BRANCH　　　 或其指定人
金 额
the sum of
SAY U.S. DOLLARS TWENTY THOUSAND SEVEN HUNDRED AND FIFTY ONLY
此致
To ___（9）　NATIONAL AUSTRALIA BANK LTD.
（10）　SANTOP IMPORT & EXPORT TRADING CO., LTD.

反侵权盗版声明

电子工业出版社依法对本作品享有专有出版权。任何未经权利人书面许可，复制、销售或通过信息网络传播本作品的行为；歪曲、篡改、剽窃本作品的行为，均违反《中华人民共和国著作权法》，其行为人应承担相应的民事责任和行政责任，构成犯罪的，将被依法追究刑事责任。

为了维护市场秩序，保护权利人的合法权益，我社将依法查处和打击侵权盗版的单位和个人。欢迎社会各界人士积极举报侵权盗版行为，本社将奖励举报有功人员，并保证举报人的信息不被泄露。

举报电话：（010）88254396；（010）88258888

传　　真：（010）88254397

E-mail：dbqq@phei.com.cn

通信地址：北京市万寿路 173 信箱
　　　　　电子工业出版社总编办公室

邮　　编：100036